马克思主义研究文库

马克思主义共同体思想研究

田娇艳 | 著

光明日报出版社

图书在版编目（CIP）数据

马克思主义共同体思想研究 / 田娇艳著． -- 北京：光明日报出版社，2023.5
ISBN 978 - 7 - 5194 - 7257 - 3

Ⅰ.①马… Ⅱ.①田… Ⅲ.①马克思主义—共同体—研究 Ⅳ.①A811.64

中国国家版本馆 CIP 数据核字（2023）第 089010 号

马克思主义共同体思想研究
MAKESI ZHUYI GONGTONGTI SIXIANG YANJIU

著　　者：田娇艳	
责任编辑：李　倩	责任校对：李壬杰　张月月
封面设计：中联华文	责任印制：曹　净

出版发行：光明日报出版社
地　　址：北京市西城区永安路 106 号，100050
电　　话：010 - 63169890（咨询），010 - 63131930（邮购）
传　　真：010 - 63131930
网　　址：http://book.gmw.cn
E - mail：gmrbcbs@gmw.cn
法律顾问：北京市兰台律师事务所龚柳方律师

印　　刷：三河市华东印刷有限公司
装　　订：三河市华东印刷有限公司

本书如有破损、缺页、装订错误，请与本社联系调换，电话：010-63131930

开　　本：170mm×240mm	
字　　数：242 千字	印　　张：13.5
版　　次：2023 年 10 月第 1 版	印　　次：2023 年 10 月第 1 次印刷
书　　号：ISBN 978 - 7 - 5194 - 7257 - 3	

定　　价：85.00 元

版权所有　　翻印必究

前　言

历史进入21世纪后，世界多极化、经济全球化、文化多样化、社会信息化持续推进，使世界各国成为你中有我、我中有你的命运共同体，要实现人的解放就必须展开现实的个人与其所处共同体的双向建构。当前，深入研究马克思主义共同体思想，推动人与自然、人与人、人与社会的和谐发展和人类命运共同体的构建是理论界不能回避的重要课题。

马克思、恩格斯基于人的发展历史形态变化探求人类解放所依据的社会发展规律，对现代资本主义"虚幻的共同体"进行批判式解构，对共产主义"真正的共同体"进行建构性设想，在市民社会的阶级矛盾与阶级冲突中寻找个人自由和人类解放之路。正是在马克思恩格斯共同体思想的指引下，马克思主义后继者们展开对共同体理想的追寻和实践。鉴于19世纪末20世纪初垄断资本主义的新发展，以列宁为代表的俄国布尔什维克党人创造性地把马克思关于未来社会"真正的共同体"融到俄国的具体实践中，把科学社会主义理论转化为无产阶级和劳动群众的社会主义实践，打破了资本主义一统天下的局面，开启了资本主义共同体和社会主义共同体并存、斗争与合作的人类历史发展新纪元和世界历史发展新道路。随着马克思主义共同体思想在中国革命、建设和改革进程中的创造性运用和发展，尤其是"人类命运共同体"的提出，社会主义国家开辟了推动人与自然、人与人、人与社会和谐发展，实现每个人自由全面发展的新道路和新境界。从理论上看，马克思、恩格斯站在世界历史的语境中，以无产阶级的阶级利益，即现实的人类利益为立足点，以自由人的联合体与无产阶级追求自身解放以至人类解放相统一的现实运动为最终归宿，是追寻人的自由全面发展与人类共同体重建的理想。从实践上看，马克思主义共同体思想通过无产阶级解放推动下的社会解放，最终达到自由人的联合体。马克思主义共同体思想的践行，尤其是社会主义国家所展开的人与自然、人与人、人与社会之间的建设成果已经被载入史册。马克思主义共同体思想彰显了人类解放的崇高理想和正确道路，必将引领我们奔向人类命运共同体和自由人联合体的美好未来。

通过对人类发展进程的历史性洞察与人类社会发展规律的深刻把握可以看到，马克思主义共同体思想弥补了共同体理论发展史上的断裂，同时对西方共同体理论和马克思主义共同体思想进行比较和辨析，明确西方资本主义虚幻共同体与社会主义真实共同体之间的区别与联系，由此构建历史维度和理论维度、现实维度和未来维度相统一的共同体思想完整框架。它以个体与共同体的关系演进为基础，围绕"什么是共同体、如何创建真正的共同体""谁来推动共同体的发展、如何发挥共同体主体的历史创造作用""如何评价共同体""如何预判共同体的未来发展趋向"等基本问题，形成了自身独特的逻辑体系。个体与共同体、强制劳动与自主劳动、利益共同体与精神共同体、民族共同体与人类共同体是它的基本范畴；生产实践性、人类阶级性、多方超越性是它的基本特征；发展经济和解放劳动、治理国家和社会、承载文化创造力是它的主要功能；实现每个人的自由解放是它的根本目标。正是由于它既汲取了西方政治理念和实践探索的经验，又极具东方文化智慧和实践特色，更深深植根于世界历史的大视野中探索走向未来共产主义理想社会的通道，故而必将对建设世界和改造世界产生重大影响。有鉴于此，改革全球治理体系以提供人类命运共同体的制度保障、贯彻新发展理念以保护人与自然生命共同体的生态环境，以及借助新媒介的统战功能以筑牢民族国家共同体的思想基础，这都将成为促进马克思主义共同体思想不断完善的未来发展方向。

目录 CONTENTS

导　论　共同体建设：社会演进和人类发展的必由之路 …………… 1
 一、论题缘起 …………………………………………………………… 1
 二、相关研究综述 ……………………………………………………… 3
 三、研究的总体设想 …………………………………………………… 29

第一章　"共同体"的概念界定及其思想渊源 ……………………… 33
 第一节　共同体概念的考证 …………………………………………… 33
 第二节　共同体概念的界定 …………………………………………… 36
  一、共同体的一般概念 ……………………………………………… 36
  二、马克思、恩格斯语境中的共同体概念 ………………………… 37
  三、共同体相关概念辨析 …………………………………………… 39
 第三节　共同体思想的历史渊源 ……………………………………… 43
  一、中国历史上共同体思想的演变 ………………………………… 43
  二、西方历史上共同体思想的演变 ………………………………… 50

第二章　马克思主义共同体思想的形成 …………………………… 59
 第一节　马克思主义创始人共同体思想形成的理论来源 ………… 59
  一、德国古典哲学对自由共同体的诉求 …………………………… 59
  二、英国古典政治经济学对资本主义共同体的辩护 ……………… 63
  三、法国空想社会主义对未来共同体的憧憬 ……………………… 65
 第二节　马克思主义创始人共同体思想形成的时代背景 ………… 66
  一、时代特征的变化是共同体思想形成的现实基础 ……………… 66

二、社会形态的演进是共同体思想形成的根本依据 …………………… 68
　第三节　马克思主义创始人共同体思想的形成过程 …………………………… 70
　　一、共同体思想的初步探索阶段 …………………………………………… 70
　　二、共同体思想的正式形成阶段 …………………………………………… 73
　　三、共同体思想的深化完善阶段 …………………………………………… 76
　第四节　马克思主义创始人共同体思想的基本要义 …………………………… 79
　　一、马克思主义创始人共同体思想的基本内容 …………………………… 79
　　二、马克思主义创始人共同体思想的基本特质 …………………………… 83
　　三、马克思主义创始人共同体思想的内在逻辑 …………………………… 85

第三章　马克思主义共同体思想在苏联的运用与发展 ……………………… 89
　第一节　民主革命时期共同体思想的塑造 ……………………………………… 89
　　一、统一的阶级斗争是消灭阶级共同体的根本途径 ……………………… 90
　　二、消灭城乡对立是改善共同体环境的前提条件 ………………………… 92
　　三、区域性的欧洲联邦转向跨区域的世界联邦 …………………………… 93
　第二节　社会主义过渡时期共同体思想的运用 ………………………………… 96
　　一、通过劳动实践建造苏维埃共同体的物质基础 ………………………… 96
　　二、通过文化斗争确立无产阶级共同的精神信仰 ………………………… 98
　　三、建立起世界各国无产阶级和被压迫民族的联盟 ……………………… 100
　第三节　社会主义建设时期共同体思想的发展 ………………………………… 103
　　一、人与自然的斗争以人群与社会为单位共同进行 ……………………… 103
　　二、形成世界反法西斯国家和被压迫民族的联盟 ………………………… 105
　第四节　战后苏联共同体思想的兴衰 …………………………………………… 107
　　一、"社会主义共同体"的内涵不断扩大 …………………………………… 107
　　二、两种异质性世界经济共同体之间的对峙 ……………………………… 109

第四章　马克思主义共同体思想在中国的实践与创新 ……………………… 111
　第一节　新民主主义革命时期共同体思想的萌芽 ……………………………… 111
　　一、通过组建革命统一战线树立革命共同体意识 ………………………… 112
　　二、通过集体劳动保障共同体的经济基础 ………………………………… 114
　　三、通过文化斗争界定人们共同的文化价值取向 ………………………… 115
　　四、通过世界革命构建国际联合体 ………………………………………… 116
　第二节　社会主义革命和建设时期共同体思想的曲折发展 …………………… 119

一、正确处理人民内部矛盾成为国家政治生活的主题 ………………… 119
二、通过计划劳动领导人民的经济建设 …………………………… 120
三、通过战略联盟构建国际联合体 ………………………………… 123

第三节 改革开放和社会主义现代化建设新时期共同体思想的转变 …… 125
一、通过体制改革构建各阶级阶层的利益共同体 …………………… 125
二、通过和谐劳动关系构建以人为本的发展共同体 ………………… 127
三、通过核心价值观的塑造构建人们共有的精神家园 ……………… 129
四、通过维护国际公平正义建设和谐世界 ………………………… 130

第四节 中国特色社会主义新时代共同体理论的创新 ………………… 135
一、人与自然"生命共同体"的地位更加凸显 ……………………… 135
二、族际与族际"民族共同体"的追求更加紧迫 …………………… 138
三、人与世界"命运共同体"的目标更加明确 ……………………… 140

第五章 马克思主义共同体思想的科学体系 ……………………… 149

第一节 马克思主义共同体思想的方法论基础 ……………………… 149
一、辩证唯物主义和历史唯物主义的世界观方法论 ………………… 149
二、系统论的方法和原则 …………………………………………… 152
三、阶级分析方法的运用 …………………………………………… 154

第二节 马克思主义共同体思想的理论逻辑 ………………………… 155
一、马克思主义共同体思想的基本问题 …………………………… 155
二、马克思主义共同体思想的基本范畴 …………………………… 158
三、马克思主义共同体思想的特征功能 …………………………… 162

第三节 马克思主义共同体思想的实践路径 ………………………… 166
一、马克思主义共同体思想的实践主体 …………………………… 167
二、马克思主义共同体思想的物质载体 …………………………… 169
三、马克思主义共同体思想的实现方式 …………………………… 172
四、马克思主义共同体思想的实施步骤 …………………………… 174

第六章 马克思主义共同体思想的历史地位与发展前景 ………… 183

第一节 马克思主义共同体思想的重要意义 ………………………… 183
一、马克思主义共同体思想的理论意义 …………………………… 183
二、马克思主义共同体思想的现实意义 …………………………… 186
三、马克思主义共同体思想的历史意义 …………………………… 187

第二节　马克思主义共同体思想面临的挑战 …………………… 188
　　　一、消费社会的兴起和信息技术的发展和挑战 ……………… 188
　　　二、国际社会思潮的渲染和西方国家霸权主义的影响 ……… 190
　　第三节　马克思主义共同体思想的前景展望 …………………… 192
　　　一、贯彻新发展理念保护人与自然生命共同体的生态环境 … 192
　　　二、借助新媒介的统战功能以筑牢民族共同体的思想基础 … 193
　　　三、改革全球治理体系提供人类命运共同体的制度保障 …… 195

结　语　在推动共同体发展的进程中建设更加美好的世界 …… 197

参考文献 ……………………………………………………………… 199

导 论

共同体建设：社会演进和人类发展的必由之路

一、论题缘起

由于人是社会化的产物，所以共同体的生活方式是人类的必然选择。随着资本主义进程的开启，社会化的生产者日益成为被资本束缚、从属于机器生产的异在者，从而肢解了人这一完整的生活主体。当人们把目光投向共和主义、社群主义、自由主义、女权主义所倡导的共同体时，人们不是惊喜，而是失望。当人们关注马克思"自由人联合体"这种以极大丰富的物质资料作为保障成员自由支配个人闲暇时间的共同体时，才真正意识到这种立足于经济视域、在生产关系的变革中考察个人自由与发展条件的共同体才是一种展现人的本质、改善人类生活的真正共同体。尤其是进入21世纪后，世界多极化、经济全球化和文化多样化、社会信息化持续推进，世界各国人民成为你中有我、我中有你的命运共同体，要实现人的解放就必须展开现实的个人与其所处共同体的双向建构。因此，深入研究马克思主义共同体思想，推动人与自然、人与人、人与社会的和谐发展和人类命运共同体的构建是理论界不能回避的重要课题。

（一）理论意义

第一，有助于系统梳理和完善共同体思想发展史。对共同体的考察既涵盖了马克思主义创始人的理论论著，也涵盖了苏联、中国、西方等各国马克思主义后继者在不同时期、不同阶段对共同体的实践运用与发展，形成了对共同体思想整体发展概况的把握。具体而言，从古代城邦共同体、中世纪神学共同体、近代人造共同体、德国古典哲学中的自由共同体到马克思真正的共同体、苏联社会主义共同体再延续至当下中国提出的人类命运共同体，形成了对共同体的全景式展现，在全面把握马克思主义共同体思想的整体演进与逻辑构成的基础上形成了有关共同体的科学思想体系，为共同体思想在当今各个国家的实践提供了理论支撑，也为共同体思想的丰富、完善与创新奠定了基础。

第二，有利于清晰识别资本主义共同体的弊病与资本主义社会的历史局限性。通过对马克思主义共同体思想的系统梳理，形成了对资本主义社会和社会主义社会的总体性认识，有利于在批判资本主义社会弊端的基础上辨识出资本主义共同体的虚假性和欺骗性。资本主义时代下不是人支配物，而是资本这种抽象的物支配人，使人以追求自我发展为目标的特殊的具体劳动变成了以资本家追求价值增值为目标的一般的抽象劳动。资本作为抽象物的代表成为人与人之间联系的纽带，人与人之间的关系因资本的抽象性而变得抽象化。国家成为资本家的代言人，成为一种以私有制为基础的虚假的共同体，社会则成为以资本为主导的抽象的共同体，这与资本主义宣称的自由、平等、人权背道而驰，必然招致无产阶级的反抗，引发人们对真正共同体的追求，从而将马克思提倡的"自由人联合体"提上日程。

第三，有助于深刻把握人类社会历史发展的客观规律性。由于人是社会化的产物，共同体的生活方式是人类的必然选择，个体成为共同体中的个体，个人的生存与发展在其现实性上就是对人所处的共同体中的生存境遇的探究。共同体的演进史展现了人类社会的发展史。考察马克思主义共同体思想有利于促进对人类共同体的整体认知与把握，进而从人类历史的分析中抽象并归纳出蕴藏于历史背后的内在规律性，为人类的未来解放找到科学的方法论指导。

（二）实践意义

第一，为无产阶级专政国家实现自由人的联合体提供了现实指导。无产阶级专政是以革命作为手段，力图从阶级性质转向人类共同体性质的运动过程，所要达到的目的不是建立一种新型的国家政权，而是通过自身不断运动、发展来消灭阶级和国家，建立自由人的联合体。对于马克思主义共同体思想的考察最重要的夙愿即是为身处现代性困境中的人的解放提供实践路径，从而为实现人的真正自由和全面发展搭建起一种过渡型共同体，使人们对于"真正共同体"的追求不再成为往昔的一种美好愿景，而是一种顺应时代发展的真实目标。

第二，为历经几个世纪的资本主义与社会主义之争提供了现实的、新式的和解路径。19世纪是资本主义占据主导地位的时期，社会主义只是一种空想，绝对的压迫与剥削占据着人民大众的日常生活。随着20世纪初期社会主义在俄国的建立，并由一国向多国发展，无产阶级组成国际联合以对抗资本主义阵营的侵略，推动了全球范围内民族解放运动的发展，倒逼出福利社会的新形式。革命与战争的主调逐渐被和平与发展的基调所取代，相对的压迫与剥削成为人民大众的生活常态。进入21世纪后，人类社会发展呈现出新的特征，如全球化、信息技术与后现代主义思潮在全球的风靡，隐性的剥削和压迫侵蚀着人民大众的日常生活，这就迫使人们对新型国际联合的诉求。这种诉求，不同于19

世纪和20世纪的联合意识，它是基于新的时代特征、顺应时代发展而产生的一种共同诉求。新时代中国特色社会主义共同体理论的提出，不仅为中华民族的共同发展规划蓝图，更为人类共同发展出谋划策。中国所提倡的"人类命运共同体"正是顺应了各国人民对共同利益、共同命运和共同愿景的期待，为资本主义与社会主义的和平共处和共谋发展开辟出一条新式的和解道路，为人类共同福祉的和平实现提供了新的时代契机。

第三，有利于总结、推进并扩展中国特色社会主义的实践路向。十八大以来，党中央以马克思主义理论为指导并结合中国发展的实际状况，提出了"人与自然生命共同体""中华民族共同体""人类命运共同体"等理念，为当代中国面临的内外发展困境寻找出路。这些新理念、新观点和新思想不但总结了中国的经验教训，而且也为全人类的共同发展提供了参照，超越了均势安全观与集体安全观、超越了零和发展观和自由发展观、超越了文明冲突论、超越了结盟和不结盟的关系，以普遍安全观、共同发展观、文明交融性和伙伴关系成为解决21世纪全球性问题的新范式，引领人类社会新方向，推进了中国特色社会主义的发展，增强了中国的国际影响力，拓展了中国特色社会主义的实践路向。

二、相关研究综述

（一）关于马克思主义共同体思想的形成过程

现今关于马克思主义创始人共同体思想的研究成果较为丰富，尤其是关于马克思的共同体思想研究。主要包括：秦龙所著《马克思"共同体"思想研究》（2007）、马俊峰所著《马克思社会共同体理论研究》（2011）、王萍霞的博士论文《马克思发展共同体思想研究》（2013）、王小章所著《从"自由或共同体"到"自由的共同体"——马克思的现代性批判与重构》（2014）、邵发军所著《马克思的共同体思想研究》（2014）、刘海江所著《马克思实践共同体思想研究》（2016）、胡寅寅所著《走向"真正的共同体"——马克思共同体思想的致思逻辑研究》（2016）、薛俊强所著《走向自由之路——马克思"自由人的联合体"思想的当代阐释》（2016）、陈凯的博士论文《从共同体到联合体——马克思共同体思想研究》（2017）、刘睿的博士论文《批判与建构：马克思共同体思想研究》（2018）、张华波的博士论文《马克思共同体思想的历史性生成研究》（2018）以及马俊峰所著《马克思社会共同体与公民身份认同研究》（2019）。此外，近几年相关硕士论文和期刊论文呈不断增多的趋势。

这些专著、论文和期刊从不同视角出发对马克思共同体思想展开了各具特色的考察，主要集中于共同体思想的基本类型、发展阶段及其价值启示等层面。

马克思共同体思想通常遵循自然形成的共同体（天然的共同体）、市民社会共同体（虚幻—抽象的共同体）、自由人联合体（真正的共同体）的发展进路，在遵循社会发展"三形态"理论和"五形态"学说的基础上，依据共同体的演变与人的发展之间的关系，通常将共同体划分为"自然形成的共同体""抽象的共同体""虚幻的共同体"和未来"真正的共同体"，并在此基础上论述四者之间的关系。正如有的学者指出，虚幻的共同体思想是马克思共同体思想发展的前奏，以研究货币—资本为中心的抽象共同体思想是马克思真正的共同体思想的基础和前阶，而自然共同体思想则是抽象的共同体思想和真正的共同体思想的主要链接点①。与此同时，也有学者侧重于对马克思共同体思想某一社会形态及其特征的微观探讨。例如，有部分学者在马克思关于社会发展"三形态"理论的基础上，为了更好地剖析批判资本主义社会下的"抽象共同体"，展开了对前资本主义社会形态下"自然形成的共同体"，即三种本源共同体的解读，指出由于亚细亚共同体形式是独立于奴隶制和农奴制的财产形式、古典古代共同体形式有着严格的种姓制度，故而都无法生产出市民社会，只有日耳曼共同体形式是在城市和乡村对立的过程中发展，造成劳动与劳动条件的客观分离，从而为过渡到市民社会提供了条件②；有些学者则针对资本主义共同体进行考察，包括货币—资本"抽象共同体"和资本主义国家政治共同体，得出资本主义社会下的共同体实现的只是以物的依赖性为基础的人的独立性，本质上是对人自由发展的一种新束缚和限制而已③；而有些学者则从未来社会语境下考察"真正的共同体"，以生产力的高度发展、私有制的消灭为基础，指出马克思"真正的共同体"是对"虚幻的共同体"的超越与扬弃，它宣传无产阶级自由和权利，指向人民大众与国家的融合，是对人的本质的复归④。此外，马克思共同体思想对于当下处于转型期的中国社会治理和国家治理具有重要的指导作用。从计划经济体制下个体依附于共同体到改革开放后市场经济体制下个体与共同体亲和性的分离，再到21世纪以来现代公民社会的多样性发展促使个体与共同体关系的重塑，依稀可见个体从整体性到"脱域"状态的转变，从而对现代社会进行新

---

① 邵发军. 马克思的共同体思想的阶段性问题研究 [J]. 社会主义研究, 2011 (2): 1-5.
② 马俊峰. 论本源共同体三种模式及其当代意义 [J]. 贵州社会科学, 2011 (2): 8-13.
③ 分别参见: 秦龙. 马克思"货币共同体"思想的文本解读 [J]. 南京政治学院学报, 2007 (5): 2; 秦龙. 马克思"资本共同体"思想的文本解读 [J]. 福建论坛 (人文社会科学版), 2010 (9): 41.
④ 陈华森. 马克思恩格斯"真实共同体"思想的民主价值 [J]. 前沿, 2010 (7): 16-19.

的社会团结、实现新的社会整合提出了要求，为构建以开放包容、协作对话为主要方式的政府、市场、社会的新公共性提供了参考，从而有助于实现国家权力、社会权力和个体权利三者之间的平衡①。尤其要发挥个体和集体在社会主义国家治理中的协同作用，防止社会关系私人化，从而协调好公共生产与生活，实现从原始共同体治理、国家治理到真正的共同体治理的转变②。

（二）关于马克思主义共同体思想的发展状况

马克思共同体思想自形成后，随着历史条件和具体环境的变化而不断发展和变化，在东西方国家展现出不同的理论形态和实践样态。

1. 马克思主义共同体思想在苏俄的发展

苏俄较多地从民族理论学的视角展开对共同体的研究，本质上是对族群共同体的辨识和考察。

1913年斯大林（Stalin）对"民族"的概念进行界定，认为"民族是人们在历史上形成的一个有共同语言、共同地域、共同经济生活以及表现于共同文化上的共同心理素质的稳定的共同体"③，民族共同体成为苏联国内理论界热议的问题。列宁（Lenin）对斯大林这一民族共同体的概念给予充分的肯定。十月革命胜利后，列宁从国内外环境出发，在对民族问题进行考察的过程中强调苏联人民共同体的重要性。首先，列宁在民族自决和联邦制问题上出现重大转变，由最初主张建立单一制的多民族国家转向明确肯定联邦制，并从主张民族分离转向主张民族联合。其次，列宁以世界范围内人民群众的共同利益和共同命运为立足点，指明"欧洲联邦"口号是帝国主义国家实施剥削与压迫的工具，提倡通过社会主义革命和无产阶级国际主义实现真正的国际联邦。1961年，赫鲁晓夫（Khrushchev）则明确提出"人们的新的历史性共同体——苏联人民"这一新概念。勃列日涅夫（Brezhnev）围绕这一概念从民族关系和阶级关系视角进行论证，强调它扩大了共同体的内涵，是对苏联社会经济和政治变革的一种特殊总结。1986年在苏共第二十七次代表大会上通过的党纲中，又一次重申了"人们的新的社会和族际共同体——苏联人民"④。由于族际关系的不断激化，1991年公布的《苏共纲领草案》中更换提法，改用"多民族共同体"，不再使

---

① 洪波．"个体—共同体"关系的变迁与社会治理模式的创新［J］．浙江学刊，2018（2）：82-89．
② 梁宇．走向共同体治理：马克思的国家治理思想及其当代启示［J］．社会主义研究，2018（1）：30-37．
③ 斯大林．斯大林全集：第2卷［M］．北京：人民出版社，1953：294．
④ 苏联共产党第二十七大主要文件汇编［M］．北京：人民出版社，1987：327．

用"人们的新的历史性共同体"这一提法。除此之外，伯恩斯坦（Bernstein）、考茨基（Kautsky）等人也对共同体展开讨论。伯恩斯坦考察了马克思的联合体思想，认为马克思论及的联合体，本质是一个建立在合作原则之上的共同体①。考茨基认为民族共同体是基于不同历史与社会基础上的产物，反对欧洲中心主义关于民族共同体的理解，并对个体对共同体的从属和阶级对共同体的从属进行了区别，强调"社会主义共同体在自己的体制上也同传统的、在资本主义向社会主义过渡时期保存下来或建立起来的国家形式相联结。将来的共同体在改变以后是否继续称为国家，这本质上是一个术语的问题"②。

自20世纪60年代初期"新的历史性共同体"这一概念被提出后，苏联理论界对共同体问题展开了热烈讨论，主要从共同体的形成、内涵、特征、实质等方面入手论述。依据民族形态的不同，苏联理论界将民族划分为资产阶级民族、社会主义民族和共产主义民族，并将社会主义民族看作是一个新型的民族共同体。И. П. 查麦梁指出苏联的民族结构是由社会主义民族、部族和民族集团组成③，М. В. 克留科夫强调社会主义民族共同体中除了包括民族，还涵盖相对弱小的、正在向社会主义民族进行转变的社会主义部族④。关于这种新的历史性共同体的实质，主要有以下三种不同的观点：其一，它是一种比民族更高级更广泛的共同体；其二，它是一种新的族际共同体或各不同民族的联合共同体，同时，它又是将来在高度发达的共产主义社会中走向民族融合的历史过渡形式⑤；其三，它是一种新的社会政治共同体，由社会阶级共同体和民族共同体共同构成。可见，阶级、阶层、社会集团和各民族、部族集团等都被纳入共同体的范围之中。

在这里不得不提的是 Ю. В. 勃罗姆列伊（Ю. В. Бромей）院士，他对民族共同体的形成、内涵、类型、地位等方面展开了系统而又全面的分析，是苏联有关民族共同体理论研究的集大成者。不同于斯大林将民族界定为资本主义上升阶段的历史范畴，Ю. В. 勃罗姆列伊将民族界定为"一个变动的体系"，指出人们基于不同的目的性活动而建立包含政治、经济、文化、宗教、语言等各方

---

① 伯恩施坦. 伯恩施坦言论 [M]. 北京：三联书店出版社，1966：72.
② 考茨基. 考茨基言论 [M]. 北京：三联书店出版社，1966：405.
③ И. П. 查麦梁. 苏联人民：共产主义的建设者 [M]. 莫斯科：莫斯科出版社，1981：292-293.
④ М. В. 克留科夫. 再论民族共同体的历史类型 [J]. 苏联民族学，1986（3）：58-59.
⑤ Н. В. 曼斯维托夫. 苏联的民族接近和各民族族际共同体的产生 [J]. 历史问题，1964（5）：53.

面的共同体，亦可统称为社会共同体。这些共同体之间互相联系，其中"被专门的科学著作称为'民族'的那些共同体占有特殊的地位"①，是具有自我意识的文化共同体，有着不同于别的共同体明显的、稳定的特性。进而分析了作为广义民族概念的"民族体"和作为狭义民族概念的"民族社会机体"，指出"民族体"是"历史上形成的、具有共同的相对稳定的文化（其中包括语言）特点和心理特点并意识到自己的统一和与其他这类构成体的区别的人们总体"②，涵盖某一民族的所有成员，而"民族社会机体"则由民族与社会机体互相渗透而合成的特殊构成体，特指与国家政治、社会经济等方面相关联的部分群体。而另一些学者，如Ю. E. 沃尔科夫等人则通过对社会主义社会建设的相关论述来阐释其中的共同体意蕴。总而言之，苏联学者对于共同体的考察主要集中于与政治、经济、民族关系密切相关的人的共同体。

2. 西方马克思主义视域下共同体思想的发展

西方马克思主义学者对共同体思想的考察较为零散，随着话语体系的不断转变，对共同体的探讨从人道主义范式转向科学实证主义范式，进而在后现代思潮的影响下不断延展。

西方马克思主义创始人卢卡奇（Lukács）遵循经典马克思主义对资本主义物化现象的分析框架，从历史主客体同一的总体性辩证法入手，通过恢复无产阶级共同体的能动性和革命性将被动的经济决定论转向主动的人类演进过程，从而将关注重点放在无产阶级共同体的阶级意识上，这样隐藏于资本主义抽象经济共同体中的同一性就被显现出来。卢卡奇从劳动过程的合理化出发，得出合理分工使得主体与完整的客体相分离，导致主体客体化，造成了无产阶级的意识被物化。为了克服这种物化，改变人的生存状态就必须还原无产阶级作为统一的主体和客体的原初地位，通过无产阶级阶级意识的生成，并将无产阶级的意识自觉与革命实践相结合，使阶级意识真正介入历史过程，这样无产阶级才能摆脱空想，将抽象的可能性变为具体的现实。在卢卡奇看来，正是凭借总体的方法，马克思才穿破了物化意识的迷雾，洞见了资本主义社会的整个事实。在这个意义上，卢卡奇强调运用革命斗争的方式将行动在客观上指向总体，无产阶级要从总体上把握资本主义社会就必须以自觉的意识夺取资产阶级领导权，

---

① Ю. B. 勃罗姆列伊. 民族与民族学 [M]. 李振锡，刘宇端，译. 呼和浩特：内蒙古人民出版社，1985：17.

② Ю. B. 勃罗姆列伊. 民族与民族学 [M]. 李振锡，刘宇端，译. 呼和浩特：内蒙古人民出版社，1985：39.

"按自己的利益来组织整个社会"①。可见,卢卡奇将社会化生产、阶级主体、无产阶级共同体意识三者相结合寻求变革资本主义社会的革命实践策略,通过将无产阶级意识形态发展为阶级总体性意识以形成主客体相结合的统一体,从而确立了无产阶级的革命实践。

作为"欧洲共产主义"思想奠基人的葛兰西(Gramsci)以解释世界与改造世界相统一的"实践哲学"为指导,并将之视作是处于从属地位的社会集团,即无产阶级的观念,强调无产阶级要赢得历史赋予的领导权就必须进行无产阶级革命实践。由于对实践概念理解的偏执并局限于纯粹的革命斗争,未能对实践的基本形式——劳动进行深入探讨,从而偏移到强调无产阶级意识形态领导权的想象之中。他从资本主义国家与市民社会关系入手,在大机器生产方式的变革中看到国家与市民社会的交叉融合,指出无产阶级要实现对资产阶级国家的颠覆不能单纯依靠直接的暴力对抗,而应赢得对包括市民社会在内的一切共同体的领导权,故而无产阶级要联合其他阶级共同体形成阶级联盟和政党联合,在葛兰西看来这就是要形成民族国家共同体和世界工人阶级国家联盟体。国家作为人类族群聚集而成的政治共同体,"缔造这种新型国家的新社会集团的政治领导权的主要内容是经济秩序,即涉及基础的重新组织以及人与经济世界或生产领域之间的现实关系的重新组织。"② 也就是说,资本主义国家是为资产阶级经济秩序服务的强制性工具。随着资本主义生产方式跨越国家边界的发展,形成了跨国界的生产和交换,这必然引起资本主义大国之间的激烈竞争,最终形成对立的集团。由于"只有工人阶级才能使人类不至于被绝望和失去理智的私有者阶级推入野蛮和经济崩溃的深渊"③,故而葛兰西提倡全世界工人阶级要组织起来,从而也就对列宁创建的社会主义国家的国际合作组织——共产国际寄予厚望,认为它是唯一能使世界在劳动和正义的基础上实现和平的国际组织。随着各国无产阶级革命的胜利,各国将在无产阶级集体经验的基础上建立新型社会主义国家,从而在经济合作的实践中建立起世界工人阶级国家联盟体。总而言之,培育无产阶级阶级意识和发挥无产阶级的能动性、创造性成为葛兰西考察社会主义革命成功与否的关键步骤。换句话说,葛兰西注重强调自觉意识在树立无产阶级霸权中的重要地位。

---

① 格奥尔格·卢卡奇. 历史与阶级意识 [M]. 杜智章,译. 北京: 商务印书馆,1995: 65.
② 安东尼奥·葛兰西. 葛兰西文选 [M]. 李鹏程,编译. 北京: 人民出版社,2008: 208.
③ 安东尼奥·葛兰西. 葛兰西文选 [M]. 李鹏程,编译. 北京: 人民出版社,2008: 32.

布洛赫（Bloch）则采取与卢卡奇截然不同的路径来超越资本主义物化现象。他从侧重人的主观意志转向注重人的感性经验，虽然将空想问题看作人的实质问题，但却不是把空想设为空中楼阁，而是设想为一种植根于理论与实践相统一的具体的空想。他从个体所遭受的痛苦体验出发来寻找唤醒人类内心深处的希望精神，形成马克思所说的解放人类的"真正的共同体"，"借助于此，我们才能找到实践的正当性，找到生命的正当性，团结一致，拥有时间"。① 布洛赫试图以"尚未"这种人类共同体的应然状态来终结资本主义虚幻共同体的实然状态，并以马克思主义对历史发展动力的分析为基础，通过无产阶级的自觉革命来实现未来理想共同体。具体来说，他以探讨宗教信仰为出发点，反思现存社会制度对人的个性的压抑，从而唤醒人们内心深处充满积极激情的希望精神，借助于它去实现"具体的空想"，去解放马克思所说的新的更富有人性的共同体的种种因素。在此基础上，布洛赫力图将精神转化为物质、理论转化为实践、理想主义转化为社会主义，积极支持俄国无产阶级革命道路。但布洛赫并不是毫无保留地支持俄国社会主义实践，针对斯大林的专制统治，布洛赫认为真正的民主和正义应该是自下而上的，每个人的个性都应该在社会中得到张扬而不是被抑制，故而对这种异化的社会关系展开批判，提出形成一种新的、本质在于人的自由发展的社会关系，实现自由与秩序、个体与集体协调一致的无阶级社会。可见，布洛赫所追求的是没有异化和奴役的共同体。

萨特（Sartre）强调人的实践辩证法，将实践视作是有意识的人作为生物个体自我保存、自我满足、自我异化和自我克服的活动②，认为个人的实践是历史发展的动力。个人为了满足自己的需要从事实践，由最初的生存需要、繁殖需要逐渐发展至人们共同相处、共同生产、共同生活的需要。然而，资本主义作为一种特殊的个人和社会存在形式却歪曲、偏离了这些关于人的需要，降低了人们合情合理的生活质量。萨特认为，马克思所说的劳动异化就是需要的异化，并把这种异化归结于物质资料的匮乏，从而匮乏成为人和自然、任何人对抗和冲突的根源，实践就是同匮乏做斗争。匮乏把众多的人在群集状况中结合起来，互相把对方作为他人来把握，从而人与人的关系表现为一系列类型。一种是"群"或"系列"，系列内的人因不同目的而暂时聚集起来，尚未形成统一的主体，每个人都跟所有的人竞争；另一种是"集团"，是对被动的"群"的否定，

---

① 恩斯特·布洛赫. 希望的原理：第1卷［M］. 梦海，译. 上海：译文出版社，2012：12.
② 王守昌. 新思潮：西方非理性主义述评［M］. 北京：东方出版社，1998：170.

人们由于受到外力威胁而被迫放弃竞争，自发联合起来采取共同的行动，形成"融合集团"。为了防止外力威胁过后团体的解体，通常采取法令、纪律来约束团体成员，以保持个人利益与团体利益之间的张力，从而也就从"融合集团"过渡到了"法定集团"。组织和制度成为维系团体成员之间关系的纽带。但是不管人是在系列中，还是在团体中，人都是存在于自身之外的。为了实现从必然向自由的转化，萨特指出必须消灭匮乏、消灭异化、消灭私有制，把自己和他人都作为目的。由此可见，萨特将共同体以实践集合体的形式展现了出来。正是由于个人所需存在匮乏，无法满足人们的需求，从而迫使人们形成集合体。但资本主义社会这种"制度的集团"在契约订立的前提下具有严重官僚化的社会关系，非但没有消除匮乏，反而增加了社会的不确定性，使每个人都处于严重的异化之中，这种受到资产阶级集团控制的共同体终将要瓦解，只有工人阶级共同体才能真正推动历史的发展。但由于萨特对未来革命图景的悲观态度，导致其中途放弃了对"自由人联合体"的探索。

阿尔都塞（Althusser）一反人本主义的逻辑进路，通过对意识形态基本结构的改变使之发展到科学，并将马克思《关于费尔巴哈的提纲》和《德意志意识形态》之前的理论都视作意识形态领域的人道主义，只有之后在对人的哲学进行彻底批判的基础上才达到了科学的历史理论[①]。阿尔都塞从抽象和一般的角度展开对科学的认知，将历史视作是无主体的过程，否定个体在历史中的主体地位，并将个体在人类共同体中的作用进行了结构主义的阐释，从而赋予个人主体以客体化的形态，成为西方马克思主义中"反人道主义派"的代表。总的来看，阿尔都塞以共同体结构来支配个体，赋予个人主体以客体化的表现形态，突出了历史客观性和科学性，但同时也忽视了历史的主体能动性，割裂了科学和意识形态之间的关系，造成共同体结构的虚无化。

由于被阿尔都塞的"结构主义的马克思主义"学派所吸引并受其"多元决定论"的深刻影响，普兰查斯（Poulantzas）在对资本主义和社会主义的政治理论展开深入研究的过程中，对马克思主义传统的阶级构成理论进行了否定，将政治、经济、意识形态三因素都视作划分阶级的依据，从而将工人阶级界定为直接从事物质生产和直接创造剩余价值的劳动者，而那些从事非生产劳动、不直接创造剩余价值的劳动者，如白领工人、科学家和工程师等则被划分为"新小资产阶级"。由于这些"新小资产阶级"主要参与物质生产的监督和管理，因此是资本对工人阶级的政治支配。如果要想建立对资本主义社会真正合理的革

---

① ALTHUSER L, For Marx [M]. BREWSTER B, trans. London：NLB, 1977：223.

命战略,就必须加强工人阶级和"新小资产阶级"的联盟。总的来说,普兰查斯通过对资本主义虚幻共同体的政治经济层面的考察,看到资本主义生产方式的变化催生了新小资产阶级这一新的共同体的出现,而资本主义社会内在矛盾的和解只能通过无产阶级的革命实践实现,故而无产阶级要以革命联合体的勇气寻求与新小资产阶级的政治同盟。

此外,作为分析哲学与马克思主义联姻产物的"分析的马克思主义"学派则以数理和模型分析来界定马克思主义的逻辑进路,论证共同体内部的博弈与剥削,由此提出通过联合的方式来应对共同体集体行动的困境。约翰·罗默(John E. Roemer)否认劳动价值论和剩余价值论,通过采取新古典经济学的分析方法,引入博弈论的数理框架,提出产品交换中的"一般剥削理论",明确不同阶级共同体内部也存在剥削现象,有别于马克思以生产领域为立足点的剩余价值剥削理论。罗默通过设计"无劳动市场孤岛"的经济均衡模型,以此断定劳动市场不是产生剥削的必要条件,财产占有的不平等才是剥削产生的根本原因,同时通过设计"劳动力市场孤岛"的经济均衡模型,看到生产者的阶级地位与其所持有的财富成正比关系,与受剥削程度成反比关系,指出阶级社会中阶级的产生是剥削存在的直接条件。罗默进而指出非阶级社会,即社会主义社会中剥削的存在,则是由个人的禀赋和生产者能力的差异所致。正是由于生产者技能的差异是不可让渡的财产之间差异的表现,因此导致社会主义的剥削现象的存在。在对苏联模式进行分析的基础上,尤以新经济政策的实施为佐证,罗默肯定社会主义共同体要借助一定的社会必要剥削来推进社会经济体的发展[1]。但在罗默看来,社会主义共同体存在的剥削是一种非制度性剥削,因为社会主义消灭了生产资料私有制就消灭了剥削制度。乔恩·埃尔斯特(Jon Elster)则采用理性选择理论与博弈论来打造阶级斗争的模型,通过论证工人在资本主义社会是被迫、非自愿出卖其劳动力,证明了剥削具有道德上的不正义性,一个容忍或产生剥削的社会应该被废除,并且"剥削可能为被剥削者采取反对这一制度的个人行动或集体行动提供基础"[2],而马克思的阶级分析法则忽视了存在于世界历史中的行为者的集体行动的潜力。由此,埃尔斯特为了在革命低潮期重新激发人们革命的热情,他尤其重视共同体中的集体行动,不但分析了共同体集体行动面临的困境,论证了个体如何实现主体性的联合以促进集体行动

---

[1] ROEMER J. A General Theory of Exploitation and Class [M]. Cambridge t. Cambridge: Harvard University Press, 1982: 22.
[2] 乔恩·埃尔斯特. 理解马克思 [M]. 何怀远, 等, 译. 北京: 中国人民大学出版社, 2008: 162.

的实施,指出"阶级意识往往——虽然并非总是——采取团结的形式。通过联合行动,一个阶级的成员才能比他们孤立行动得到的更多"①,并且指出通过让渡权力给国家或非强制性合作的方式可以应对共同体的这一困境。

综上可见,人本主义视域下的西方马克思主义者面对第二国际庸俗的经济决定论与教条主义,看到了资本主义物化现象从经济领域蔓延至人的意识形态,阻碍了共同体中人的发展,故而借助无产阶级革命恢复无产阶级主体性联合,通过塑造无产阶级的阶级意识来突破资本主义共同体的物化体系。换句话说,他们不仅批判作为权力政治和经济社会统一体的资本主义国家对人的个性的压抑、剥削,而且提出了对于没有异化、没有奴役的真实共同体的期冀。而科学主义视域下的马克思主义者注重以实证科学的方法重新诠释马克思哲学,开创性地揭示出意识形态的潜在生产方式和机制以及个人与共同体结构之间的辩证关系,指出历史是无主体的过程,共同体结构决定了个体地位,赋予个人主体以客体化的表现形态。同时,由于西方马克思主义学者研究重心逐渐由经济转向政治、意识形态等领域,资本主义国家这一虚幻的共同体成为关注重心,共同体内部的阶级博弈和剥削不仅造就了主体化的资本主义国家,而且导致了共同体集体行动的困境,从而提出了要依靠主体性联合来点燃无产阶级的革命热情。可见,阶级共同体内部关系与共同体的集体行动等问题成为他们关注的重点。

以法兰克福学派为开端,西方马克思主义学者从关注资本主义国家对共同体的剥削转向对整个资本主义社会的反思与批判,并在后现代主义视域下开启了对人的生存境遇的关注,从而反思自我与他人关系、重新制定社会规则与规范、开展应对危机的共同体行动以及建构新的共同体成为西方学者对现实状况的一个思考方向。

第一,法兰克福学派代表致力于维护资本主义社会共同体。自20世纪70年代,伴随资本主义社会矛盾焦点的转移和新旧政治的转换,具有相对统一思想立场的法兰克福学派开始解体,开始了以尤尔根·哈贝马斯(Jürgen Habermas)为代表的法兰克福学派的语言学转向。晚期资本主义社会的危机与矛盾使社会主体陷入生存困境,"社会系统结构所能容许解决问题的可能性低于该系统继续生存所必需的限度"②,哈贝马斯用对语言的先验批判代替对传统意

---

① 乔恩·埃尔斯特. 理解马克思 [M]. 何怀远,等译. 北京:中国人民大学出版社,2008:326.
② 尤尔根·哈贝马斯. 合法化危机 [M]. 刘北成,曹卫东,译. 上海:上海人民出版社,2009:4.

识的批判,将具有自我意识的主体性向运用语言进行交往的主体间性进行转移。从这个意义上来说,社会运动的推进也就从以阶级为单位转向以各种不同的交往共同体为单位,从而建构一个平等、自由、法治的社会,即以非强制性意愿为基础的话语交往共同体成了哈贝马斯的目标指向。阿克塞尔·霍耐特(Axel Honneth)在哈贝马斯的基础上向前推进,将交往理论的"系统性裂痕"归于道德经验的缺失,把资本主义社会的分裂与斗争归结于人的不被承认,进而从主体不被承认的对立面来寻找交往的合理化和分裂社会得以整合的可能条件。他以人们之间的相互承认和个体自我利益与权利需求等意识的觉醒作为路径,展开个人与他人之间的斗争或联合,以期构建一个道德共同体。可见,20世纪70年代以后,从哈贝马斯到霍耐特,皆以重建资本主义社会的伦理秩序为出发点,或以话语伦理为工具,或以承认伦理为工具,对资本主义社会共同体系统与生活世界的现实分离进行整合,以便重新建构资本主义生产关系和维护资本主义社会共同体。

第二,英国伯明翰学派致力于构建理想社会的文化共同体。面对现代主义的危机和资本主义积极意义的丧失,英国伯明翰学派将推进文化解放看作是促进人自身解放的根本力量,将唤醒大众文化意识作为实现社会主义理想的有效措施。雷蒙·威廉斯(Raymond Williams)将文化视作生命平等基础上的有机体,强调并关注无产阶级和广大群众对于共同体确立与发展所做出的贡献与所享有的共同权力。他通过共同利益将有差异性或异质身份的个体团结起来,致力于消除精英文化与大众文化的界限,期冀在共同文化的基础上构筑民主共同体,从而实现社会主义,并强调:"一个好的共同体、一个鲜活的文化不仅会营造空间,而且也会积极鼓励所有人乃至所有个体,去协助推进公众所普遍需要的意识的发展"[1]。特里·伊格尔顿(Terry Eagleton)作为雷蒙·威廉斯的学生,进一步发展文化作为人的生存和生活本身的意义,尤其在2001年"9·11"恐怖事件之后,提倡通过推崇犹太—基督教神学的上帝律法来约束和阻止部分霸权国家的暴行,保护共同体中处于边缘的弱势群体,期待以人们的共同向善来减小对共同体的损害。同时针对共同体中文化隔阂带来的不公正,他提出对自身欲望加以节制,对他者的生存予以同情,通过人类本性的相通建立起潜在的普遍关系和团结互助的共同体,从而实现幸福这一人们所追求的共同目标。可见,威廉斯和伊格尔顿以人为着眼点,注重改进人的生活方式,在批判资本

---

[1] 威廉斯.文化与社会[M].高晓玲,译.北京:吉林出版集团有限责任公司,2011:345.

主义共同体弊端的基础上注重从文化的实践层面来构建一个正义而理想的社会主义共同体。

第三，后马克思主义试图探寻消费社会下的人类共同体。随着全球化和信息技术的不断推进，德波（Debord）和鲍德里亚（Baudrillard）看到了现代资本主义已经从传统的商品生产转向景观生产和符号消费为主体的非物质生产，"马克思所面对的资本主义物化时代已经过渡到视觉表象化篡位为社会本体基础的颠倒世界"①，商品的使用价值让位于商品符号背后所代表的自身价值，从而使人类共同体在无形中被符号所奴役，更多的只是展现自己在消费文化中的意义而已，个体和共同体都失去自主权②。德里达（Derrida）则在对当代极度病态、异化严重的资本主义进行无情批判、对福山等人基于历史终结论提出的国际新秩序论调进行回应的基础上提出了新国际的设想，这一新国际是全球异质人群以博爱为纽带，寻求亲和与希望的秘密结合，"为的是以一种新的、具体的和真实的方式联合起来，即使这种联合将不再采取政党或者工人国际的形式，而是在对国际法的状态、国家和民族的概念等的（理论的和实践的）批判中采取一种反密谋的形式"③，从而超越了国家和传统党派的联盟，实质是一种新型的国际共同体。吉登斯（Giddens）与德里达一样，跳出资本主义社会看资本主义社会，在对现代消费社会的批判中完善具有世界大同色彩的民族观，不断重申一种"脱域的共同体"概念，主张构建世界性国家。随着通信革命和信息技术的广泛传播，国家边界不断模糊，全球化从民族—国家中脱离出来，"发生在遥远地区的种种事件，无论其是否是经济方面的，都比过去任何时候更为直接、更为迅速地对我们发生着影响。反过来，我们作为个人所作出的种种决定，其后果又往往是全球性的"④，从而经济交换越来越脱域于当地社区范围而嵌入世界范围，从而形成了一种脱域的共同体。可见，后现代的语境不但促使人们思考重建已有的共同体，亦激发人们寻求一种超国家共同体，使共同体的概念不断向外扩展。

第四，当代欧美"激进左翼"设想后现代"超共同体"。在与恩斯特·拉

---

① 居伊·德波. 景观社会［M］. 王昭凤，译. 南京：南京大学出版社，2006：序9.
② 马克·波斯特. 第二媒介时代［M］. 范静哗，译. 南京：南京大学出版社，2000：145.
③ 雅克·德里达. 马克思的幽灵［M］. 何一，译. 北京：中国人民大学出版社，1999：121.
④ 安东尼·吉登斯. 第三条道路［M］. 郑戈，译. 黄平，校. 北京：北京大学出版社，2000：33.

克劳（Einesto Laclau）和墨菲（Murphy）开创的"后马克思主义"的对话和辩论中诞生了以安东尼奥·奈格里（Antonio Negri）、迈克尔·哈特（Michael Hart）为代表的当代欧美"激进左翼"理论，为共同应对风险社会提出了新思路。奈格里和哈特以后垄断资本主义为前提，从帝国主义时期以无产阶级为历史主体的现代共同体转向后帝国主义时期以大众为历史主体的后现代"超共同体"。消费社会下非物质劳动逐渐取代物质劳动成为生产体系的趋势使被动从事物质生产的无产阶级共同体的范围扩大，以个体的精神生产和生命活动为重心的创造性共同体不断发展，从而各种跨国公司、非政府组织群体也被纳入历史主体的范围之内，也就构成了涵盖广泛的大众共同体。大众成长为推翻帝国统治的潜在的革命政治主力军，通过基于财产和主权之上的身份斗争来争取共同性，最终达到革命斗争的胜利，到那时国家将被帝国所取代，成为巨大共同体的主宰者和操控者，并将建立起一个基于爱的世界财富共同体。可见，奈格里和哈特所寻求的是后帝国主义下的全球超共同体，不同于帝国主义下的国家共同体，亦区别于理想的社会主义共同体。

第五，有机马克思主义学派积极构建生态共同体。美国有机马克思主义从现实社会中个人主义盛行带来的人与人、人与自然之间的冲突与对立出发致力于追寻人类共同体和生态共同体，这"是对人们相互之间以及和自然之间能够建立共同体的这样一种渴望的回应"①。共同体作为一种以尊重个体生命的多样化与差异性为基础的社会存在形式，有机马克思主义者希望以此种共同体为基础建构更大的共同体，即形成由共同体组成的共同体，并以追求长远、整体利益的共同体经济学为基础实现这个更大的共同体内部的共生共荣，从而实现多元化共同体的同一性。但现代社会下一心逐利的跨国公司作为一种颠覆共同体存在的形式，不仅会拉大贫困差距，造成国家之间的竞争，更会毁灭弱势群体，因而要发展和繁荣地方共同体，进而为更大的共同体的建设奠定基础。在这一过程中，不可忽视的重要一点就是，"人之个体的幸福和共同体的幸福依赖于良好的自然环境"②，人与自然的关系不是主客体之间的对立，由于自然也具有其自身特殊的价值与尊严，所以这是一种能动的主体与主体之间的关系，从而提倡要积极构建生态共同体。

综上可见，当代西方马克思主义以对资本主义社会的批判为基础，以构建

---

① 菲利普·克莱顿，贾斯廷·海因泽克. 有机马克思主义：生态灾难与资本主义的替代选择［M］. 孟献丽，于桂凤，张丽霞，译. 北京：人民出版社，2015：250.
② 小约翰·柯布. 后现代公共政策：重塑宗教、文化、教育、性、阶级、种族、政治和经济［M］. 李际，张晨，译. 北京：社会科学文献出版社，2003：161.

世界范围内的人类新型共同体为目标而展开对共同体问题的探索。它从个体的生活世界着手讨论人的新异化现象与人的存在问题，并借助自我与他人之间的相互承认来重新整合社会，试图以人性的重塑来终结社会的分化、以世界共同体或宇宙共同体的建立来抵御人类共同面临的危机，从而实现社会正义与共同发展。

3. 马克思主义共同体思想在中国的发展

共同体思想在中国的发展可追溯到中华民族几千年的历史进程中，而明确提出共同体概念并进行共同体思想专门性、创新性的研究则是自 2011 年开始、经党的十八大以来习近平在多个重要场合对有关共同体思想的阐释而逐渐成形。自习近平总书记从国内和国际两个层面提出"中华民族共同体"和"人类命运共同体"，国内理论界就对不同层面的共同体思想进行解读并展开论述。虽然时间跨度不长，却取得众多富有价值的研究成果。

第一，关于"人类命运共同体"理念的研究。自 2011 年中国现代国际关系研究院提出"命运共同体"到 2012 年中共十八大报告中明确提出"人类命运共同体"概念，"人类命运共同体"逐渐成为中国外交的一大标签并被广大学者所热议。国内学者关于"人类命运共同体"的研究主要从科学社会主义学科领域和国际关系学科领域展开，不但对人类命运共同体理念的形成发展、主要内容、时代意蕴、践行路径、方法论等层面展开了整体性研究，而且注重不同层面的微观把握，由此构成了习近平新时代中国特色社会主义思想的重要内容。具体而言，有的学者着重强调人类命运共同体思想的文化超越性，指出内蕴于群众的中华"和合"文化是对狭隘的"意识形态输出"观念、"零和博弈"法则、人类中心主义的超越[1]；有的学者从阶级利益联合体与人类命运共同体的对比中指出人类命运共同体不同于阶级利益联合体在政治逻辑和经济逻辑的轨道上展示阶级力量的联合和阶级性的政治解放[2]；有的学者致力于寻找人类命运共同体的思想资源，一方面从中国传统文化中寻找，体现了中国传统文化中的整体论、平衡论、中道论思想[3]，一方面则从中西方两大文明发展与交往中寻找，指出马克思、恩格斯关于人类文明发展与交往的理论、中国儒家传统文化与中国特色

---

[1] 李栗燕. 人类命运共同体的中国文化智慧［J］. 前线，2018（10）：8-11.
[2] 刘建军，夏蒙. "阶级利益联合体"与"人类命运共同体"［J］. 学术月刊，2018（9）：81-91.
[3] 赵可金，赵远. 人类命运共同体的中国智慧与世界意义［J］. 当代世界与社会主义，2018（3）：55-60.

社会主义文明交往理论构成了人类命运共同体的三大源流①；有的学者重点考察人类命运共同体的建构路径与机制。他们基于马克思的共同体思想的理论积淀，将人类命运共同体的目标、道路、限度统一于构建过程之中，强调马克思的世界历史理论是构建人类命运共同体的理论前提，构建人类命运共同体是世界历史进程的现实实践，由此为人的自由解放创造了现实的社会关系途径。而"一带一路"倡议则从基础、模式、机制、目标等各方面推动人类命运共同体从思想发展为行动，实现了从理论落实到实践。由此，从理论与实践的双向互动中进行人类命运共同体的构建。他们或从政党政治层面入手，由于政党政治影响着世界形势的走向，故而认为需要世界各政党的积极参与构建人类命运共同体的实践活动并发挥自身功能，以增加各国共识，共同增进民生福祉；或从经济层面入手，鉴于经济全球化带来的发展困境，必须努力寻求新的解决举措；或从文化视角入手，突出文化建构的重要地位，彰显出人类命运共同体对中华"和"文化的继承与创新和对西方文化的扬弃与发展。例如郑永扣、方兰欣从中华文化的价值理念、思维方式、社会心态三方面谈论人类命运共同体的建构，从而将中华传统文化中蕴含的"己所不欲，勿施于人"的"恕道"思想、"天人合一"的整体主义思维视角、"阴阳和合"的辩证思维进路、"前事不忘，后事之师"的历史主义的思维习惯以及开放包容、自强不息、美美与共的文化心态应用于人类命运共同体的建构；或从政治、经济、文化等各方面进行综合性考察人类命运共同体的建构，指出由于人类命运共同体理念是一种新型国际观的构想，要由理想变为现实非一日之功，需要各方面共同发展为之保驾护航。例如谢文娟、张乾元指出世界各国要以政治互信为底线根基，以经济共赢为核心动力，以文化互鉴为价值依托，以心灵亲诚为情感纽带，建成共生、共赢、共识、共亲的和谐新世界；还有的学者则从方法论入手，指出"人类命运共同体"理念是实现人的自由全面发展宗旨在现实中的展开方式，始终立足于历史唯物主义，坚持着马克思主义的重要观点，并将实事求是的思想路线、马克思主义总体性的方法论和马克思主义主体性的历史观视作是建构人类命运共同体的方法论指导②。除此之外，学者们聚焦于人类命运共同体历史地位与时代价值的考察。人类命运共同体思想作为马克思世界历史思想的逻辑延续和现实超越，

---

① 任思奇，邓若玉. 习近平"命运共同体"思想探源［J］. 人民论坛，2016（5）：44-46.

② 罗骞. 构建人类命运共同体：21世纪马克思主义的重要命题［J］. 理论探索，2018（2）：39-44.

是当今时代重大的理论创新成果，是中国站在大国外交的立场上提出，描绘了人类社会未来发展的新蓝图，不仅在理论上丰富发展了科学社会主义，也在实践上助推了人类困境的化解，具有重要的世界意义。多数学者从外交层面阐释了人类命运共同体作为一种新型国际秩序观的重要意义。例如石云霞、徐艳玲、周方银、张希中等人皆指出人类命运共同体作为一种应对全球性问题的国际战略新理念，对于推进中国周边关系的和谐、维护世界的和平和发展、建立更加合理的全球秩序起到了巨大的推动作用。部分学者，如田旭明、薄海、文吉昌，从文明发展的角度展开论述，指出人类命运共同体思想是资本逻辑全球化过程中对发展正义的追寻，凸显了世界多元文明场域中中华文化话语权的增强，其所倡导的全人类共同价值将有助于中国走向世界。此外，还有些学者，如刘同舫，纵观历史与现实，强调人类命运共同体思想实现了对资本主义经济全球化道路、对全球治理体系霸权化道路、对西方文化中心主义的三重价值超越。

第二，关于"中华民族共同体"思想的研究。自2014年9月习近平在中央民族工作会议上首度将"中华民族共同体意识"置于中华民族大团结的视野下提出，到2017年党的十九大报告从实现中华民族伟大复兴中国梦的视野下对"中华民族共同体"进行政治属性的定位与解读，"中华民族共同体"的内涵不断得以丰富。"中华民族共同体"明确了民族和国家作为共同体意义上的关系，涵盖了政治主观感受与文化心理认同，是一种群体层面的集体认同意识。国内学者就中华民族共同体意识的培育与中华民族共同体的建构进行多方探讨，取得了大量研究成果。首先，关于中华民族共同体意识的内涵解读。国内理论界对中华民族共同体意识的内涵剖析主要有"三大认同说""五大认同说"和"六大意识论"。杨鹍飞明确指出中华民族共同体意识内含民族意识和共同体意识，重点在于对民族、国家和共同体的三大认同①。宋全认为中华民族共同体意识即对伟大祖国、中华民族、中华文化、中国共产党和中国特色社会主义五大方面的认同，与马克思主义国家观、民族观、文化观、政党观、道路观高度契合②。哈正利、杨胜才从历史、心理、社会、制度、政治、文化六个层面进行阐释，指出中华民族共同体意识包括多民族国家的家底意识、多民族国家的历史发展史与现实民族问题的主流意识、政治法治意识、团结合作的包容意识、共

---

① 杨鹍飞. 中华民族共同体认同的理论与实践 [J]. 新疆师范大学学报（哲学社会科学版），2016（1）：83-94.
② 宋全. 切实铸牢中华民族共同体意识 [J]. 中国民族，2018（1）：1-3.

同发展意识以及基于文化认同的共建共享意识[①]。其次，关于中华民族共同体意识的历史定位与当代价值的考察。国内学者将中华民族共同体及其意识的建构视作是实现中国梦的战略部署，增强中华民族共同体认同感的落脚点就在于实现中华民族伟大复兴的中国梦。由于中华民族共同体能够兼顾多方利益，最大限度凝聚全国各族力量，形成共同的精神价值追求，故而有助于最终实现中华民族伟大复兴的中国梦。[②] 因此，学者们从民族国家、社会经济、文化精神等各层面对培育中华民族共同体意识的历史意义展开考察。刘吉昌、金炳镐指出培育中华民族共同体意识不仅有利于维护民族团结与国家统一，在同各种反社会主义意识形态和错误思潮做斗争的过程中筑牢维护国家统一和促进民族交往交流交融的基石，而且有利于协调各方利益，增强各民族共同发展繁荣的动力，同时树立了"全国一盘棋"的思想意识，有利于把握和认识"多元一体"中华文化的整体性与共同性[③]。杨鹍飞基于建构主义理论，将中华民族共同体认同与利益、价值观相关联，从国家、民族、社会的角度考察建构中华民族共同体认同的多方意义：有利于整合民族认同和国家认同，整合国内各民族之间的利益，构筑起各民族共有精神家园，促进少数民族融入现代城市生活。[④] 桑建泉、陈锡喜则强调有助于当代中国的政治合法性建设，增强当代中国的政治文明并促进中国现代化转型[⑤]。再次，关于培育中华民族共同体意识的风险挑战与建构路径的考察。国内理论界主要从文化精神层面谈论中华民族共同体意识的培育面临的风险挑战和所采取的建构路径。中华各民族在长期的历史交融过程中形成了"你中有我、我中有你、谁也离不开谁"的民族共同体，但作为一个有机整体，在推进中华民族共同体建设的过程中也面临着诸多挑战，一定程度上阻碍了中华民族共同体意识的培育。国内学者主要从国内和国际两个层面，涵盖政治、经济、文化等各领域来考察中华民族共同体意识的培育所面临的风险挑战。陆海发指出，从内部看，我国区域经济发展不平衡导致弱势群体滋生相对剥夺情

---

① 哈正利，杨胜才.中华民族共同体意识基本内涵探析［N］.中国民族报，2017-02-24.
② 郭小靓，陶磊.论构建中华民族共同体的三种基本共识［J］.学术交流，2016（10）：60.
③ 刘吉昌，金炳镐.构筑各民族共有精神家园培养中华民族共同体意识［J］.西南民族大学学报（人文社会科学版），2017（11）：31.
④ 杨鹍飞.中华民族共同体认同的理论与实践［J］.新疆师范大学学报（哲学社会科学版），2016（1）：83-94.
⑤ 桑建泉，陈锡喜.命运共同体理念的政治文明内蕴及其意义［J］.中州学刊，2017（2）：4.

绪，某些实施的民族政策滋生出狭隘的民族身份和民族界别意识，产生了反向歧视心理，而多民族国家又为宗教极端分子和民族分裂势力提供了温床；从外部看，西方个人主义政治观与移民国家的生成导致其文化多元主义及其差异政治理论，与我国追求统一、和谐的传统文化价值观不符，这些内外因素稀释了中华民族共同体的内部凝聚力①。因此培育与构筑中华民族共同体意识成为实现中华民族伟大复兴的一项不可忽视的重大事务，不仅要从整体上坚定"五个认同"，而且要有所侧重，进行局部着力，加强主流意识形态的建设。既要放眼全球，立足人类共同价值，将中华民族共同体意识的推进与世界文明转型和人类未来发展相关联②，也要立足国家实际发展状况推进此重大工程。

还有些国内学者以"中华民族共同体"为基点、以"人类命运共同体"为目标，通过划分不同场域、层级的共同体来展开研究，从国际、国家、社会三种场域出发，指出习近平共同体理论是建立在人类命运共同体、民族复兴共同体、社会共同体之上的全面而又系统的共同体，是以国际视野与战略思维回应现实实践的产物，在思想结构上呈现出了交织性、互促性、包容性③。并在遵从习近平命运共同体的逻辑进程的基础上展开对共同体思想的阐释，以"命运共同体"为中心向外扩散，从"中华民族共同体"推进到"亚洲命运共同体"，进而推进至"人类命运共同体"，从而显示出地域上的扩展和思想上的升华，并为实现三者的同频共振寻求现实路径④。由于习近平共同体理论从国内国际两个大局出发，既关注中国国内的发展，也高度重视当今世界的多样性发展，并将二者紧密相连，为国家的长远发展和事关人类前途命运的重大问题提出了具有中国特色的解决方案，具有重大的理论与实践意义。它兼顾人类命运、民族复兴和社会共享发展，是国家治理实践与国际外交战略的总结与发展，是对马克思"自由人联合体"思想的时代阐发、和解了西方自由主义与社群主义对自由与共同体的"非此即彼"的争论、创新并发展了国家治理理念与国际战略话

---

① 陆海发. 民族国家视阈下的中华民族共同体建设研究［J］. 云南民族大学学报（哲学社会科学版），2016（2）：15-16.
② 潘玥斐. 深化中华民族共同体意识研究 建好全国各民族共有精神家园［N］. 中国社会科学报，2016-09-28.
③ 刘海军，王平. 习近平共同体思想的场域、逻辑与价值研究［J］. 湖北社会科学，2017（5）：5-9.
④ 周显信，罗馨. 习近平命运同共同体思想的逻辑结构与构建路径［J］. 理论与改革，2016（3）：6-12.

语①，同时立足于实现中华民族伟大复兴的实践目标，不断丰富并深化了中国特色社会主义理论体系的内容，推进了"五位一体"总布局的建设，为中国梦的实现凝聚了力量，有利于中国价值向世界的传播②。

（三）关于马克思主义共同体思想的影响

共同体作为一种理念和经验，是人类生活的核心所在，人类从未像今天一样如此努力地建设、重建、发现和研究共同体。国外学者基于马克思共同体思想，对西方共同体理论进行了探索和考察，同时也形成了对中国社会共同体思想研究的一股热潮。

1. 促使西方社会学家开启了对共同体理论的研究

社会学最早开启了对共同体思想的研究。德国社会学家滕尼斯（Tönnies）最早将共同体引入社会学领域。他从人类社会的发展入手，将人类的群体生活分为共同体与社会两种类型，并分别就共同体与社会进行了次生类型的区分与阐释，且对二者关系做了明确界定。基于自然结合而形成的共同体，是作为自然器官的人的本质意志的统一体，体现了人的身体—心理的天生和从祖先继承下来的经历、思维和行为，其层次发展历经了血缘共同体（家庭、宗族）、地缘共同体（村庄、城市）和精神共同体（友谊、师徒关系）三种类型的变更。而社会是在个人有目的共同行动的基础上，是作为人为器械的人的选择意志下的联合体，成为一种机械的聚合和人工制品，历经了从"共产主义"发展到"理性的社会主义"的过程。虽然共同体与社会都是人的群体，但共同体的类型早于社会的类型，二者是相对的概念，共同体是现实的、有机生长的整体，人们团结一致，"共同体的生活是相互的占有和享受"③，而社会是思想的、机械的，人人为己，若非为了得到报偿和回赠，不会有人愿意给出或贡献东西，整个社会保持着分离的态势。然而，整个人类社会的变迁则呈现出由共同体走向社会的过程。法国社会学家涂尔干（Durkheim）同样从人类社会的发展入手，关心人类的群体生活，承继滕尼斯共同体与社会两分法的思想，指出共同体是建立在压制、泯灭个性自由基础上的机械团结，靠带有宗教形式的集体意识来维系，本质上是一种传统的同质性社会；而社会是建立在对个人尊严和个性尊重基础

---

① 刘海军，王平. 习近平共同体思想的场域、逻辑与价值研究［J］. 湖北社会科学，2017（5）：9-11.
② 田旭明. 习近平共同体思想及其当代价值意蕴［J］. 学术论坛，2016（1）：15-16.
③ 斐迪南·滕尼斯. 共同体与社会：纯粹社会学的基本概念［M］. 林荣远，译. 北京：商务印书馆，1999：77.

上的有机团结,分工的发展和劳动的分化使个人实现了人格独立①,形成了道德个人主义这一新的集体意识,是一种现代的异质性社会。涂尔干将社会相较于个体置于优先的位置,视社会为道德社会。德国社会学家马克斯·韦伯(Max Weber)则从社会关系入手,依据范围的不断扩大将共同体划分为家共同体、邻人共同体和社群。财产共有是家共同体的根本原则②,对待掌权之人要表现出绝对的恭顺与服从,空间的临近形成了邻人共同体③,而空间的不断扩大为社群的形成奠定了基础。他认为共同体的形成不可能由自由个体自然联合而得以实现,在民族国家这一共同体形式中必须借助垄断正当暴力取得权力斗争的胜利得以维持。此外,英国社会学家齐格蒙特·鲍曼(Zygmunt Bauman)继承滕尼斯有关"共同体"的概念,立足现代社会探讨安全的共同体与自由的个体之间的背反状态,划分了不同层次与不同形态的共同体。流动的现代社会下全球化和消费主义加剧了两极分化与个体化,社会已不再是有着共同信念的相对稳定的共同体,共同体变成了人们想象出来的安全感。而真正的共同体是一种自然而然、不需言明的共同理解,内在于本体而存在,是没有感情的、直觉性的、划界清晰的"温馨圈子",这种和谐是无法人为制造出来的。而现实存在的共同体因为信息传输技术的出现,使共同体内部的人与外部世界的交流日益频繁,抵消了共同体应有的共同性,"'内部'与'外部'之间的界线再也无法划定,更别说是维持下去了"④,所有的同质性与一致性都需要精选和创造,人为制造出来的和谐成为现实存在的共同体的唯一行之有效的形式,是一种外在于本体的存在。这种共同体成为一个被包围并持续受到攻击的堡垒,是被瓦解的存在,因而人们才会在私人化、全球化与个体化的现实境遇中热切追寻身份认同,寻求充满确定性与信赖的舒适的庇护所,并且只有通过斗争、呼叫和武力威胁等方式才能使人有置身于和成为一个共同体的感觉,寻得一丝家庭式的温馨。鲍曼通过区分梦想的温馨的共同体与风险社会下实际存在的共同体,看到了确定性与自由之间的不可调和性,强调"失去共同体,意味着失去安全感;得到共同体,如果真的发生的话,意味着将很快失去自由"⑤,人们无法避免风险社会下存在

---

① 埃米尔·涂尔干. 社会分工论 [M]. 渠东, 译. 北京:三联书店, 2013:91.
② 马克斯·韦伯. 社会学的基本概念 经济行动与社会团体 [M]. 顾忠华, 等译. 桂林:广西师范大学出版社, 2011:381.
③ 马克斯·韦伯. 社会学的基本概念 经济行动与社会团体 [M]. 顾忠华, 等译. 桂林:广西师范大学出版社, 2011:381.
④ 齐格蒙特·鲍曼. 共同体 [M]. 欧阳景根, 译. 南京:江苏人民出版社, 2003:10.
⑤ 齐格蒙特·鲍曼. 共同体 [M]. 欧阳景根, 译. 南京:江苏人民出版社, 2003:6-7.

的这一困境，只能自担风险，针对这一困境寻求解决办法并对将要面临的机遇和风险进行评估，共同体成为现实中无法存在、只能是人们梦寐以求可以栖息和拥有的"天堂"。故而致力于通过理性权力建立起日常监视和管理的秩序，企图取代共同体过时的自然而然式的理解，恢复或从零创造一种共同体的感觉。

2. 引起西方政治哲学各派对共同体理论的考察

西方政治哲学视域下对共同体的考察，不可忽略社群主义学派、剑桥学派和芝加哥学派。他们对共同体思想的考察占有重要地位，影响极为深远。首先，社群主义学派对共同体的考察。随着西方社群主义的兴起，共同体成为西方政治哲学的核心范畴。而随着社群主义和自由主义之间争议的不断扩大，共同体和个体的关系问题探讨成为西方政治哲学中的焦点话题。阿拉斯戴尔·麦金太尔（Alasdair Macintyre）、迈克尔·桑德尔（Michael Sandel）、查尔斯·泰勒（Charles Taylor）、迈克尔·沃尔泽（Michael Walser）是社群主义学派的主要代表。因马克思对共同体的重视，西方学者也通常将其划到社群主义谱系之中进行考察。社群主义学派将个人放到社会、历史、文化的背景中进行考察，所不同的是麦金太尔、桑德尔、泰勒、沃尔泽等人主要从抽象思辨的层面来探讨共同体，而马克思则立足于人类社会历史的发展现状来考察共同体。社群主义以对自由主义的批判为立足点，在指出自由主义理论存在的局限性基础上对共同体主义进行全面、系统阐释，提倡回归、保存和发展传统的共同体，但却将个体与社会对立。麦金太尔回归亚里士多德的传统，指出通过具有普遍意义的道德规范来建立共同体，构建共同体的"空间伦理"。桑德尔提出以自治为中心的"构成性"共同体的观念，主张一种共同体善的政治，将共同体分为"弱"共同体和"硬"共同体。泰勒强调友爱、互助等共同体伦理是建立共同体的最起码的要求。沃尔泽从传统出发解释共有世界的意义，指出社会善该如何分配是政治理论的核心问题。戴维·米勒（David Miller）则提出共同信仰对共同体成员思想和行动的重要性。而卡弗（Carver）、伯林、伍德、塔克、李希特、科尔纽等人则对马克思共同体思想进行了哲学、经济学和科学社会主义视角的考察，尤其从马克思共产主义理论中考察马克思的共同体思想。肯尼斯·梅吉尔通过对比自由民主制共同体和市民社会共同体，指出马克思的自由人联合体消除了强制，使人获得了解放与完善，发现了人与共同体的共同的历史性生成[①]。其次，剑桥学派的斯金纳、塔克、波克科等人，侧重从观念史的角度对共同体展

---

① MEGILL. The Community in Marx's Philosophy [J]. International Phenomenological Society, 1970.

开研究，阐发共同体观念的起源问题，从古希腊时期、中世纪、近代再到现代的"权利和自由共同体"①，可见共同体是在个人的历史活动中建构而成，不是社会固有的政治现象。此外，芝加哥学派的布鲁姆（Bloom）、迈尔、罗森、曼斯菲尔德等人，以研究古典文本见长，侧重于对共同体的自然性的研究，将共同体的结构建立于自然等级之上，重视共同体成员的德行问题以及共同体的合法性、权威性。

3. 激发日本史学家将共同体的分析方法应用到对社会史的考察之中

主要以日本学者谷川道雄所著的《中国中世社会与共同体》一书为代表，作者在研究中国中世社会的过程中创造了独具一格的共同体理论，并以共同体理论的创建来解释中国史的发展规律，成为外来学者从史学角度研究中国社会共同体的典型代表。

谷川道雄深受马克思手稿《资本主义生产以前的各种形式》的影响，一直思索如何将马克思对资本主义以前个体和共同体的关系和类型的分析方法应用到对中国史的研究之中。他认为共同体是以人群划分的社会组织，在共同体中起决定性作用的是道德力，而民众则是共同体伦理关系存在的基础。民众不仅具有革命性，更具有社会主体性，在共同体社会中人与人之间的精神关系比人与人之间的物质关系更能体现共同体社会的存在与发展。共同体主要包括"豪族共同体""村落共同体""地域共同体""民族共同体""国家共同体"等。他强调"豪族共同体"是中国中世社会的基层共同体，豪族在共同体中"能获得领导者的资格全取决于他们自身的德望"②，从而形成了著名的谷川道雄的"豪族共同体论"。总的来看，谷川道雄将豪族与奴婢、佃客、宗族、乡党进行阶级划分，明确指出"六朝的豪族共同体是从官僚政治之中产生，最终又为官僚政治所吸收"③，他在将国家视作是由官与民构成的基础上，探讨了共同体与阶级的关系问题，将国家共同体看作是"旨在维护民众的安宁与福利的一种大型共同体世界"④，追溯了国家共同体的起源，并对国家共同体在帝政时代与近代的发展历程中进行了具体考察，从而区分了不同性质的国家共同体，以此窥视了不同时期的中国历史状况。

---

① 伯恩斯，主编. 剑桥中世纪政治思想［M］. 北京：三联书店出版社，2009：709-740.
② 谷川道雄. 世界帝国的形成［M］. 耿立群，译. 上海：上海古籍出版社，1998：79.
③ 谷川道雄. 中国中世社会与共同体［M］. 马彪，译. 上海：上海古籍出版社，2013：321.
④ 谷川道雄. 中国中世社会与共同体［M］. 马彪，译. 上海：上海古籍出版社，2013：333.

4. 形成从国际关系视角展开对"人类命运共同体"思想研究的热潮

自党的十八大以来习近平人类命运共同体思想被提出后，国外相关专家学者从国际关系视角对此展开了大量研究，并产生了大量相关著作与论文。他们对人类命运共同体的考察主要从内涵、思想来源、构建动因、构建面临的机遇和挑战、构建机制与路径、构建意义等方面进行，虽然不乏以冷战思维和西方零和博弈理论来看待和解读中国国际战略，但对之基本持肯定态度。

西方学者多从现实主义视角出发考察人类命运共同体思想，倾向于将中国的这一外交战略与本国国家战略、区域战略进行比较研究。具体而言，有的学者展开对人类命运共同体内涵和特征的考察。南非学者鲍勃·韦克萨（Bob Weksa）认为人类命运共同体把世界视为一个由不同国家、不同人种构成的整体，有着对人类幸福这一共同福祉的追求；有的学者从中国传统文化中寻找，内森·加德尔斯（Nathan Gardels）将习近平人类命运共同体理念追溯到古代周朝，指出它是"普天之下""和谐共生"等中国传统文化智慧的结晶，是对中国传统文化的传承与弘扬；有的学者开展对构建人类命运共同体面临的机遇和挑战的考察，认为构建人类命运共同体具有一定的可能性和可行性。刘卫东（Weidong Liu）、迈克尔·邓福德（Michael Dunford）指出中国具备实现人类命运共同体这一构想的能力，强烈的国家认同感使中国有能力对外传播国家产品理念、有实力控制好资本以确保国家金融安全、有足够的储蓄来推动对工农业和基础设施的投资、有较完善的工业发展模式能有效将自我保护和推动出口相结合①。"一带一路"倡议作为构建人类命运共同体的主要路径，自实施以来取得举世瞩目的成果，已经成为构建人类命运共同体的现实载体。老挝老中友谊协会秘书长西昆·本伟莱（Siquon Benwaile）指出由中国主导并大力推进的"一带一路"建设就是建设人类命运共同体的具体实践路径。美国学者劳伦斯·布拉姆（Laurence Brahm）指出中国正是通过"一带一路"而使得人类命运共同体由愿景成为现实。但是也同样不能忽视人类命运共同体建构面临的风险和挑战。经济学人欧洲智库对"一带一路"所面临的政治、经济、法律等各方面的风险进行了全面评估；有的学者展开对人类命运共同体构建机制和路径的考察。许多周边国家为了与中国这一区域性战略相契合，提出了很多富有对接性意蕴的政策与策略。例如，俄罗斯提出的"跨欧亚发展带"、哈萨克斯坦的"光明之路"以及"东盟互联互通总体规划"等。联合国国际贸易中心执行主任阿兰

---

① LIU W D, DUNFORD M: Inclusive Globalization: Unpacking China's Belt and Road Initiative [J]. Area Development and Policy, 2016, 1 (3): 323-340.

嘉·冈萨雷斯（Arancha González）指出中国为推动人类命运共同体的构建，在区域发展方面推动"一带一路"建设，在气候变化问题上走绿色发展之路，在国际安全领域积极参加联合国主导的维和行动，这些构成了人类命运共同体的现实实践路径。除此之外，另有一些学者展开对人类命运共同体构建意义的考察。以全世界的共同发展为立足点，牙买加人民民族党代表菲茨阿瑟·杰克逊（Fitz Arthur Jackson）、学者提摩·维基马基（Timo Kivimaki）[1]都强调中国这一外交政策促进了世界性问题的和平解决，并提供了现实的变革路径，是有益于世界人民的举措。俄罗斯学者伊萨耶夫（А. С. Исаев）也指出人类命运共同体的构建顺应了世界历史发展潮流，是发展中国家的共同心愿和当代世界各国人民所追求的共同目标，为全世界共同发展和繁荣创造了条件。英国剑桥大学政治与国际关系学院研究员马丁·雅克（Martin Jacques）强调中国人类命运共同体思想的提出为世界的发展提供了新的可能，开辟了共建共享共赢的和平发展新道路。俄罗斯执政党统一俄罗斯党总委员会副书记谢尔盖·热列兹尼亚克（Sergey Zheleznyak）则强调中国提出人类命运共同体和"一带一路"的倡议，充分展现了中国负责任、维和平的大国形象，是当今各国的真诚伙伴。美国学者小约翰·柯布（John B. Cobb, Jr.）则表示出对这一理念的高度认同，但也指出以人类命运共同体意识取代竞争意识并非易事。但同时，也有部分学者认为人类命运共同体的构建，尤其是"一带一路"建设是中国的对外输出模式，是中国"争夺世界霸权"的行动策略。

（四）对马克思主义共同体思想研究的评价与展望

纵观学者对马克思主义共同体思想研究的理论成果，为我们更加全面客观地把握马克思主义共同体思想的概貌提供了重要的方法启示和理论参考，同时也为我们客观分析了其思想中的弊端与疏漏，为下一步更好地指导我们的理论与实践积累了现实经验。

1. 对马克思主义共同体思想研究现状的评价

从研究内容来看，学者们进行针对性的探讨。从"共同体"概念的界定到马克思主义共同体思想的历史渊源、马克思主义创始人共同体思想的形成，再到马克思主义思想在各国的发展及其价值意蕴等各个方面都有所研究，从西方到东方、从古代到现代都被涵盖，但却存在内容上的模糊性、断裂性与不连贯性。对于共同体概念的内涵与外延的界定不清，对于传统共同体与现代共同体

---

[1] KIVIMAKI T. Soft Power and Global Governance with Chinese Characteristics [J]. The Chinese Journal of International Politics, 2014, 7 (4): 421-447.

之间的区别没有明确指明,虽然是在继承传统共同体概念的基础上进行现代性的解读,却对中西方共同体发展,尤其是西方共同体理论的论证逻辑与理论缺陷没有进行理性分析,更没有将其与马克思共同体思想进行对比,只是囿于前人已有的理论资源进行解读。虽然针对共同体思想的形成、发展、内涵和价值等各方面都有所涉猎,但在每一具体方面存在着只见部分、不见整体的状况。例如学者没有对中国各个时期有关共同体思想的发展状况进行全面系统的考察,虽有学者研究毛泽东时期的革命共同体思想,有学者研究习近平的共同体思想,但几乎找不到学者对改革开放和社会主义现代化建设初期的共同体思想所进行的研究,更没有对这一时期党的文献、政策和领导人讲话中的共同体思想进行梳理和系统性解读。故而在造成理论断裂的同时,想要把中国各个时期的共同体思想放在整体视域下进行系统分析也已然变得不可能,即使学者倾向于将马克思的共同体思想与习近平的共同体理论进行对比研究,却无法清晰地呈现出习近平共同体理论与之前中国共产党领导人共同体思想之间的继承与发展的整个演变历程,造成思想上的不连贯性与解读思想的肤浅性。又如虽然有学者考察了毛泽东的革命共同体思想,但忽视了毛泽东社会主义建设时期共同体思想的发展状况,造成对于毛泽东共同体思想全面认识上的缺失。而对于苏联的共同体思想的考察则是少之又少,不仅造成苏联共同体思想内容的缺陷,更是没有架构起共同体思想在苏联发展的框架和体系,造成共同体思想研究的国别史的断裂。

从研究方法来看,学者们运用了概念分析法、历史研究法、跨学科研究法、文本解读法、比较研究法等,既考察了共同体思想的历史渊源,进行了共同体相关概念辨析,从社会学、政治哲学、历史学、伦理学等角度阐释西方共同体理论,也对马克思的虚幻的共同体和抽象的共同体展开大量的文本解读,并侧重从国际关系学科视角研究人类命运共同体思想等,但也存在形而上学的认知失误,不能够将研究对象与其发展历程前后关联起来,不能打通马克思恩格斯共同体思想、列宁共同体思想、斯大林共同体思想、毛泽东共同体思想与中国特色社会主义理论体系下的共同体思想之间的本源继承与现实扬弃,有片面分析之嫌。同时思维存在着"二元对立"的局限性,虽然强调共同体与个体是一对非常重要的范畴,却无法摆脱狭隘的非此即彼的绝对化认知,尤其在分析人类命运共同体思想的作用时,总是过分强调其世界性、全球性,遮掩了其地域性和本土特色。

从研究视角来看,学者们对马克思主义共同体思想发展脉络的考察局限于对某一方面、某一阶段或某种层次的局部考察,对于马克思主义共同体思想的整体发展脉络暂无整体性、系统性的研究，无论是从理论上还是实践上，也无论是从历史学角度、社会学角度、伦理学角度抑或是哲学角度，都只是局部领域的研究。由于局部领域内的研究也存在多种视角，在进行局部探讨时缺乏不同视角之间的逻辑自洽性，故而仍需处理不同视角之间的逻辑关系。对于起源于西方的共同体理论，马克思是如何在继承与扬弃的基础上将西方的理论资源适用于东方国家的具体发展之中，尔后又是如何从苏联的发展拓展到中国的发展，如何在中国的革命、建设和改革时期运用与创新，这些虽从社会学、政治学、伦理学、历史学、哲学等不同角度有所考究，但仍缺乏统一的新视角将之理顺。

2. 对马克思主义共同体思想研究趋势的展望

第一，科学把握马克思主义共同体思想的系统性与完整性。长期以来，马克思主义共同体思想的研究缺乏整体性视角，这使得研究中出现了以一种理论遮蔽另一种理论的问题，从而削弱了马克思主义共同体思想的合力，降低了马克思主义共同体思想对现实问题的解释力与应对力，也削弱了马克思主义共同体思想本身的理论魅力。今后，亟待以整体和局部相结合的方式，从人类文明思想史的历史演进长河中进行考察，对之进行全景化、系统性的建构，厘清不同时期共同体思想的内在逻辑关系，形成完整的马克思主义共同体思想的科学体系，确立马克思主义共同体思想在思想史和实践史上的地位。

第二，抓住马克思主义共同体思想的根本问题。长期以来，马克思主义共同体思想内容的研究往往取决于研究者个人的研究方向与研究兴趣，而且研究依据多源于某几部经典著作或依据国家领导人的重要讲话或相关理论论述，得出的观点不可避免流于表面，甚至出现各自不同和冲突的观点，因而呈现于众的马克思主义共同体思想零乱又琐细。今后，亟待以"什么是共同体、如何创建真正的共同体、谁来推动共同体的发展、如何发挥共同体主体的历史创造作用、如何评价共同体"为马克思主义共同体思想的核心问题，形成学术研究合力，从而突破重点研究，逐渐培养对待次问题的基本学术共识。对于共同体与共同存在物、社会共同体与社会有机体、世界共同体与世界社会等易混概念进行重点把握，对于中国不同历史阶段、不同共产党人的共同体思想的真正内涵与彼此之间的逻辑关系进行梳理与研究，对于共同体思想在西方、在苏联、在中国的论证逻辑与实践建构进行理论突破与创新。

第三，预判马克思主义共同体思想的未来发展前景。当前对于马克思主义共同体思想的研究主要侧重于历史维度、理论维度和现实维度，主要在历史性活动的基础上对不同阶段的共同体思想进行考察，注重现实发展基础上的理论概括和理论创新。而一种真正成熟的理论学说，其完整性主要涵盖四个维度，即历史维度、理论维度、现实维度和未来维度。由于共同体的演进史充分展现了人类社会的发展史，故而马克思主义共同体思想的研究就是一部研究人类社会的变迁史，尤其"人类命运共同体"思想作为马克思主义共同体思想的最新理论成果，其本质是为了实现人的自由和全面发展，是一种面向未来、以期实现《共产党宣言》中的理论、观点和主张的展望，而不是完全面向当下的现实存在。故而对马克思主义共同体思想的梳理要以辩证唯物主义和历史唯物主义的研究方法为基础，从历史维度、理论维度、现实维度和未来维度对其归纳、分析、总结和预判。要知其源，预其流，既要对这一理论体系进行全面梳理和完整把握，又要根据时代变化和现实境遇对其未来理论走向进行预测，这种理论创新性的预判则又反过来展现了共同体的理论厚实度与现实感染力，是研究马克思主义共同体思想的有力抓手。

三、研究的总体设想

（一）研究思路

总的来说，即是以界定共同体概念为基础，对马克思主义共同体思想展开全景式研究，研究它的形成、发展、科学内涵、当代境遇与未来发展前景等，构建历史维度和理论维度、现实维度和未来维度相统一的共同体思想完整框架。具体来看，首先针对马克思主义创始人的共同体进行剖析，在市民社会的阶级矛盾与阶级冲突中寻找个人自由和人类解放之路；其次，鉴于19世纪末20世纪初垄断资本主义的新发展，将以列宁为代表的俄国布尔什维克党人关于未来社会"真正的共同体"融到俄国的具体实践为重点，探寻资本主义共同体和社会主义共同体并存、斗争与合作的人类历史发展新纪元和世界历史发展新道路；最后，以中国革命、建设和改革进程为基础，尤其是"人类命运共同体"的提出为研究重点，寻找社会主义国家开辟人与自然、人与人、人与社会和谐发展，实现每个人自由全面发展的新道路和新境界，从而引领人们奔向自由人联合体和人类命运共同体的美好未来。

（二）研究方法

以历史唯物主义和辩证唯物主义为指导思想，借助马克思研究政治经济学所采用的"从后思索法"，将各种文本和文献资料作为主要研究依据，采用综合比较分析法、历史分析法、理论与实践相统一的方法和跨学科研究的方法进行阐述。

第一，"从后思索法"。马克思在研究政治经济学时采用了"从后思索法"，其形象的比喻就是"人体解剖是猴体解剖的钥匙"。它立足于当下的历史在场，透视当今时代的历史场景，根据历史认知思维去观察过往历史，进而发现过往历史的结构与意义，即反对目的主义地看待过往历史，提倡从现实社会中"透视"以往的历史。对于马克思主义共同体思想的研究即是立足于当下"人类命运共同体"理念的不断推进，透视"人类命运共同体"理念的历史与理论基础，从而发现过往马克思主义视域中"共同体思想"的内涵、结构与意义等。

第二，马克思主义经典著作研读法。以马克思主义经典作家各个时期的文本研究为基础，结合不同历史发展阶段各国领导人发表的论著、讲话和演讲等，进行归纳和演绎，从而提炼出共同体思想的精髓。

第三，历史和逻辑相统一的方法。关于马克思主义共同体思想的研究时间跨度比较大、涵盖的文献资料较广并较为分散，故而需要通过抽象的逻辑分析对同一时期不同阶段的共同体思想进行相关整合，在此基础上运用历史分析方法，将不同时期的共同体思想以同样的方式、方法进行提炼、归纳和总结，形成马克思主义共同体思想的全景式展现和整体性研究。

第四，比较分析法。本书既对马克思主义共同体进行纵向梳理，也采取横向间的比较，以期通过不同时期不同阶段和同一时间不同阶段的对比，使人们系统、清晰掌握共同体的发展脉络和其自身的独特意蕴。

第五，理论和现实相结合的方法。马克思主义共同体思想是在历史性活动的基础上而得出的科学理论体系，是现实发展基础上的理论概括和理论创新，这一思想既来源于实践，也在指导着实践的发展。

第六，跨学科研究的方法。纵观马克思主义共同体思想研究的整个过程，可以看到马克思对于共同体思想的研究涵盖在他对历史、政治、哲学、经济、法律、社会等各学科之中。而中国和国外学者在对马克思思想进行研究的时候，也涉及社会学、历史学、国际关系学等不同的学科视角，形成了学科交叉的优势，从而对马克思主义共同体思想的研究更为丰富和立体。

（三）创新之处

第一，关于研究方法。采用了马克思研究政治经济学所常用的"从后思索法"，即"人体解剖是猴体解剖的钥匙"，通过对马克思主义经典著作的研读、归纳，提炼出共同体思想的精髓。

第二，关于研究视角。采用整体性、系统性的方法，以厘清共同体概念为前提，对马克思主义共同体思想的形成、发展、科学内涵、当代境遇与未来发展前景展开全景式研究，构建起历史维度和理论维度、现实维度和未来维度相统一的共同体思想的完整框架。目前学界暂未有对"马克思主义共同体"思想系统性研究的论著。鉴于已有的研究大多仅仅是着眼于马克思主义共同体思想内容的某一方面，如针对马克思共同体思想的研究、针对习近平人类命运共同体思想的研究或针对马克思共同体思想的某一个方面进行研究，而尚未有学者将马克思主义共同体思想作为一个对象进行研究，故而试图在综合学者前辈已有的研究成果和补充、完善一定数量新资料的基础上，使马克思主义共同体思想作为一个整体得以再现。由于马克思主义共同体思想涉及各个时期、不同国家、各个阶段、不同马克思主义经典作家的论著与言论，涵盖范围极其广泛。以往主要是在论证和叙述有关资本主义社会和共产主义社会某一问题时直接或间接提及共同体思想，对共同体思想的研究绝大多数是为了迎合某一问题的需要，现将其作为一个整体进行研究，试图使这一思想得到系统化、条理化和整体化的展现。既考察了马克思主义共同体思想的起源、在各国的运用和发展，也归纳并形成了马克思主义共同体思想的科学体系，并对其当前发展境遇和未来发展前景进行解说和判断，是基于历史维度、理论维度、现实维度和未来维度来考察一种理论学说的完整性。

第三，关于研究内容。首先，将马克思主义的共同体思想的发展与不同时期的历史发展结合起来，弥补了共同体理论发展史上的断裂，特别是结合苏联的现实，首次系统梳理并阐述了马克思主义共同体思想在苏联的理论发展与实践应用。据考证，目前理论界没有研究马克思主义共同体思想在苏联发展的专门性论著，甚至苏联社会主义建设领导人的共同体思想尚未引起学术界的关注。虽然苏联国家领导人与苏联理论界从民族学视域涉及共同体思想，但多散见于对某一概念的论述之中，而且考察具有间断性。马克思主义共同体思想则以各种文本和文献为基础对苏联共同体思想进行持续性考察，弥补了理论发展上的断裂，形成了理论与实践相统一基础上的综合阐释，增添了理论的厚实度与现实的感染力。其次，对西方共同体理论和马克思共同体思想进行了比较、清理和辨析。西方共同体理论是西方理论界十分重要的研究范畴，是基于西方资本主义社会的历史发展与现实需求所形成的理论学说，它与马克思、恩格斯及其学说继承人所提倡的基于社会主义社会和人类社会的发展现状和未来发展趋势所形成的共同体思想存在着本质上的差别。同时也有西方学者借助马克思的共同体思想阐发自己的观点，可见西方共同体理论与正统马克思主义共同体理论之间既有区别，也有联系。而它们之间的区别是什么、联系又体现在哪些方面，这些问题构成了马克思主义共同体思想的一个组成部分和本书的亮点。最后，在充分阐明马克思主义共同体思想重大意义的基础上，结合当今世界发展实际，特别是结合我国面临百年未有之大变局，分析了马克思主义共同体思想面临的挑战和未来发展的前景。

　　在阐明共同体概念的基础上，本书认为，在马克思主义共同体思想的逻辑框架中，"什么是共同体、如何创建真正的共同体""谁来推动共同体的发展、如何发挥共同体主体的历史创造作用""如何评价共同体""如何预判共同体的未来发展趋向"是其基本问题；个体与共同体、强制劳动与自主劳动、利益共同体与精神共同体、民族共同体与人类共同体是其基本范畴；生产实践性、人类阶级性、多方超越性是其基本特征；发展经济和解放劳动、治理国家和社会、承载文化创造力是其主要功能；实现每个人的自由解放是其终极目标。同时，通过对社会主义共同体的建设过程中实践主体、物质载体、实现方式和实施步骤的考察，形成了系统的马克思主义共同体思想的实践路径。

第一章

"共同体"的概念界定及其思想渊源

人是社会性的存在物,共同体的生活方式是人类的必然选择。从本源上看,人的发展历经了单个人到全人类的历史演进过程,伴随着众多层次的人的生存单位,如家庭、氏族、部落、民族、国家、人类社会等。但随着现代化的发展和个人主义倾向的凸显,传统社会下人与人之间的道德联系逐渐被现代社会下人与人之间的物质利益关系所取代,即过去那种能够给人们带来稳定性和安全感的共同体不断丧失,人们产生对自我身份的认同危机,而当今世界的不断变革与调整又使各国和各地区人们之间的联系和依存度日益加深,这在一定程度上又唤起了人们对寻回共同体的热望。在这种双重境遇下,我们有必要对共同体自身的发展进行一番历史考证,透过人的生存与发展的历史进程看到共同体存在的合理性,重新建构共同体。

第一节 共同体概念的考证

"共同体(community)"概念由西方发展而来,从词源学上看,其渊源甚古。可追溯的最早词源为拉丁文 communis,由拉丁语"com"和古代意大利西部的埃特鲁斯坎语"munis"共同组成,合在一起寓意"共同负责"。在古希腊语中,"共同体"一词源于 Koinonia,意指城邦设立的市民共同体。根据《牛津英语词典》的释义,"共同体"则是基于普遍关系或共同情感的团体。不管怎样,共同体自产生以来总是一个褒义词。

从文本考察上来看,最早可追溯到古希腊时期。古希腊罗马时期的天然"联合体"和"社会团体"、中世纪的"集体会议"与"公社"、近代的"联盟"等不同概念都蕴含了共同体的内在意义,代表了共同体的不同表现形式,形成了人们对共同体概念历史演变历程的整体把握。在古希腊,人们多从社会城邦的角度谈论共同体概念。柏拉图(Plato)将源于生活需要、满足人们需求、促进共同发展而联合起来的城邦视为共同体,亚里士多德(Aristotle)将共同体视作是群体通过共同活动来追求共同善的联合体,亦即城邦共同体。在这里,城邦作为共同体的一种,是一种天然的共同体。在古罗马,人们多从国家法律角度谈论共同体概念。西塞罗(Cicero)在《论法律》中,从国家意义上使用"共同体"这个概念,认为国家"是很多人依据一项关于正义的协议和一个为了共同利益的伙伴关系而联合起来的一个集合体"①,并进一步将"共同体"引申为由拥有共同财产和遵守相同法律的人和神一起构成的"社会",并且最早提出"市民社会"这一概念,旨在区别于原始部落和乡村的一种城市文明共同体,即所谓的"文明之邦"。在中世纪,人们多从宗教信仰层面谈论共同体概念。共同体成为依靠信仰和爱维系的上帝和人的统一体,例如奥古斯丁(Augustine)从人民意义上使用"共同体"这一概念,提出:"所谓人民就是由某种一致拥有的爱的对象而联系在一起的理性动物的集合体。"② 其本质上是一种神学共同体。从11世纪到13世纪,"共同体"以"公社"的形式表现出来,本质是和平制度的具体化。14世纪,奥雷姆(Oresme)提出"城市共同体"概念,认为城市是自然交换的场所,人天生属于城市,注定要生活在城镇共同体里。此外,奥卡姆(Ockam)提出"人类共同体"概念,认为共同体是由个体的整体或整个人类种族构成。

在近代,人们多从人本身理解共同体概念。随着人自身意志的不断发展,共同体逐渐从神学和伦理的束缚下解放出来,变为人自身意志的创造物,被看作是基于共同利益基础上的社会群体。商业和技术的发展促使现代意义上的资本主义开始蔓延,聚敛财产成为资产阶级的本性,国家的普遍意志被看作是个人意志联合的产物。理性人使契约缔结成为可能,经济行为成为私人之间的商业契约关系,个人与国家之间成为政治契约关系,从而形成了新的社会关系。

面对当时德国的分裂状况,德意志哲学家主张以"联盟"形式解决各诸侯国之间的冲突,例如康德(Kant)主张建立"自由国家联盟制度",黑格尔(Hegel)主张绝对国家观念,施蒂纳(Stirner)等人试图以"联盟"形式解决资产阶级内部存在的矛盾。马克思、恩格斯批判了施蒂纳等人这种"联盟"的虚假性,指明施蒂纳在虚假共同体的意义上使用"联盟(association)"这一概念,并将其等同于共同体(community)。马克思将英文的"community"与德文"Gemeinwesen"等同视之。"Gemeinwesen"指"共同存在物"、共同存在、共同

---

① 西塞罗. 国家篇·法律篇 [M]. 沈叔平, 苏力, 译. 北京: 商务印书馆, 2002: 35.
② 奥古斯丁. 上帝之城 [M]. 王晓朝, 译. 北京: 人民出版社, 2006: 944-945.

本质、共同性等意思，相当于哲学意义上的"类本质""类存在物"。马克思在总体的社会属性意义上使用该术语，它以社会物质生产为出发点，体现了人共同活动的自由自觉的本性，彰显了"现实的历史的人"从事生产和劳动的特性。只有从社会共同的物质生产去理解人与共同体的关系，才可能真正理解"人的奥秘""社会的奥秘"和"历史的奥秘"。

在现代，"共同体"一词多被界定为"社群""社区"以及基于社会中具有共同特征而组成的各种层次和属性的团体、组织，从而共同体既有抽象意义上共同感觉的含义，也有具体层面上共同利益集合体的含义[①]。"共同体"这一概念，经斐迪南·滕尼斯而被引入社会学理论，成为社会学理论中最重要的概念之一。滕尼斯认为共同体是一种体现人的本质意义的情感联系的有机体，对应以血缘关系为基础的古代社会，共同体成员之间是一种温情的情感关系。现代社会则是由于个人的目的和需要而结合起来所形成，体现的是人的选择意志，是个人意志规定着社会生活，共同体成员之间是一种冷冰冰的利益关系。因此共同体和社会作为两种不同社会结合方式的指称，即共同体与社会是对传统社会与现代社会所作的区分。共同体是传统社会的总特征，但在传统社会的不同时期，共同体也会体现着自身的一些特点变化，由此划分出血缘共同体、地缘共同体和精神共同体三个阶段，从而表达出滕尼斯对于传统生活方式的眷恋。涂尔干则在滕尼斯本质意志和选择意志的基础上指出基于劳动分工的现代社会是有机团结的结合体。马克斯·韦伯则从个人感觉出发分析共同体的本质，将建立在主观感觉上参加者们的共同属性，即共同归属感，看作是把共同体成员联系在一起的社会纽带，意即任何社会纽带都会表现在个人身上并通过个人而起作用。而芝加哥学派的帕克首先赋予了共同体以社区的含义，从而把共同体运用于对城市的分析。在帕克看来，社区的本质特征包含按区域组织起来的人口、这些人口扎根于他们赖以生存的土地之上、社区中的每个人都生活在相互依赖的关系之中。因此共同体的关系不仅存在于家族、宗教、村社等传统的社会组织形式中，也存在于现代城市的社区生活中。可见，随着全球经济一体化的发展，原初共同体的自给自足性被破坏，共同体所蕴含的同质性和共同性被一种异质性所取代。

由上可以得出，近代以来国家与社会、个人与共同体之间关系的松动促使道德和宗教从政治领域被划归到私人领域，从而促使政治价值中立化，共同体

---

① CHRISTENSEN K, LEVINSON D. Encyclopedia of Community: From the Village to the Virtual World [M]. California: SAGE Publications. Inc, 2003 (1): 37.

成为依靠人的意志而建构的契约共同体。但不同于近代其他学者，马克思、恩格斯立足物质生产和现实的人的活动考察各种共同体形式，赋予了共同体独特性。而在现代，共同体则被身份认同所萦绕。

第二节　共同体概念的界定

通过对共同体概念的历史考证，可以看到"共同体"随着社会的经济、政治和文化的发展，其内涵和外延变得越来越丰富。虽然"共同体"概念在不同历史环境和文化背景下所代表的意义不同，但人作为一个共同因素始终存在并发挥着主要作用。尤其在现代社会中，人们寻找类似于传统共同体的关系，甚至把共同体的关系看作现代社会的出路之一，由此就要对共同体的概念进行界定。

一、共同体的一般概念

不可否认，"共同体"已经被人们广泛用来指称各种事物的聚合。凡是以一定组织化的方式聚合在一起的人或事物，人们总是冠以"共同体"的称谓，从而共同体成为一个内涵和外延都非常丰富的概念。

总的来看，共同体这一概念是随着资本主义生产方式的确立及其对传统生活方式的破坏而逐渐流行起来的。在这之前，共同体多用于指代由于共同的风俗习惯、共同的生活需要、为了促进共同发展而使地域接近的人们联合起来的群体。发端于18世纪晚期的资本主义社会的第一次工业革命以物质利益取代了传统社会下人与人之间的道德关系，从而引发了现代西方社会对于将走向何处的道德忧虑，进而促使"共同体"作为传统生活方式的代名词出现在以"社会"作为代名词的现代生活方式的对立面，并通过滕尼斯、涂尔干、马克斯·韦伯等社会学家的理论研究而逐渐成形。但自从有了互联网，共同体的概念突破了以往的血缘性和地缘性的局限。共同体实体不再是唯一形式，而今的共同体也成为一种抽象的符号、中介形式，是一群人的想象、意愿的产物，显示着不同群体、组织、团体寻找自己的存在方式，从而终结了实体共同体的一维性。在资本主义共同体中，共同体成员成为一种符号性的指称，他的人格被一种象征的符号替代，人显示为一种抽象的符号，不再是一种思想灵感的显现，更多的是一种快餐式的消费品。从而共同体成为一个涵盖十分广泛的概念，也就成为一个被广泛使用的概念。

随着历史环境的变化和发展，共同体这一概念在生态学、伦理学、国际政治学等不同领域都得到了应用，成为当今思想界运用最多、内涵最丰富的概念之一。例如，生态伦理学视域下的"大地共同体"。它扩大了共同体的界限，把土壤、水、植物和动物这些东西看作一个完整的集合大地，从调节人与人的关系或者人与社会的关系扩展到调节人与自然界的关系，把道德权利从人本身扩大到动植物、土壤、水和其他自然界实体。人作为共同体的成员，必须考虑自己作为自然界成员和公民的角色。人在自然界的地位，不是一个征服者，而应当是大地共同体中的一个好公民。人类应当以同样的姿态尊重自己的生物同伴，把"权利""良心""义务"扩大到自然界，从而需要确立新的伦理价值尺度，抛弃传统的那种认为合理的土地利用只是经济利用的观点，既要承认其他生物永续生存的权利，又要承担保护大地的责任和义务。利奥波德（Leopold）是大地共同体的主要倡导者，曾被称作"自然保护之父"。他将生态系统看成是一个共同体，视地球是一个拥有生命的存在物，指出人类是生物或大地共同体的一个普通成员，要把人在社会共同体中的伦理扩大到整个自然共同体之中，建立起"自然共同体"。又如，国际政治视域下的共同体。随着历史向世界历史的转变，国家之间的联系日益增多，共同体建设成为国际政治学重要的研究领域。按照形式划分，典型代表有"区域共同体"和"国际共同体"；按照内容划分，"安全共同体"与"认知共同体"成为典型。以形式划分为例，"区域共同体"通常被界定为一个超越地域国家边界，具有行为主体能力、决策结构的联合体。"国际共同体"指由资产阶级组建的政治联盟，以管控国际无政府条件下的国际秩序为目标。联合国是这一"国际共同体"的典型代表。联合国前秘书长科菲·安南（Kofi Annan）将"国际共同体"看作是全人类共同拥有的关于一个更美好的世界的想象，以及关于这种想象在国际法、国际机构、对于灾难援助与维和这类无私的人道主义行动和为改善人类境况而进行的社会运动等方面的表达，从而赋予了"国际共同体"普世主义的概念。但基于资产阶级世界体系中的国际共同体，不能从根本上解决现实利益与理想社会的冲突问题，只会导致不平等的资本主义世界体系的生成。

由上可见，共同体既可以是一种实体的存在，也可以是一种抽象的、没有具体形态的聚合体。但不管怎样，它都是基于一定的共同性而结成的多元主体共在的类组织形式，具有稳定性、闭合性、共同性等特点。

二、马克思、恩格斯语境中的共同体概念

马克思、恩格斯不同于西方过去那些以亚里士多德为起端的在政治共同体

里寻找个人自由与发展的逻辑进路,也不同于社会学家将共同体与社会相对而谈的立场,其立足于经济视域,在生产关系的变化中考察个人自由与发展所依赖的共同体条件,故而共同体成为历史唯物主义的重要范畴。

虽然马克思、恩格斯从未对共同体的内涵进行过一个较为准确和明晰的界定,但从他们的只言片语中仍可看到他们始终将共同体视作是由人组成的人们共同体。事实上他们根据一定的标准将人类划分成若干类型的群体,并将那些具有共同特征的群体分属于不同于其他群体的特殊的人们共同体类型。具体而言,马克思和恩格斯从自然史角度出发,根据人类历史的自然演进历程确定了"氏族""部落""部落联盟"等原初的人们共同体类型;从精神角度出发,他们根据对超自然力的信仰确定了"宗教团体"这种人们共同体类型;从经济角度出发,他们根据对生产资料的关系确定了"阶级"这种人们共同体类型;从政治角度出发,他们根据对国家政权的关系确定了"政党""民族""国家"等人们共同体类型;从社会角度出发,他们根据对资本主义现实的关系确定了"市民社会"这种人们共同体类型。这些人们共同体类型使马克思、恩格斯对于共同体思想的考察有了家庭、氏族、群体、阶级、民族、国家等具体的承载对象。作为人的类存在的首要的基本方式,马克思在不同时期分别使用不同的共同体形式来概括人类共同体各发展时期的具体形态。在资本主义社会形态下,私有制条件下的共同体与现实的个体的需要相对立,因此马克思把国家这一完全虚幻的共同体看作是被统治阶级发展的桎梏,也正是基于它的虚幻性才促使人们向着符合人自身需要的真实的联合体形式发展,以物质财富的极大满足和人类私有制的彻底消除作为首要的、基本的实现条件,从而形成人的真正的共同体。因而,共同体概念在马克思那里是一个具有批判性意义的概念。

总的来看,马克思语境中的共同体概念区别于以往的共同体概念。他依据社会形态的发展,将共同体分为前资本主义社会下"自然形成的共同体"、资本主义社会下"虚假—抽象的共同体"、未来共产主义社会下"真正的共同体"三种主要类型,而其中最为核心的主旨就是追寻一种未来共产主义社会"真正的共同体"。只有共产主义社会把资本主义商业社会各个个体的自身经济目的同古代共同体对共同的社会福利的关心结合起来以达到自己的目的,从而使之区别于自原始社会崩溃以来长期存在的国家,成为更高层次上、更完善、更美好的共同体。从中可以引申出来,人们更多地从共同价值诉求和共同利益需求层面谈论共同体的概念,使其越来越成为一种社会关系模式。

三、共同体相关概念辨析

"共同体"作为一个关乎人的生存与发展的重要范畴,在人文社会科学领域常被广泛讨论。立足于不同学科视角、基于个人所需的差异,共同体被赋予了多重内容与形式,使用范围极其广泛,尤其立足于马克思主义视域进行考察的时候,在其中产生了与"集体""联合体""社会"等相似概念之间的困惑,导致"共同体"概念变得具有不确定性并且歧义日盛,故而有必要首先对这些相关概念做以明确界定和区分。

(一)"集体"

"集体"在原初意义指多个个体基于某种关系的组构集合,是一种关系集合体,即"许多人合起来的有组织的整体"①。有的人将这种由社会上许多人合起来的整体与个人相对立;有的人则认为集体虽是由个人组成,但又不是这些个人的简单相加,而是"人们根据自己的利益和意愿而自愿结成的共同体"②;有的人将集体与"群体"做以区分,认为只有围绕一定目标,团结一起采取共同行动的群体才能被称为集体,从而将其视作是群体的最高表现形式;还有的人将集体视作整个人类,即认为是人类集体③。奥地利学派经济学家米塞斯(Mises)认为"集体"是一个超越于组成它的成员之个别生命、利益或其加总之上的神秘实体,认为集体就是为了驯化个体而产生,主张成员应当无条件地服从集体,从而成为抽象集体。

在马克思、恩格斯的学术语境中,"集体"与"共同体"同义,而且有时候也会用"社会"来指代"集体"或"共同体",同时马克思、恩格斯还区分了"真实集体"与"虚假集体"。在马克思、恩格斯的眼中"集体"与"共同体"是同等含义,我们之所以产生语词差异主要是源自翻译的原因,如1972年版的《马克思恩格斯选集》(第1卷)中在论及如何将人与人的关系从物与物的藩篱中根本解脱出来时,马克思明确提出必须靠个人的力量重新征服和驾驭物的力量来实现自由的力量,而"没有集体,这是不可能实现的"④。同样的这句话,在1995年版的《马克思恩格斯选集》(第1卷)中,其中的"集体"这一

---

① 沈米成,宋福聚. 新编现代汉语词典 [M]. 长春:吉林教育出版社,2008:532.
② 程广丽. "新集体主义"对"个人"与"集体"关系的诠释 [J]. 山东理工大学学报(社会科学版),2003 (6):54.
③ 夏伟东. 思想道德修养 [M]. 北京:中国人民大学出版社,2003:164.
④ 马克思,恩格斯. 马克思恩格斯选集:第1卷 [M]. 北京:人民出版社,1972:82.

词语全部被换成了"共同体"①。可见,"集体"和"共同体"在马克思、恩格斯看来所代表的含义是一样的,但要指出的一点是,马克思、恩格斯有时也用"社会"来取代"集体"或"共同体"。与此同时,按照马克思、恩格斯的立场,"集体"可以分为虚假集体(又称冒充集体或虚幻集体)和真实集体两种,相对于一个阶级反对另一个阶级的虚假联合,只有各个个人的自由联合才是真实的集体②,可见个人要突破和改造这种虚假集体,使之发展成为基于发达的生产力基础上的社会成员个人之间共同控制社会生存条件的一种联合,这才是应该达到的一种真实集体。从中可以得出,马克思所真正赞同的"集体"乃是个人可以在其中获得自由的真实的集体,不是那种高于个人之上、超越于个人之上的专制的、虚假的集体。这种具有社会主义性质的"集体"不论从外延上还是内涵上均侧重于由"人"基于某种共同意愿所组成的自由共同体,并且"人"的这种共同意愿能够较好地反映甚至维护该共同体的意志要求。马克思、恩格斯在澄清"集体"概念和区分"真实集体"与"虚假集体"的同时,对"个人"与"集体"之间的关系进行了阐述,指明"个人"和"集体"是相互依赖、不可分离的。在苏联,"集体"这个概念通常是对组织和团体而言,人按照自己所参加的各种不同的活动,包括社会政治的、文化艺术的等而加入各种不同的集体。这些集体的建立是为了维护或实现一定的经济利益、政治利益或文化利益等。在人们的各种活动中,劳动活动对于社会来说是首要的,基于劳动活动产生了属人的集体。格列则尔曼提出了"劳动生产集体",他强调"'劳动集体'这个概念比'生产集体'概念更为广泛,因为劳动集体不仅存在于物质生产领域,而且存在于精神生产领域(属于这个领域的,如各种科研单位、出版社、电影制片厂、剧院等等)"③。劳动集体反映的是整个社会的经济结构和社会结构的特点,构成了社会主义条件下最简单的社会生活单元,但必须清楚的一点是,它不是独立于整个社会结构之外的第一性的东西,否则就没办法历史地看待劳动领域人们的各种团体的性质,也没法揭示这些团体对社会经济结构和阶级结构的依从关系,也就陷入了空想社会主义的陷阱之中。正如列宁所说,那些认为只要在资本主义范围内培植一个个的合作社就可能达到社会制度的根本改变的想法完全是一种空想。

---

① 马克思,恩格斯. 马克思恩格斯选集:第1卷[M]. 北京:人民出版社,1995:118-119.
② 马克思恩格斯文集:第1卷[M]. 北京:人民出版社,2009:571.
③ Г. Е. 格列则尔曼. 历史唯物主义和社会主义社会的发展[M]. 汤侠生,等译. 上海:三联出版社,1978:195.

(二)"联合体"

从马克思主义的立场来看,"联合体"一直被视作是一个为经济目的服务的概念,不管是马克思、恩格斯还是列宁等人都侧重于从经济层面使用该术语。

马克思在分析商品拜物教产生的原因时,为了说明在未来的新社会中不存在商品拜物教,对新的社会经济制度的特点做了说明,把"许多个人劳动力当作一个社会劳动力来使用"①的新的制度称作"自由人的联合体"。在这种联合体中,生产资料是公有的,所以人们只能用公共的生产资料进行劳动,劳动具有了直接社会劳动的性质,成为有计划进行的活动,从而实现了生产是为了直接满足社会成员消费需要的目的,亦即实现了个人自己占有自己的剩余劳动的目的。恩格斯则将古代城邦、中世纪的城市或行会、封建的土地贵族联盟等形式视作古代联合体,将资本主义的商业社会这一形式视作现代联合体,可见在恩格斯眼中,"联合体"包含自然形成和人为组建两种方式,而且一开始是社会经济和政治组织合而为一的形式。但不管是什么形式的联合体,都应是为经济目的服务的,但事实上却被意识形态所遮掩。资本主义的商业联合体虽然摆脱了意识形态的控制,但却成为一个一心谋取利益的工具,只有未来的自由人联合体把资本主义商业社会各个个体为了自身的经济目的同古代联合体对共同的社会福利的关心结合了起来。

马克思、恩格斯立足于利益层面,对"个人"和作为集体表现形式的"联合体"之间的关系进行考察。由于人类的一切活动都与自身的利益密切关联,亦即存在着个人利益和集体利益的差别,为了使利益关系与道德原则相匹配,私人利益就必须符合人类的利益②,人类的利益实质上就是全人类共同的集体利益。众所周知,共产主义是个人自我实现的一种必然形式,所以集体利益也要有利于个人利益。由此向前推进,未来社会将"既不拿利己主义反对自我牺牲,也不拿自我牺牲来反对利己主义"③,集体利益与个人利益是辩证统一的。

此外,列宁也侧重于从经济层面谈论"联合体",在消费合作社内组成公民联合体④,这种联合体秉持自愿原则组建,并且每个公民只能是一个联合体的成员。可见,马克思主义经典作家对于"联合体"的理解主要以经济层面为立足点。

---

① 马克思,恩格斯. 马克思恩格斯全集:第23卷[M]. 北京:人民出版社,1972:95.
② 马克思,恩格斯. 马克思恩格斯文集:第1卷[M]. 北京:人民出版社,2009:335.
③ 马克思,恩格斯. 马克思恩格斯选集:第1卷[M]. 北京:人民出版社,1995:71-72.
④ 列宁. 列宁全集:第60卷[M]. 北京:人民出版社,1990:386.

（三）"社会"

从整体上来看，"社会"是自愿结合的集体组织或由一定的经济基础和上层建筑构成的整体①，它本身就是一种集体，不管是马克思、恩格斯还是列宁、斯大林都侧重于从政治层面使用"社会"这一概念，并在一定程度上将其视作"共同体"。基于此，以考察"个人"与"社会"的关系来考察"个人"与"集体"的关系。

从广义层面来看，"社会"包括自然社会（家庭）、市民社会和政治社会（国家）。在马克思、恩格斯的学术语境中，他们常将"社会"等同于"市民社会"，以将国家和社会做以明确区分。他们认为"社会"既是一种交往关系，又是一种社会组织，有时甚至用"社会"来指代"集体"或"共同体"，将"社会"看作应该是由所有具体的、有血有肉、有生命的个人所组成的具体共同体，而不是凌驾于个人之上并与个人相对立的抽象共同体。但这也造成"社会"与"集体"混合使用的特点，以至于西方许多学者视社会主义为集体主义。此外，根据《德意志意识形态》的相关阐释，从中可见马克思所指代的"市民社会"有广义和狭义之分。广义上的市民社会是指"受生产力制约同时又制约生产力的交往形式"②；狭义上的市民社会是指"直接从生产和交往中发展起来的社会组织"③。但不管是广义的市民社会还是狭义的市民社会，都是以私人利益与公共利益的分离和对立作为自身存在的形式。"市民社会"作为一种共同体，与"国家"这种共同体之间可以看作是一种经济和政治、经济基础和上层建筑的关系④。

由上分析，可以得出在马克思、恩格斯的学术语境中，"集体"与"共同体"同义，并且有时候也会用"社会"来指代"集体"或"共同体"，但他们侧重于从政治层面使用"社会"这一概念。"联合体"则一直被视作是一个为经济目的服务的概念，不管是马克思、恩格斯还是列宁等人都侧重于从经济层面使用该术语。马克思、恩格斯所提倡的"自由人的联合体"把资本主义商业社会各个个体为了自身的经济目的同古代联合体对共同的社会福利的关心结合了起来，成为未来取代阶级国家的"真正的共同体"。

---

① 沈米成，宋福聚. 新编现代汉语词典［M］. 长春：吉林教育出版社，2008：1028.
② 马克思，恩格斯. 马克思恩格斯选集：第1卷［M］. 北京：人民出版社，1995：87-88.
③ 马克思，恩格斯. 马克思恩格斯文集：第1卷［M］. 北京：人民出版社，2009：583.
④ 王岩. 马克思的"市民社会"思想探析：兼论"市民社会"理论的现代意义［J］. 江海学刊，2000（4）：111.

第三节 共同体思想的历史渊源

由于人是社会化的产物，所以共同体的生活方式是人类的必然选择，人类社会总是以共同体的形式出现。个人的生存与发展在其现实性上就是对人所处的共同体中的生存境遇的探究。纵观人类思想的发展史，尤其通过对中西方历史上共同体思想演变历程的考察，既可以从宏观上构建对共同体历史的整体轮廓，也为后来考察马克思共同体思想的独特性奠定了思想基础。

一、中国历史上共同体思想的演变

整体来看，人类社会的历史进程就是社会形态变迁的过程，正是社会形态的变迁使人类社会历史进程呈现出阶段性特征，而中国历史发展的进程正是人类社会形态变迁的典型代表，透过分析中国的社会形态演变，可以从中洞悉人与自然、人与社会、个人与他人等之间关系的历史变化，进而区分中西方历史上共同体思想的差异性。

（一）原始社会下聚落共同体的生成

原始社会作为中国第一个社会形态，由于生产力水平的低下、工具制造技术的粗陋和自然条件的恶劣，使得人们无法依靠个体的力量存活下去，离开共同体无疑意味着个体的死亡。对于个体而言，他必须依靠"共同体的脐带"[1]而生存，于是本能群居的社会性使之走上联合的道路，形成了对于共同体的天然依赖。

第一，原始人从现实意义上塑造了人与人之间的血缘共同体。在原始社会初期，面对残酷无情的自然法则，原始社会中的个体为了纯粹的生存而组成松散不固定的群体。随着人类自身的繁衍与实践经验的丰富，这种原始群团由最初的不自觉性聚合逐渐分裂为若干个小集团，而这种小集团都是一个母亲及其子孙后代自觉而有意识的组合，于是具有共同血缘的夫妻双方组合成了血缘家庭。他们没有婚姻和家庭的伦理组合，只有杂交的自然组合，正如"昔太古尝无君矣，其民聚生群处，知母不知父，无亲戚兄弟夫妻男女之别，无上下长幼之道"（《吕氏春秋·恃君》）。对此，在我国少数民族的记事文本中记载着这

---

[1] 马克思，恩格斯. 马克思恩格斯文集：第4卷［M］. 北京：人民出版社，2009：113.

种内婚制："太古之世，有兄妹二人，结为夫妇"①；哈尼族"巨大的洪水泛滥成灾，淹没了全人类，只有索罗、索白两兄妹躲在葫芦里幸免于难。后来，经神撮合，只好兄妹通婚，才繁衍了后代"②。随着原始社会生产力发展带来的人类文明的演进，作为人类又一社会组织形式的氏族诞生了，它以禁止内婚制、提倡外婚制为起点，依靠族长的威信而自觉团结互助，共同维护社会秩序，成为原始社会最基本的社会单位。而随着氏族与氏族的联合又构成了氏族部落，从而个体也就被固定在某一个确定的共同体中。个体的存在与整体的存在息息相关，个人的发展也只有依赖整体的发展才能获得。在原始社会后期，比较著名的氏族部落主要是黄河流域的炎帝、黄帝和蚩尤，长江流域的苗蛮以及后继的尧、舜、禹时期的部落。随着生产力的进一步发展和社会财富的逐渐积累，私有制不可避免地发展起来，于是部落之间因利益争夺而爆发战争。而为了对抗其他部落的入侵，这又从客观上促进部落之间的联盟。例如，历史上著名的"涿鹿之战"就是由于炎帝部落对外扩张引发了与蚩尤部落的领土之争，并在战争中被蚩尤部落击败。为了东山再起，炎帝寻求与黄帝部落的联盟，最终打败蚩尤部落。随后又由于黄帝部落击败炎帝部落，使之在黄河流域得以不断壮大，最终形成了以黄帝部落为核心的部落联盟。随着历史的不断向前发展，几百年后黄河流域的氏族社会进入了尧、舜、禹时代，开创了禅让制，但后来禹之子"启"夺得盟主之后以独裁专制的世袭制取代了禅让制，造成阶级成分的增加与氏族制度的瓦解，原始社会开始向奴隶社会过渡。据历史文献记载，尧舜禹时代出现了中国最早的城邑，成为继宗邑形态基础上发展而来的又一新形态，构成了早期国家的物化形式，是中国最早的有关国家这一政治共同体的雏形。由于战争的威胁和统治者对于权力的向往，城邑的发展成为建国营都的过程。聚落形态的共同体不断向王朝形态的共同体演进。由此可见，原始社会下的氏族是最基本的社会单位，是共同体的最初雏形，随后产生的氏族部落、部落联盟则是共同体的不断扩展。不管怎样，血缘始终是将人们联结起来的天然纽带，它是维护共同体利益强有力的基础，给个人提供了生存的安全感。

第二，原始人从抽象意义上塑造了人与神共存的道德共同体。在原始社会下，由于生产力水平的低下和人们认知的有限，神灵文化占据着人们的思想阵地，人们敬重和膜拜超自然力量，并通过自然神崇拜、图腾崇拜、祖先崇拜等

---

① 鸟居龙藏. 苗族调查报告［M］. 南京："国立"编译馆，1936：49.
② 中国科学院民族研究所云南少数民族社会历史调查组. 哈尼族简史［M］. 昆明：云南人民出版社，1964：22.

各种宗教仪式来强化宗族的凝聚力,从而实现了人与神之间的沟通。原始的宗教仪式侧重集体的情感行动,常通过原始集体乐舞的方式表现出来。有如《山海经》载曰:"帝俊有子八人,始为歌舞。"[①] 有如,我国远古氏族伊普氏每年岁末都要举行一场以水土鸟木为对象、以集体歌舞为主要形式的崇拜万物的"蜡祭"仪式,以祈求水土充沛、草木尽长而无碍于人们的农业生产。又如远古氏族葛天氏也以三人一组而组构成数组大型的集体歌舞进行图腾崇拜,祈福一切兴旺繁荣。这种原始的宗教仪式以原始人的集体行动为表现方式,他们以血缘为纽带,以万物同感为本性,旨在以仪式的方式表达原始人群与神灵界所具有的某些相似性并确认人类集体存在的基本样态,从而建构出最原始的人类道德共同体。由于这一时期的人们尚未把自己同自己周围的自然存在物区分开来,故而并没有清楚明白的自我意识,或者说由于生存所需依附于原始共同体的这一行为使得他们很难从共同体中剥离出个体的意识。

第三,原始氏族社会最终发展成为一种成熟的聚落共同体。以农耕经济为基础,原始部落群开始过着定居的生活方式或生存方式,在部落联合的基础上形成了氏族公社。这种"定居"的生存方式强化了个体对于氏族公社的依存性和从属关系。原始氏族社会以血缘关系为基础,分为母系氏族和父系氏族两个阶段。母系氏族公社阶段作为氏族公社的主要阶段,妇女在公社中处于支配地位,所实行的是群婚制和财产同族共有制。父系氏族公社时期是氏族公社向阶级社会过渡的时期。这一时期男子在社会经济中处于支配地位。由于社会生产工具的进步,促使农业生产得以发展。原始财产公有制逐步瓦解,私有制开始萌芽,人与人之间的平等性消失,贫富分化开始产生。可见,原始氏族社会经历了平等的氏族组织和不平等的氏族组织两个阶段。母系氏族公社阶段或介于母系和父系氏族公社之间的过渡阶段所采取的是一种平等的内聚式的聚落形态,尤以内蒙古兴隆洼聚落为代表。它以家庭—家族—氏族—聚落共同体作为结构层次,以血缘为纽带联结在一起,家庭构成聚落形态的基本单位,实行共产制经济和共享制消费,成为中国"亚细亚的所有制"最古老的形式。父系氏族公社阶段是中国由原始社会向文明社会转变的重要时期,这一时期聚落共同体是一种不平等的中心聚落形态。这一时期的"邦"也不再是较早时期简单的平等的氏族组织,而是不平等的、具有阶等的邑,其中大邑称作"都",若干小邑围绕在大邑周围,连同其所附着的农田,称作"鄙"。"都"为邦君所居,其中设有供奉祖先神主的宗庙。聚落分化出现的中心聚落与半从属聚落,形成了贵族

---

① 王克芬. 中国舞蹈发展史 [M]. 上海:上海人民出版社,1989:3.

聚集地与一般居民点的社会分层的划分。庙堂式的大房子成为中心聚落的标志性建筑物，是以某一强宗为中心的众多同姓和同盟宗族相聚的宗邑所在地，形成了不平等的中心聚落形态，即宗邑形态，并出现以祭祀为中心的宗教中心，成为各聚落酋长或宗族长扩大权力和维护聚落利益的实现方式。原始氏族社会的后期产生了阶级和阶层的分化，进入了等级社会阶段，有了人对人的统治，诸如有关五帝的各种传说。只是这一时期有关文献记载的"邦"、"国"，实际上只是氏族部落性质的血缘团体，不是真正意义上的国家，"仅仅是一些大宗或小宗"式的血缘组织①。

由此可见，原始社会经历了血缘家庭、氏族、氏族部落到部落联盟的依次更替，形成了中国社会最初的秩序共同体。人与人之间的血缘共同体和人与神共存的道德共同体形成并逐渐稳固，并最终发展成为一种成熟的聚落共同体，而氏族集体所有制则成为原始社会的基础。在某种程度来说，原始氏族社会下的共同体就是以血缘为纽带的一种社会基层组织，血缘关系的远近决定了社会地位的高低，个人紧紧依赖共同体而存活。尤其需要指出的一点：世界上不少国家和民族是血缘共同体解体以后才过渡到地缘共同体。而在中国古代，由于宗法制度起了牢固的维系作用，使得父系血缘组织以家族和宗族形态长期保存下来。

（二）奴隶社会和封建社会专制统治下王朝共同体的发展

奴隶制社会和封建制社会作为中国的阶级社会，分属于中国第二种社会形态和第三种社会形态。在父权家长制基础上发展起来的中国血缘宗法制使中国社会呈现出由氏族直接过渡到国家的发展道路，不同于西方社会血缘彻底瓦解的由氏族过渡到私有制再到国家的发展道路。中国社会步入了一个由原始家族和新兴国家合而为一，氏族首领和部落酋长直接转化为国家政治领袖的阶级社会，本质上是一种"家国一体"的血缘宗法制政治形态。在阶级社会中，氏族社会下的宗族具有了国家政治的意蕴，它"以血缘关系的扩大延伸为纽带，以祖先宗主的尊崇敬仰为核心，以族内尊卑之序的等级区分为蓝本，以族员权利义务的规制为内容的制度化形成确认，它是阶级斗争的产物，也是政治发展的需要"②。由此，随着宗族血缘关系的扩大化形成了国家政权，当宗族发展到与国家政权一体化后，宗法国家也就形成了，家即国，国即家，宗法制政治形态

---

① 郭沫若．中国古代社会研究［M］．北京：人民出版社，1964：38.
② 陈云．论集体主义的历史谱系：以儒家文化为中心的型构［M］．北京：社会科学出版社，2018：33.

成为宗君合一的家国同一体,这就造就了阶级社会成为"家"的扩大和以"家"为其单元的共同体。

第一,阶级社会下形成了地缘共同体。夏商时代是原始公社逐渐解体到奴隶占有制度的时代。私有财产制度在夏代发展起来,"传子制度"随之确立,破坏了传统的族邦联盟首领的"禅让制",实行了由一个家族世袭最高统治权力的"家天下"的宗族制度。夏代通过原始城市的建设,使本氏族居民与外来人杂居,从而导致了一种地域性的市区即"村社"的出现,血缘组织不断向地域组织转变。由于生产力的进步,尤其是青铜器的发明,商族不断扩大对土地的占领及对人口的俘掠,从而导致原始共产制向奴隶制的转变,原来的氏族公社转化为在国家统属下的农村公社,从而也就改变了原有的氏族性质的社会结构①。以地缘为纽带的农村共同体在商代业已形成。从甲骨文中可以看出,商代除了"族"这种血缘共同体之外,还有一种地缘共同体"邑"。《逸周书·大聚》记载,武王克商之后,为了巩固周族对殷人的统治,命周公"营邑制","合闾立教,以威为长;合旅同亲,以敬为长。饮食相约,兴弹相庸,耦耕俱耘",这种农村共同体在先秦文献中有时也称"里""社"或"书社"。虽然古代国家一般是以小国寡民形式出现的城市公社、城市国家,或简称城邦,但是古代中国则是由许多地方的血缘组织通过中央集权的力量结成的,准确地讲是"地域国家",而非城市国家。夏商周时期出现的诸如偃师商城、郑州商城、洹北商城等大规模的城邑,充分展示了人力、物力资源的集中以及行政控制与组织管理的复杂,成为国家产生的标志。在这里尤其要强调的一点是,封建制社会下产生了地方"豪族共同体",尤以唐宋之间发生的中国历史上前所未有的社会变革为代表。唐宋时期,中国的手工业生产得到了发展,贵族政治开始向君主独裁政治变革,广大民众摆脱了贵族阶级的支配,获得了土地所有的自由,从而促使代表民众利益、有权有势有威望的地方精英阶层突显出来,构成封建社会下独具一格的"豪族共同体"。由于当地的地方精英(士绅)多是有声望并且有钱有势的人,是乡里政治、经济和文化的载体,故而在共同体中"能获得领导者的资格全取决于他们自身的德望"②,比异地为官的地方官员与百姓更亲近,因此,地方精英系统和官僚系统构成社会管理的左膀右臂。

第二,阶级共同体中人与人之间的关系仍处在自然联系之中。在奴隶社会和封建社会下,生产力仍然相对落后,人们生产的目的是为了满足个人或所属

---

① 吕振羽. 殷周时代的中国社会 [M]. 北京:三联书店,1962:75-77.
② 谷川道雄. 世界帝国的形成 [M]. 耿立群,译. 上海:上海古籍出版社,1998:79.

群体的需要，自然经济占据主导地位。人们只能利用自然还不能改造自然，人与人之间还处在一种从原始社会以来就一直存在的自然联系之中，这就决定了这一时期人的依赖关系仍然占据着统治地位，决定了社会的共同利益处于优先的绝对的地位，但社会组织出现了由氏族到家庭、由部落到国家的变化，社会经济也有了进一步的发展。土地有了"公田"和"私田"之分。西周初年采取分封制。周天子以全国土地最高所有者的身份，在王畿之外分封诸侯国，在王畿之内分封卿大夫采邑。诸侯国也仍称作"邦"，与"五帝"时期的邦国性质基本相同，不过是次生形态的邦，因为出现了由其中某一个大邦通过对其他众多各邦的世袭统治而形成的国家，即基于邦国之上的世袭的王权，需要接受王权的统治，但各邦自身的结构却没有因此发生变化。这一时期维系共同体的土地所有制仍是公有制与私有制并存，但共同体内部有了大小、等级等结构上和性质上的变化。春秋时期，共同体内部定期重新分配份地的制度遭到破坏，使土地私有制的过程大大加快。但不管怎样，在奴隶社会和封建社会，囿于小生产和自然经济生活方式，大大小小的共同体皆归统治阶级所占有，个体对群体仍有极大的依赖性。

第三，人与神共存的道德共同体向人与人共在的伦理秩序共同体转变。夏、商、周时期的中央王朝实行王权专制，以"天下共主"名义行使其权威，敬神、尊君、重民是其统治思想的核心，构成了上帝、君王、臣民三位一体的王权统治，本质上仍是以神权统摄王权，所形成的是人与神共存的道德共同体。从文献记载和考古材料中可以看出，这一时期产生了对上帝的崇拜。上帝、祖先是王的保护神和王权合法性的依据，王成为神权与政权的统一者和代表人，他们借助上帝、祖先强化对于臣民的支配，掌握着对全体臣民的生杀大权。夏、商、周三代王朝均以神权论证王权的合法性，以之统一和塑造全体民众的忠孝品性，构建起这三代王朝共同的价值取向。但需要指明的是，夏、商、周三代王朝的至上神信仰与原始社会的至上神信仰的内涵是不同的，虽然本质上仍然都是"神"，但原始社会是单纯自然意义的崇拜，处在夏、商、周三代的阶级社会下则是过渡到了复杂政治意义的崇拜。春秋战国时期具有浓厚宗族色彩的国家形态逐步向政治属性日益凸显的国家形态转化，夏、商、周三代王朝宗教神学观念的"君权神授"理念在春秋战乱中呈现出礼崩乐坏、大道无序的状态，从而导致集体秩序失衡，尤其是在周天子权威日益式微的社会局面下，人们对上天帝王的怀疑、否定、怨恨甚至是诅咒悄然兴起，引发诸学者对上天是否赐予人类恩德的道德属性进行探索。在百家争鸣中，立君为天下、为国家谋公益、为众生谋福利成为这一时期的核心观念，呈现出从"立君为民"到"立君为天下"、从"社稷重于君主"到"民贵君轻"、从"政在养民"到"平均天下"、从"王道乐土"到"大同"理想的思想转变,塑造了"天下为公"的思想。在这一过程中,个体从君臣、父子、夫妻、儿女的个人角色中走出来,走到了社会这一集体之中,既要立己又要立人,既要齐家又要治国,更提出平天下的理想,从而个体自我转向了集体自我,由求利的单个自然体通过"仁义""礼制"这些区别于动物性的规范逐渐成为具有伦理性和文化性的集体存在。秦汉以来,思想家们普遍秉持天下、国家之公高于王朝、君主之私的政治理念。汉唐以后,立君为天下一直是"天下为公"论的核心论点。需要指出的一点是,古代中国的"天下"概念虽然在理论上是指整个世界,但由于实际知识的有限,实则指代当时的"九州"。可见,扎根于原始父权制并以嫡长子继承制为模式的血缘宗法制因其强烈的尊卑等级反差而无法适应自由人对政治共同体合理建构的需要,春秋以来孔孟儒学的形成和"天下为公"论的发展淡化了尊卑等级色彩,强化了宗法政权伦理纲常的自觉性,统治者开始从"人"的价值理性治理国家,开启了伦理秩序共同体的构建之路。

第四,各族群之间的相互交融形成了民族共同体的最初雏形。在阶级社会中,为了维护既有共同体的稳定性,历届君王提倡"平天下",实现大一统。先秦诸子大多认为这一思想符合天道。在秦及以后两千多年的政治实践中,大一统包括了国家民族的统一,构成了单一制的国家结构形式。经历了礼崩乐坏、战争杀伐的春秋战国后,周朝共主与诸侯的封建模式被破坏了,再次实现统一的是秦王嬴政,虽然秦的统一不是遵循孟子等人所提倡的"仁人无敌于天下"(《孟子·尽心下》),而是通过严酷的战争手段和军事方式使大一统建立在专制集权的基础之上。自秦汉起,汉族成为一个相当稳定的人们的共同体,中国成为统一的封建国家,统一成为中华民族历史发展的主流,是中华民族区别于其他民族历史发展的主要特点。虽然东汉末年由于军阀混战分为三国,唐代时期由于藩镇之乱而扩大为五代十国,但都是一种短期的异变,改朝换代成为公天下论的基本思路。在这一过程中,中国历史上各民族间交流交往交融一直没有中断,为大一统的形成奠定了坚实的基础。

由上可见,近代以前,中国经历了原始社会、奴隶社会和封建社会的依次更替,依赖于劳动工具的生成和生产技术的不断发展,中国社会的规模也历经了由小到大的演变,经历了血缘家庭、氏族、氏族部落、部落联盟、王朝国家等,并基于国家提出"天下"思想,不但形成了基于血缘宗法制的血缘共同体和地缘共同体,而且从人与神共存的道德共同体不断向人与人共在的伦理秩序共同体转变,与此同时还开启了从王朝国家共同体向民族国家共同体转变的序幕。这些变化使人脱离了单个体，成为集体存在体。虽然原始社会的集体主义转变成了阶级社会下的阶级利己主义，但这是针对统治阶级中的个体而言，对于一般个体来说，他们依然是被固定在某一共同体之中，始终要依赖共同体而活。故而在过去几十万年的人类历史中，中国社会就是在生产力与代表集体主义形式的家庭、氏族、部落、族群、国家、天下等这种正反馈效应下不断发展。

二、西方历史上共同体思想的演变

在西方历史上，对于共同体的考察可追溯到古希腊哲人对城邦的认识。通过对古希腊哲学中的城邦共同体、中世纪基督教哲学中的神学共同体以及近代政治哲学中的契约共同体的考察，可以看出共同体思想并非马克思无所凭依的独创，而是有着深刻的思想渊源。

（一）古代哲思中城邦共同体的形成

所谓的古代时期，是从古代希腊发源，经历了希腊早期、古典时期、希腊化时期和罗马共和国时期，形成的思想被统称为"古希腊哲学"。作为西方文明摇篮的古希腊，人类对自身存在的种种思考，都可以在古希腊人的哲学思想中找到依据，希腊人几乎最早发现了共同体存在的政治价值。由于这一时期生产力水平低下，人的认知能力十分有限，个人依附于某种社会共同体，缔结起以人的依赖关系为特征的社会。

第一，早期希腊自然哲学引出"共同体"这一原始概念。早期希腊哲学以整体性的宇宙万物作为研究对象，探求宇宙万物的本原，认为在千变万化、生灭不已的自然中一定存在着某种始终不变的东西，从而支配着自然的永恒存在，而人只是自然的一部分。由于对万物本原的不同认识，形成了有形本原和无形本原、一本原和多本原、动本原和静本原等的分立，从而产生不同的学派。与希腊东部伊奥尼亚地区的有形本原说和无定观念相反，在西部的南意大利一带则出现了较为思辨的无形本原说和强调规定性的哲学思潮，主要代表为毕达哥拉斯学派和爱利亚学派，尤其是爱利亚学派变本原的追溯为存在的探讨，为本体论的产生和发展奠定了基础。巴门尼德（Parmenides of Elea）作为爱利亚学派的创立人和主要代表，他将人们关注的重点从纷繁复杂、变动不居的现象引向常驻不变的本质，以唯一、永恒、不动的"存在"作为认识对象，指出"作为思想和作为存在是一回事情"[1]，从而以理性认识为基点确立了知识与对象的一致性。"存在"成为从现象世界抽象出来的一个共有的本质的东西，是存在物

---

[1] 苗力田. 古希腊哲学 [M]. 北京：中国人民大学出版社，1989：93.

的表达，他进而又指出："存在物是一个共同体"①。可见"存在物"就是世界上的万事万物，"存在"则是一切事物所组成的"共同体"。至于无数的"存在物"如何组成"存在"这个共同体的问题，巴门尼德的学生——芝诺（Zeno）指出"必须每一个部分都有一定的大小和厚度，而且与别的部分有一定的距离"②，这样每一个存在物都必定是占有一定空间的事物，并且又与其他存在物处于一定空间位置的关系之中，从而彼此联结成为一个"共同体"。这个存在物联结而成的"共同体"就是"存在"，这样的"存在"就是世界总体或整个客体，从而存在物与存在的关系就成为个体构成全体的关系。可见，巴门尼德将共同体视作由世界上的一切事物构成的整体，同时又将世界万物的统一上升为一种抽象的共同体，即"存在"。由于巴门尼德赋予"存在"这个抽象的共同体许多的特性，把它形体化、实体化，故而使之区别于一般的抽象概念，实质是对世界本原所作的更高的抽象。总的来看，爱利亚学派较早的开启了实体共同体和抽象共同体的论证。

第二，古典希腊政治哲学中的"城邦国家"。公元前5世纪到公元前4世纪40年代，马其顿统一希腊以前的一百多年被称为"古典时期"，希腊城邦制从繁荣走向衰落。这一时期哲学研究的对象和范围从作为整体的宇宙万物扩展到了人和社会，社会公正、国家本质和人生意义等问题进入人们的视野，引发了哲学家们的思考，从而促使哲学争论的焦点由追问万物生成演化的本原转向追问万物存在根据的本质，精神哲学取代自然哲学成为中心，研究的主体内容亦从宇宙生成论转向形而上学或本体论，一般与个别的关系问题取代早期希腊哲学中的一与多的问题而成为主要的哲学问题。古典时期的希腊哲人们从无政治的个体间互相攻击的野蛮状态进入联合起来的政治共同体和公共大序生活状态，将城邦视作共同体，试图通过探讨哲学与城邦共同体之间的关系，找到一种完美的城邦体制从而使城邦走向正义，完成在政治生活中追求"幸福"的意愿。虽然达到至善是所有城邦共同体的最高价值，但不同哲学家所倾向的城邦体制却不尽相同。从苏格拉底（Socrates）到柏拉图再到亚里士多德，虽然都注重城邦这一政治共同体的作用，但苏格拉底所关注的是城邦共同体的同质性与普遍性，个体的多样性与个性被共同体所淹没而备受压抑；柏拉图则在传承苏格拉

---

① 北京大学哲学系外国哲学史教研室. 古希腊罗马哲学 [M]. 北京：生活读书新知三联书店，1957：51.
② 北京大学哲学系外国哲学史教研室. 古希腊罗马哲学 [M]. 北京：生活读书新知三联书店，1957：59-60.

底基本思想的基础上不断向前推进这一城邦共同体理论，实质都是讨论一种"言辞中的城邦"；亚里士多德则对苏格拉底和柏拉图的同质性共同体展开批判，维护和承认城邦共同体的异质性、特殊性和多样性，从而开创了城邦共同体的新思路。

苏格拉底和柏拉图认为个人只有生活在城邦之中才能获得正义，都主张共产城邦制。在苏格拉底看来，统一的城邦将有助于应对外在战争，为了实现城邦统一必须建立财产共有制，使"城邦中的每个部分都为城邦整体的利益而各司其职"①，除了城邦的整体利益，人们不再有相互区别的外在利益。人从日常生活和社会联系中被剥离出来，只显示每个成员在共同体中的同一性，从而使作为独立个体存在的人的个性被消除，"导致人只与作为整体的城邦发生联系，存在变得抽象"②，城邦变成渴望统一的同质共同体。柏拉图继承老师苏格拉底对城邦共同体的界定，将共产城邦制推向极致，并确定哲学王在城邦中的统治地位。由于希腊城邦贫富两极分化，变革之声不断，造成城邦社会动荡不安、政权频繁易手。为了挽救希腊城邦奴隶制危机，稳定社会，防止城邦共同体的两极分化与统治集团的贪污腐败，柏拉图意图复兴一种整体主义观念，提出在统治集团内的财产以及妇女与子女共有，主张废除私有制甚至废除家庭的对策。因为私有制是一切灾难的根源，故而像家庭和私有财产这种极易激发人的私欲、威胁城邦稳定的东西没有存在的合理性，只有从事哲学思考、超越物质欲望控制的"哲人王"才能统治好城邦，"铸造一个整体的幸福国家"③，实现全体人民的最大幸福。由此形成了理念中的国家，即理想国。而这种理想国的建立要以国家的公共教育制度和共产主义制度为基础。可见，柏拉图秉持共同体利益至上的原则，以善的理念为最高原型，共同体中的男女平等，合理分工，各司其职、互不僭越，构成一个和谐一致的有机体。由此，满足人的需求和寻求正义是柏拉图对城邦共同体最主要的关切点。但由于柏拉图始终立足于哲学理念和思维变化中探讨城邦国家共同体，从而使城邦共同体成为抽象的政治理论，远离了现实的各种关系，最终只是表达出对一种不同于堕落现实的理想的政治生活的期冀。

亚里士多德将古希腊时期的德性共同体从抽象哲学领域引入现实的实践生

---

① 尼柯尔斯. 苏格拉底与政治共同体——《王制》义疏：一场古老的论争 [M]. 王双洪, 译. 北京：华夏出版社, 2007：72.
② 尼柯尔斯. 苏格拉底与政治共同体——《王制》义疏：一场古老的论争 [M]. 王双洪, 译. 北京：华夏出版社, 2007：73.
③ 柏拉图. 理想国 [M]. 郭斌和, 张竹明, 译. 北京：商务印书馆, 2002：420.

活之中，从人类经验层面入手关注共同体的多样化和异质性。亚里士多德将人类视作趋向于城邦生活的动物，强调城邦重于个人，指出每一个城邦都是一种社会团体，一切社会团体的建立都是为了完成某种善业，都需要具有善德的公民参与政事以达到共同体的"至善"，从而将人与人之间的关系提升到依靠共同体善的原则来维系。但这种城邦由于其本身的多样化，不同于柏拉图所讲的同质性共同体。同样，不同于柏拉图试图消除家庭共同体，亚里士多德承认家庭共同体和村落共同体在时间上先于城邦共同体而存在的自然共同体，家庭组成村庄，村庄组成城邦，是一个由自然形成到社会发展的过程，城邦作为自然生长过程的完成是自然的产物，同时又是社会共同作用的结果，它产生于自然又超出自然，为着至善和自足的目标而存在。"城邦在本性上先于家庭和个人"[1]，时间上在先的共同体是为了目的上在先的共同体而服务，都是为了追寻以正义为核心的至善目标，故而人们要结成共同体就必须有法律和正义，进而提出构建以中产阶级为主体的法治社会。城邦作为一个共同体存在，应该尽可能由平等或相等的人组成。中产者最具备这样的特征，故而只有由中产者组成的城邦才能得到出色的治理。而法律制度是"没有感情的智慧"，具有人治不能做到的公正性质，通过普遍的公民教育将之深入人心，进而才能做到真正的公平和正义，从而实现理想城邦。可见，亚里士多德的城邦共同体是一个以善为最高价值的、具有高度德性品质的共同体。他将人既看作是个体存在，又看作是集体存在，将个人对美好生活的追求与共同体的群体幸福相统一，使个体和共同体之间始终保持着亲密的依存与依赖关系，从而是"调和个体和共同体的一次复杂的尝试"[2]。

第三，晚期希腊哲学中的"宇宙城邦"。古典时期人从自然的小共同体中摆脱出来进入大的城邦共同体，而希腊晚期在重新关注个体的同时打开了在古典哲学那里封闭的世界的边界，拓展了共同体的范围，由城邦中心论发展到"宇宙城邦"论。一方面，伊壁鸠鲁学派以个人主义为中心，提出原子构成个人，从而把共同体四周的墙重新向内收回，收到了个人身边，导致个人之间严密设防，相互隔绝，各自居住于虚空之中，而诸世界之间也就相互隔绝了起来。伊壁鸠鲁（Epicurus）沉浸在个人隐修之中，放弃了对共同体的关切，也反对曾经是政治共同体原则的"友谊"，即反对人际交往。虽然伊壁鸠鲁主张人应当尽量

---

[1] 亚里士多德. 政治学[M]. 颜一，秦典华，译. 北京：中国人民大学出版社，2003：5.

[2] 尼柯尔斯. 苏格拉底与政治共同体——《王制》义疏：一场古老的论争[M]. 王双洪，译. 北京：华夏出版社，2007：223.

达到自足自主，但是彻底的独立自主却是不可能的。另一方面，斯多亚学派（斯多葛学派）将古典时代的国家城邦向前发展到"宇宙城邦"，其指出这种"宇宙共和国"不分国界、种族、等级和性别，是世界上一切有道德的人、贤哲们的理想共同体，是宇宙间一切理性生物所组成的王国，超出了古典城邦视野的普世性共同体，但仍然强调这样的大共同体处于理性和法律的统治之下，服从于"自然法"，从而造就了斯多亚哲学大师——塞涅卡（Seneca）"两个国度"的思想，即存在着两种王国，一个是包含神与人的巨大的、真正的共同国度，另一个是我们偶然降生于其中的国度，如雅典王国或迦太基王国等①。与此同时，随着希腊城邦共同体的衰落，原来个人与共同体之间的那种亲密关系趋于解体，斯多亚学派试图用一种普遍的正义原则来重新构建社会秩序。而西塞罗（Cicero）很好地表达了这一洞见，他通过"法"这一正当理性的构造来期冀罗马成为法的共同体，从而国家成为人民依据公认的法律和共同的利益聚合起来的共同体。由此，人们打破了古希腊城邦共同体的禁锢，开启了共同体新的发展历程。

（二）中世纪基督教哲学中神学共同体的发展

所谓的中世纪，从宏观视域出发，包含罗马帝国时期和中世纪的"黑暗时期"，形成了希腊哲学之后，近代哲学之前，以基督教为主干的"中古哲学"的哲学形态。古希腊城邦共同体的目的在于培养人的善德，而古罗马更加强调使用法律手段调节人们之间的关系，为日后创建法律共同体奠定了基础。例如古罗马时期的西塞罗秉持了古希腊人的传统，并且强化了共同体的法律功能，提倡构建法与正义之下的公民共同体。但罗马帝国时期开始的对外扩张，使人们极度渴望在战乱中寻求一种安宁的生活，虽然法的贯彻和实施极大地维护了共同体的稳定，但仍不能满足人们的这一迫切愿望。伴随着基督教的广泛流行，中世纪神性统照下的共同体，其关注的重点从人与人之间的关系转向人与神之间的关系，形成了依靠信仰来维系的上帝共同体和依靠法律来维系的城市（市民）共同体之间的对立。

第一，奥古斯丁侧重强调与尘世共同体相对的上帝共同体。罗马时代犹太民族中社会下层人士信奉耶稣基督，从上帝普爱世人的信仰出发拒绝罗马帝国的皇帝崇拜，从而构成了基督教这一宗教团体。随着君士坦丁成为历史上第一个基督教皇帝，基督教也就确立了在罗马帝国的合法地位。为了战胜以哲学理性为代表的强大的希腊罗马文化，基督教徒力图将其信仰与哲学的理性统一起

---

① 塞涅卡. 哲学的治疗：塞涅卡伦理文选之二 [M]. 吴欲波, 译. 北京：中国社会科学出版社, 2007: 70.

来，或奔走传教，或著书立说，从而创立了"教父哲学"，这也是基督教哲学的第一个历史形态，尤以其集大成者——奥古斯丁为主要代表人物。奥古斯丁一反古典时代的强者在政治生活中追求幸福的路径，由于权力的迷狂本性、"强者的狂妄"以及各种偶然性力量的侵袭，政治共同体必将陷入内战，最终导致失败，从而将人类从外在的政治功业中得到自足返回到从人类的内在心灵中寻找自足，这内心不是空虚的、怀疑主义的主观性，而是上帝。在上帝之爱为主导的"天城"中，人与人的关系是平等的、亲密的，不再有强弱、高低之分，从而将价值重心从强者转移到弱者、边缘人和穷人。奥古斯丁运用哲学的手段论证基督教的信仰，为人们指明一条寻找上帝的路径，突出强调上帝共同体的优先地位，明确指出："上帝在万物之上，为万物之主"[①]，上帝共同体必然战胜尘世共同体。现实的政治共同体（如罗马）以统治为目的，对权力的渴望既导致罗马残酷的内战，又导致其发动对外战争以奴役他国，可见人间没有真正的正义，"地上之城"仅仅是维系最基本社会秩序的一个场所，并非实现"幸福"的最佳场所。只有以上帝之爱为核心、以平等友爱为特征的"天上之城"才能实现和谐和幸福，从而猛烈抨击了人间政治的意义。如果说古典政治学家大多阐述美好的政体如何一步步堕落为失败的政体，那么奥古斯丁则恰好与之相反，他认为政治本来就是恶，同时又指出上帝可以利用这样的恶来为善，即维持人间的基本和平秩序。在神圣的爱的映照下，人间的不义显得格外显眼和丑陋。但是，奥古斯丁本人并没有提出在历史中实现乌托邦的思想。

第二，阿奎那（Aquinas）侧重强调神意统治下的世界共同体。阿奎那适应时代的新思潮，极力主张用亚里士多德哲学取代作为教会理论支柱的奥古斯丁式柏拉图主义，从而建立了一个庞大的哲学体系，力图论证哲学和神学既相互独立又彼此统一，即理性和信仰相辅相成、相互一致，从中得出其最重要的结论和最著名的命题："哲学是神学的婢女"。阿奎那将上帝视作本质存在，上帝创生万物，万物因而存在。人是由上帝自由地从无中创造而来，作为受造物的人不可避免地要与作为造物主的上帝产生关联，上帝的善成为所有造物主的目的，而人则成为天地中唯一的理性者。阿奎那像亚里士多德一样，认为人是社会性的动物，人只有在政治共同体中才能够自足，同时又将眼光放大到了世界共同体。他在亚里士多德从政治视角阐发人及其生活的基础上加以宗教性的补充，指明自然秩序要服从神恩秩序，上帝成为自由意志活动的支配者。从而确立了神的本质存在和人、世界的个别存在。总而言之，中世纪的神学共同体宣告了教会至高无上的权力，从而使得个体牺牲自我以维护这一神权统治。可见

---

① 奥古斯丁.上帝之城：下［M］.吴飞，译.上海：上海三联书店，2009：151.

中世纪的共同体高于个体，个人隶属于共同体。

（三）近代政治哲学中契约共同体的转向

自 15 世纪起，随着西欧封建社会生产关系逐渐解体与资本主义生产关系的开始形成，新兴的资产阶级为扫除其自身发展道路的障碍，在思想领域借"复归古代"之由掀起反对封建神学的文艺复兴运动，力求把人从宗教神学的桎梏中解放出来，从尘世快乐中寻求人的幸福，肯定人的价值和主体地位，提倡人性解放与个人自由。区别于中世纪以"君权神授"的教条和自然律的神学理论为基础的政治学，近代思想家从人的自然本性出发来探索国家的起源和本质，把"自然人"与"政治人"统一起来，认为社会由自然状态而来，国家是社会契约的产物，从而开启了人道主义转向，开始从"抽象的人"出发阐释社会历史的动力、过程与趋势，"人获得了自己的历史存在和现实性，这种现实性与神性和上帝的意志毫无关系"①。

在近代，马基雅维利（Machiavelli）以历史和个人的经验教训为依据来研究社会问题，即从"实然"出发建构政治学。他从既有的事实出发，立足于人间，区分了人间与天国的概念，认为上帝不是人的偶像，人也难以成为君子，优秀的人仅仅是在追求尘世的幸福，表现为追求名誉、地位和权力，从而使得"共同体"从神学和伦理的双重束缚之中解放了出来。马基雅维利从人类天性出发观察社会政治问题，指出人性本是恶，人与生俱来的欲望使其自私自利，为了避免人与人之间的残杀和毁灭，人们自愿结合起来，于是产生国家。而由于大资产阶级逐渐掌握政权，公民社会不断转向了君主统治下的臣民社会。君主政府与民众利益之间相互对立，君主制成为人民自由的对立面，人民的自由需要暴力来加以维护。由此，政治秩序的建立或运行不再与君主个人的道德行为相联系。这使得霍布斯（Hobbes）看到，人完全可以凭借自己的意志来构建"人造共同体"，亦即"契约共同体"。

霍布斯第一次用人的自然属性和自然理性说明国家的起源和本质，取代了中世纪流行的"君权神授"的信仰。他颠覆了古典政治哲学以抽象的"至善"的自然法则为最高原则和出发点的思想，认为近代政治哲学的出发点是人的自然权利，即个人的正当诉求。基于此构建"利维坦"这一国家共同体，从社会契约论的角度来论证人造共同体的合理性和正当性。并经由马基雅维利的人性概念发展到人权概念，提出了人的自然权利的重心就是保全生命自由②，由此自由成为人权的第一要义。霍布斯建立了以"物体"为核心的自然哲学，将人首

---

① 韩震. 西方历史哲学导论 [M]. 北京：北京师范大学出版社，2008：9.
② 霍布斯. 利维坦 [M]. 黎思复，黎廷弼，译. 北京：商务印书馆，1985：97.

先作为一种自然物体，从人的感性欲望出发，将虚荣自负视作自然欲望的根源，由此导致人与人之间引发因捍卫和追逐私利的战争与冲突，进而导致整个社会陷入人人自危的局面。为了免于恐惧死亡，霍布斯通过理性和激情来找寻一条通往和平状态的道路。实现自我保存的强烈意识促使人们之间达成共识，通过与主权者签订转让自然权利的契约将自己的自然权利转让，由此形成的公共权力的人格化，这就是国家，即"伟大的利维坦的诞生"，它具有绝对的、至高无上的权威。这样富有社会秩序的共同体形态存在的形式代替了无社会无秩序的自然状态的形式，人类社会进入文明状态，从而"使法则从属于权利以及认识到主权观念的充分意义"①。但霍布斯的契约共同体将人从神圣的传统共同体的至善中解救出来，使私利受制于虚拟人格的利维坦这一国家权力共同体的思想被卢梭的基于主权在民的"公意"所批判，从而揭开了另一个契约共同体的序幕。

卢梭通过"公共意志"构建共同体，认为最能代表和表达人民意志的是最好的共同体。人生而自由，但人的发展模式却经历了自然状态人的本性—社会状态人性的堕落—平等社会中人性的复归这一演进过程。与霍布斯不同，卢梭将人的自然状态归结于一种和谐、自由，而非霍布斯所认为的人与人之间处于战争之中的自然状态。在人类最初生活的自然状态下，人可以随意地利用自然来满足自己微小的自然需要，人人都是自由的、平等的，个人完全可以按自己的本性生活，这是人类的黄金时代。其后，人类所具有的自我完善能力带来人类理性的进步与社会的发展，但文明社会的步入却伴随着人性的堕落，人类社会出现各种不平等。经济的不平等，即财富占有的不平等，成为使人丧失自由的根本社会原因。为了保障每个人的自由和平等，必须找寻到一种新的社会联合形式"来护卫和保障每个结合者的人身和财富"②，这样一个由全体成员自愿结合而形成的共同体是能够保障人们自由的政治共同体，因为它能够从根本上消除人类财富占有的不平等。当每个个人都转让出自己的全部权利之后，每个个人就成为共同体中不可分割的一部分。这个共同体，当它是主动时，就是主权者；当它是被动时，就叫作国家。而每个结合者，作为集体，被称为人民。每个人把自己的一切权利全部转让给政治共同体，而这个政治共同体乃是由人民自己结合而成的，所以每个人服从契约也就是服从自己，故而这种契约的主权在于人民自己，而不在于统治者，共同体的公民自由代替了自然状态的天然自由，共同体的生命变得比个人生命更加重要。

---

① 列奥·施特劳斯.霍布斯的政治哲学[M].申彤,译.南京:译林出版社,2001:190.
② 卢梭.社会契约论[M].何兆武,译.北京:商务印书馆,2003:19.

洛克始终以人的自由为主题,将共同体视作是保障个人自由必不可少的存在形式,指出人的本性就是追求幸福和快乐,其契约的权利转让不同于霍布斯和卢梭。霍布斯只把侵犯他人的权利以及涉及人身安全保护的个人权利或制裁权利转让给社会,从而使得个人能够得到社会的安全保护。卢梭则将每个人连同自己的一切权利都转让给社会。洛克契约的权利转让只涉及财产权的判决和执行的权利。在洛克看来,人们联合的主要目的就是保护人的自由权、生命权、财产权,故而这些权利都是不可转让的。他尤其强调私有财产的重要性,从而将个人权利视作是共同体存在的前提和基础。洛克与卢梭类似,从人类的自然状态出发来探索国家的起源,将人类最初生活的自然状态看作是人人自由平等的和平状态,在自然法的支配下,每个人都要尊重他人的一切权利,如生命、自由、财产等①。但应然状态下的自由平等却因实然状态下法律保障的缺失与公共权力裁决的不力而无法使这些权利得以保障,这就必然要求人们联合成为一个共同体,保护自身的自然权利,对侵犯自然权利者予以共同的惩处。由此洛克特别强调法律的重要性,以维护人们的生命、自由和财产等这些不可转让的权利,并提出了三权分立的分权学说以防止权力过于集中,因此政府也必须履行契约,保障公民的权益,从而国家成为弥补自然状态不变的结果,政府也成为一个有限权力政府。从法的精神角度探究共同体的大成者实属孟德斯鸠(Montesquieu),作为法学理论的奠基人,为了可以安心享受财产同时又有更大的保障来防止共同体之外任何人的侵犯,孟德斯鸠将共和制视作最能体现法的精神的好的共同体。

　　如果说古希腊哲学的共同体言说仅仅是包含了某种共同体思想萌芽的话,那么霍布斯、卢梭、洛克与孟德斯鸠等资产阶级启蒙思想家的"社会契约论"思想则蕴含了丰富的共同体思想,构成了近代共同体思想的理论渊源。

　　通过对"共同体"概念的考察和共同体思想在中西方历史上演变历程的分析,形成了我们对共同体思想历史发展的基本认知,看到了中国以生存为道的原始社会的共同体、以专制统治为依托的奴隶社会和封建社会的共同体以及西方资本主义社会下以利益博弈为追求的共同体,并从现实的个人出发,为人类的未来发展架构现实的共同体形式和道路。在这种理想的共同体形态之中,一切从现实的个人出发,一切等级、阶级和国家的形式都将消失,让位于以每个人的自由和全面发展的目的为核心的新的人类共同体形式,这就为进一步分析和对比马克思、恩格斯的共同体思想及其在苏联、中国的运用与发展提供了历史线索。

---

① 洛克. 政府论:下[M]. 叶启芳,瞿菊农,译. 北京:商务印书馆,1964:4.

第二章

马克思主义共同体思想的形成

马克思、恩格斯以英国古典政治经济学、空想社会主义、德国古典哲学为理论基础,通过考察资本主义生产方式对传统共同体的瓦解和无产阶级运动对联合共同体的塑造,逐步形成并完善了他们自己的共同体思想。他们以资本主义社会中人的异化状况为基础,不仅从人类生存方面,而且从社会发展方面;不仅从哲学视角出发,而且从政治经济学视角出发探讨共同体,其共同体思想发展的每个阶段看似独立,实则一脉相承,共同体现了马克思、恩格斯对人的自由解放的关注。

第一节 马克思主义创始人共同体思想形成的理论来源

共同体思想并非马克思原已有之,而是欧洲古代文化的传承,共同体思想发展的每一个阶段都体现了人类文明进步的方向。马克思、恩格斯正是吸收了这些已有的西方传统要素,并在此基础上考察了德国古典哲学、英国古典政治经济学、法国空想社会主义中的共同体要素,从而使这些思想成为他们共同体思想形成与发展的理论来源。

一、德国古典哲学对自由共同体的诉求

工业革命后,资本主义得到迅猛发展,德国思想家们把理性原则同唯心主义辩证法结合起来审视人类历史,从哲学角度来构建自由共同体,形成独具德国特色的哲学共同体,从而引起了马克思的关注。

第一,康德"普遍历史观念"下的国家联盟体。作为德国古典哲学的开创者和奠基人,康德继承了欧洲人道主义传统,一生围绕着"人是什么"这一永恒的问题展开批判,并将近代政治哲学家提出的一国社会契约论的观点用于人类社会,在世界公民的普遍历史观念下构建基于联合意志的国家联盟体。康德将人看作感性生物体和理性生物体的混合，指出人不仅是自然的、伦理的、道德的，同时也是社会的、在历史活动中存在着的法权理性人或法人。由于人性的内在矛盾，即立于自然之下的生命非理性和立于自由意志之下的理性之对立，或非社会性与社会性的对抗斗争，所以必须有法律这种外在的立法形式加于社会和人类，以保护各个人生存与生活的各种权利，使社会成为人类这一物种生存、发展或进化的文明环境。在康德看来，人既要服从自然的因果必然性，又具有摆脱感性欲望、自由履行绝对精神律令的愿望，而人要实现其自由，必须求助于理性。但公民宪法只能保证一个共同体内个体的安全和自由，共同体之间仍然不可避免对抗性的战争状态。为了避免这种灾祸，就必须制定体现各民族联盟意志和联合力量的国家宪法，处于这种宪法状态之下的个体被称作"世界公民"。鉴于西方国家总是从维护个人权利和国家利益出发的政治哲学的理论缺陷，康德提出应该把国家法发展成为世界法，从而考察了人从民族性到人类特性的发展。他在看到个人主义优点的同时，为了克服个人主义的破坏性，提倡树立全人类的自我意识，"作为一个世界公民来观察和对待自身"①。但战争灾难的存在破坏了公民对人类世界和平的期望，要保证世界和平就需要制度安排，建立起一个普遍法制的公民社会，并以每个国家都采取共和制来构建公正的世界秩序，形成主权国家的自由联邦。可见，康德所提倡的这种大同社会虽采取民主国家间联盟的方式，是国家与国家共同体联合的世界联盟，但不是意图构建一个世界国家，而是要追求民族国家的多样性与世界公共秩序的统一。

第二，费希特（Fichte）自由意志下的"法治共同体"。费希特遵循卢梭的社会契约精神，从人的主观意志层面展开对公民社会法权问题的剖析，从而引申出人的"意志共同体"优先于公民社会利益共同体的内在意蕴。作为主观唯心主义者，费希特更加强调人与纯粹的自我，极力主张人的自由权利，并由此区分了国家和社会与个人之间的内在关系，将个人自由凌驾于国家共同体和公民社会共同体之上。国家作为个人的集合体，为了个人而存在，个人也只是为了保障自身自由才加入这个契约，从而法治共同体成为保障个人自由权利的载体。而公民社会共同体则是为了保障人们相互依赖的利益关系而存在，这两种共同体皆不能凌驾于个人自由之上。换句话说，由公民组成的国家共同体只是为达到人的目的的单纯手段，"人既不是可以通过继承权得到的，也不是可以被出卖的、被赠送的；人不能是任何人的所有，因为他就是他自己的所有，并且

---

① 康德. 康德文集 [M]. 北京：改革出版社，1997：435.

永远如此"①。进而基于对人的本质的理解,费希特提出两种不同的权力等级,一种是基于人的本质和天赋而来的权利,它不可让渡和剥夺,一种是基于人的生活环境和改善生活便利的条件而来的权利,它可以让渡。由此得出,公民社会不能凌驾于个人自由之上,自然公民社会的法律也不能凌驾于个人良心之上。这样,费希特就在个人天赋自由权利的基础上确立了私人契约和公共政治契约的基本原则,为资产阶级市民社会和宪法国家提供了实践哲学基础。由于人是追求个人利益最大化的理性人,这就决定了他们把占有私有财产的个人视为国家的基础和社会的主体,国家的功能在于维护形式上的平等的法律制度框架,社会共同体则可以在市场分工和交换中自发形成。国家作为社会契约建构的结果,目的在于对人的行为冲突做出仲裁,从而一个理性国家是一个人的权利受到法律平等保护的国家,而不是人们的生活受到任意干预的国家。而人作为理性存在者的个人,其自身具有独立性,其政治合法性的基础来源于道德规律,道德相对于法律和政治来说具有优先性,"唯有道德规律才把人作为人加以支配,并给人提出一个终极目的"②,这个终极目的就是"理性王国"。由此,理性成为人类生活的目标与保证,历史就是理性追求其最高目标的发展历程,法律则成为理性国家必不可少的手段,从而基于道德规律基础上的人的意志成为优先于国家法治共同体的存在。

第三,黑格尔绝对精神理念下的"国家共同体"。作为德国古典哲学的集大成者之一的黑格尔将对共同体的认知与他的国家理论联系在一起,把国家视为绝对精神在追求自由过程中的外化共同体。黑格尔将个人放入国家共同体中进行考察,突出共同体对于个人存在与发展的重要性。黑格尔以先验的理念构建起普遍共同体,但因自身的形而上学的抽象而无法透视到市民社会对共同体的基础性和决定性的作用。首先,黑格尔认为社会或政治共同体是历史与传统的产物,是人类自由的发展与演进过程,充分体现了人类精神的自由本质。在黑格尔看来,个人的本质不在个人自身,而在一个社会共同体所包含的伦理准则或价值标准之中,从而个人只有将自己从伦理精神上与共同体实现同一才能实现其权利主张,而这也就是普遍意志与特殊意志的同一,从而义务和权利也就被统一了起来。权利与义务的统一是共同体的基本特征,共同体需要全体成员共同承担义务。其次,黑格尔从哲学的普遍性与特殊性相统一的视角看待个体与共同体的关系,认为个人只有在整体中才能得到维持。在他看来,个体首先

---

① 费希特. 论法国革命 [M]. 贵阳:贵州人民出版社,2001:11.
② 费希特. 论法国革命 [M]. 贵阳:贵州人民出版社,2001:37.

是社会的成员，是某个家庭、某个等级或某个行业的成员，同时也是国家的成员。作为成员，个人是一种偶然性的东西，其首先要实现的是其本质中的普遍性，并借由义务与权利的统一来实现个人的自由。由此，黑格尔强调共同体或整体的至上性。可见，在现代市民社会中，借助于国家共同体，个人的主观自由得到发挥，个体主体性以及普遍性都得到展开和实现。最后，黑格尔将思想与历史视为同一个过程，试图提供一个全面理解人类历史的框架，并将历史的进步性归功于作为万事本原的绝对精神。精神的本质特性是自由，所以世界历史就是自由意识不断演进和发展的过程，是人类由必然走向自由的进程。对具体的历史进程来说，世界历史必须以各民族国家为载体。由此可见，黑格尔将人的精神自由度作为衡量世界历史的终极指标，精神成为历史的主体，自由成为世界历史发展的本质和人类追求的最终目标。但在马克思看来，世界历史不是黑格尔眼中的绝对精神的外化过程，而是一个民族的地方性历史向世界历史的转变过程，是近代以来逐渐形成的全球化过程。

第四，费尔巴哈（Feuerbach）人本主义视角下的"爱的共同体"。费尔巴哈终结了德国古典哲学的唯心主义传统，以人本主义唯物论为基础，从活生生的感性世界出发理解人的本质，将人看作是现实的人，即是生存于共同体中的人，这给马克思早期的共同体研究路向带来了深刻的影响。在费尔巴哈看来，人是感性对象性的存在。人的本质不仅是自然的本质，而且是历史的本质，"包含在人与人的同一之中"①。具体来说，自然界是人生存的基础，人为了能够在自然中存活下来就进行人与人之间的交往，这不但使人成为类存在物，而且形成了人的类意识，成为人与动物最根本的区别。通过类关系，人的本质在共同体中得以凸显，换句话说，共同体使人之为人，类本质成为人的最高本质。不是神创造了人，而是人创造了神。上帝是人的本质的异化，是人的"自我"的显现，但宗教反过来成为统治人的力量，故而费尔巴哈从感性出发，希望建立一个用直观的情感来维系的"爱的共同体"。但是费尔巴哈只是把人看成是抽象的自然存在的类存在物，没有揭示人的真正本质，远不及马克思将这种感性对象性原则转变为感性实践活动的创造性，从而看到了人的历史维度和社会维度，发现了人类通往"真正的共同体"的现实道路。

第五，赫斯（Hess）哲学与经济学双重视角下的"有机共同体"。作为第一个推进德国哲学与法国社会主义理论内在连接的人，赫斯引导马克思从哲学话

---

① 费尔巴哈. 费尔巴哈哲学著作选集：上卷［M］. 荣震华，等译. 北京：商务印书馆，1984：185.

语置换到经济学话语,对马克思创立唯物史观做出了重大贡献。众所周知,个人的发展与共同体的发展息息相关,而对于人的自由与解放的追求是赫斯一生的理想。不同于传统哲学从人的性质出发来界定人的本质,赫斯从社会力量维度,即人的社会交往关系出发对人的本质进行重新界定,认为个体的生命交换活动是其现实本质①。人的发展不是孤立的,而是在人与人之间的相互交往中实现,即是在历史进程中不断发展,从而将人的发展不但看作是人的本质的理性发展,更将其贯穿于世界交往的发展进程中。赫斯对当前资本主义发展运行的弊端进行分析,看到资本利己主义逻辑下的人的交往异化,由此产生了货币这种相互异化的人的产物,得出货币和商业经济是导致社会异化的源头。如此一来,赫斯着眼于人的本质异化的角度,认为资本主义社会下抽象的人会随着人类生产力水平的提高和人的现实交往的发展,形成新的人类联合体形式,形成"合乎理性的、有机的人的社会"②。可见,赫斯开启了走向未来真正共同体的道路,成为这一道路的先行者,而马克思是最终的道路完成者。

透过对德国古典哲学家思辨哲学体系的探讨,可以看出他们主要从理性自由层面强调人的主体性,由此构建基于人的理性需求的自由共同体。但赫斯从社会力量维度,即人的社会交往关系出发对人的本质和共同体的性质进行重新界定,从世界交往的现实发展进程中探求共同体发展的轨迹,从而为马克思从现实的人的实践中考察共同体思想的演进提供了新思路。

二、英国古典政治经济学对资本主义共同体的辩护

英国古典政治经济学以新兴资产阶级的经济视角,把抽象人性论运用到现实经济现象的分析中,研究资本主义生产和交换规律,从而对自身生活的共同体进行重新审视和解读,这为马克思从现实的生产方式中考察资本主义社会共同体的弊端和其未来发展路径奠定了坚实的经济基础。

前资本主义经济学的首要目的是通过经济管理来满足共同体成员自身的自然生活所需,而非为了交换而交换,故而其劳动成果凝聚了生产者的劳动心血和情感付出。当资本主义生产方式确立后,资本主义经济学的目的不再仅仅是为了满足共同体成员的需要,而是如何通过交换实现个人自身的权利,从而获

---

① 莫泽斯·赫斯.赫斯精粹[M].邓习议,编译.方向红,校译.南京:南京大学出版社,2010:138.
② 莫泽斯·赫斯.赫斯精粹[M].邓习议,编译.方向红,校译.南京:南京大学出版社,2010:142.

取更大的私人利益。这种对个人权利和义务的颠覆使共同体的性质和作用发生了转变，共同体沦为资本运行的工具，生活于其中的共同体成员之间的交往关系则异化为物与物之间的交换关系。斯密（Smith）和李嘉图（Ricardo）等人对资本主义生产方式展开分析，肯定了劳动作为主体活动的创造能力及其代表财富源泉的思想，由此力图论证资本主义共同体的合理性与永恒不变的存在性。斯密为了维护资本主义社会秩序，一方面从抽象的"经济人"出发，把启蒙运动中的自然秩序和追求个人利益的活动结合起来，另一方面从"道德人"的视角切入，指出社会秩序的调控和维护需要人克制私利，顾及他人[1]，由此才能保证社会共同体的存在。李嘉图一心关心商品价值的生产并以产品分配关系为研究对象，认为劳动决定价值，在研究了资本主义社会三大阶级收入来源和相互关系的基础上指出正是由于工人生产的利润被资本家无偿占有导致资本主义社会中阶级利益的对立。可见，资本主义社会下各阶级之间存在着不平等，可能随时导致现有的资本主义共同体秩序失衡和坍塌。为了缓解此状况，斯密、李嘉图等人将资本主义生产方式美化成为永恒的自然形式。斯密由此提倡建立理想商业社会，力图在不违背正义之法的基础上将人的自私倾向与社会公益结合在一起，通过追求个人利益来实现社会公共利益，并借以在物质财富普遍增加的基础上提升人的道德财富，使人们在经济自由、政治自由和宗教自由中获得富裕，最终达到富国强民的目的。而李嘉图派的社会主义者以李嘉图的劳动价值理论和剩余价值理论为基础，进一步发展了其分配理论和货币理论，他们不是从资产阶级和地主阶级的立场对工人阶级生产的商品价值进行分配，而是强调工人阶级的劳动所创造的商品价值理应归工人阶级自己所有，未来社会的发展也要以劳动货币的形式取代资本货币的形式[2]，由此展开未来没有剥削的理性社会的构想。

可见，生活于资本主义社会下的斯密和李嘉图等人对资本主义生产方式所进行的辩护并不能掩盖其对工人的压迫与剥削，资本主义共同体的稳定是以工人的极端异化为代价取得。从这个意义上来看，虽然古典政治经济学对马克思的哲学理念产生了重大影响，但马克思始终是批判式吸收其理论成果。马克思对古典政治经济学的研究，为其共同体思想的形成奠定了现实基础。

---

[1] 亚当·斯密. 道德情操论 [M]. 北京：商务印书馆，1997：25.
[2] 托马斯·霍吉斯金. 通俗政治经济学 [M]. 北京：商务印书馆，1997：68.

三、法国空想社会主义对未来共同体的憧憬

早在16—17世纪,空想社会主义者莫尔(More)、康帕内拉(Campanella)等人已经开始尝试批判资本主义私有制,并描绘了"乌托邦""太阳城"等理想社会制度。其后的18世纪,一些空想社会主义者站在城乡无产者的立场,从理性出发,认为由于资本主义压制了理性必然被共产主义制度所取代,并由此展开对新制度的理论探索。而在19世纪,随着资本主义快速发展所带来的社会矛盾的激化,以圣西门(rouvrog)、傅立叶(Fourier)、欧文等为代表的"批判的空想的社会主义"登上历史舞台,在揭露资本主义私有制恶果的基础上,对未来理想社会提出了很多天才般的设想,主张一种建立在公有制基础上的共同体。

圣西门将规律性观念运用于人类社会,认为社会历史是一个连续的、上升的、进步的过程,并从社会制度更替视角把握规律作用下的历史过程,指出在每个阶段,"正在消逝的过去的残余"因素和"正在成长的未来的萌芽"因素同时存在,后者必然战胜前者,新制度取代旧制度是历史的进步。他以工人阶级代言人的姿态对资本主义私有制和利己主义进行批判,试图以实业制度来消除资本主义社会的不平等和不公正,使一切人得到最大程度的全体自由和个体自由[1]。圣西门力图通过实业制度为实业家争取领导权,以组成社团的实业党这一形式直接向国王表达政治利益。但由于社团共同体始终是在资本主义有机体的范围内活动,故而圣西门关于实业家的统治只能是一种乌托邦的幻想。

在傅立叶看来,人类社会是从低级向高级有规律地永续发展的,每个阶段都会有旧制度的残余和新制度的萌芽,生产性质是历史划分的标志。基于此,他揭露了资本主义无政府状态与寄生性,预言其必将被未来社会的"和谐制度"所代替,从而展开"和谐社会"的宏观想象。傅立叶将"农业劳动"看成是"最好的劳动",提出了理想教育等理论。由于资本主义社会下工业生产的进步与社会福利成反比,工业生产越是发展,人民生活越是悲惨,故而必须建立一种和谐社会组织取而代之,由此提出建立"法郎吉"作为"和谐社会"的基层组织,并以这样的"法郎吉共同体"取代资本主义。法郎吉是包含生产与消费的协作社,虽然保留了私有制,但取消了私人经营的集体合作组织,有别于资本主义社会生产的无政府状态。每一个法郎吉都是一个相互独立又互相联系的生产与生活联合体,其中包含了贫困的农民和富裕的资本家,始终秉持自愿参

---

[1] 圣西门. 圣西门选集:第2卷[M]. 北京:商务印书馆,1979:80.

加、共同劳动但差别分配的原则。由于劳动是进行公平分配的前提，鉴于劳动类别的不同，比如，生产粮食等的"必需类"劳动报酬最高，养花等的"有益类"劳动报酬次之，养鸡等的"愉快类"劳动报酬最低，故而分配应该是有差别进行，并且还确立了"按比例分配"的原则，力图摆脱资本主义社会的剥削和不公平现象。但由于他把情欲和伦理视作创建未来和谐社会的动力，严重脱离了现实，最后只能以失败而告终。

"社会主义者运动的创始人"欧文，与其说是一位空想社会主义者，不如称其为空想社会主义的实践者。他看到资本主义生产方式虽仍处于上升时期，但私有制的形成和宗教的发展凸显了明显的社会弊端，进而在社会主义史上第一次试图从政治经济学出发对资本主义展开批判，并试图通过"协作社"的试验建立"新和谐公社"以化混乱为秩序。"协作社"作为一种联合劳动、联合消费的公社组织，所有活动都具有计划性，每个人各司其职，各尽其能，和谐相处。但由于他的"新和谐公社"是处在整个资本主义的重重包围之中，而且公社共同体社员之间产生了各种矛盾，使得公社不像他预想的那样和谐。后来，"新和谐公社"这一共同体宣告破产。

可见，空想社会主义者在基于对资本主义罪恶深刻揭露的基础上，对未来理想社会提出很多设想，企图建立"人人平等，个个幸福"的新社会，从而为马克思恩格斯共同体思想的形成提供了丰富的思想资源，并在此基础上完成了社会主义从空想到科学的发展。

第二节 马克思主义创始人共同体思想形成的时代背景

由于"一切划时代的体系的真正的内容都是由产生这些体系的那个时期的需要而形成起来的"[①]，因此，任何一种思想，都为表达和满足一定的社会需要而产生，马克思、恩格斯的共同体思想也不例外。

一、时代特征的变化是共同体思想形成的现实基础

马克思、恩格斯所处的时代是自由资本主义高度发展的阶段，资本家为了获得更多的利润对工人进行残酷剥削和压迫，工人为了维持生计展开抗争导致自身生活变得更加恶劣，剥削持续加重，从而拉开了资产阶级与无产阶级之间

---

① 马克思，恩格斯. 马克思恩格斯全集：第3卷［M］. 北京：人民出版社，1960：544.

的战争。

第一，资本主义生产方式的发展与传统共同体的解体。14世纪后期，资本主义生产关系就已经在封建社会内部萌芽并逐渐发展，至16世纪工场手工业日益广泛的发展和此后新航路的发现、世界市场的开启及生产技术的不断改进等推动了社会生产力的快速发展，资本主义生产方式逐渐发展并通过资产阶级革命占据统治地位，导致原本依靠手工劳动和家庭关系联合起来的传统共同体趋于解体。新兴资产阶级为了寻求新的财富来源而奔走于全球各地，开辟新的市场，人类历史在资本主义的推动下变成了世界历史，生产、市场、交往与消费都具有了世界性。随着机器大工业代替工场手工业的工业革命在英国兴起并迅速推延至欧洲其他国家，资本主义社会随之发生急剧变革，日益分裂为资产阶级和无产阶级两大阶级，从而导致资本主义社会不可调和的内部矛盾。由此证明了资本主义生产方式并未能够带来一种更适合个人发展的联合形式，远未达到真正促进个人发展的程度，不过是最大限度地维护统治阶级利益的工具而已。资本主义社会中人的联合以政治领域中的国家共同体和经济领域中的市民社会共同体的形式凸显，但都是一种异化的联合方式，带来的只能是个人与社会之间更加激烈的冲突与矛盾，它不过是将隐含在宗教和政治背后的经济关系凸显出来而已。由此可见，资本主义制度是历史的、相对的和有条件的，最终也会被其他社会制度所代替。

第二，无产阶级运动的兴起与联合共同体的形成。资产阶级和无产阶级犹如一对孪生兄弟，随着资本主义生产方式的发展而产生。资本主义机器大工业使原本那种以人的依赖为基础的共同体，变成了以物的依赖为基础的共同体，正是对物欲的逐利之心使得资产阶级和无产阶级之间的矛盾日益暴露出来。换句话说，机器大工业使资本主义社会获得迅速发展，但工人阶级的境遇没有得到改善，并且日益沦为机器的附庸而挣扎在贫困与死亡线上。为了对抗资产阶级的压迫和剥削，无产阶级必须联合起来为争得政治权利而同整个资产阶级进行斗争，尤其在英、法、德三国发起了三大工人运动，从而使无产阶级作为一种联合的政治力量从无组织、无意识的被动联合变为基于自身利益和共同意志的自觉联合，这是对异化、分裂的资本主义共同体的反抗，是重新实现并完成个人与共同体有机结合的运动过程。同时，资本主义大工业的发展和世界市场的形成促使无产阶级在世界范围的联系中认识到自己利益的世界性，形成了无产阶级的国际联合。在这个意义上来看，世界交往的不断发展必将带来共同体的进一步演进。由此来看，资产阶级的统治并不是永恒的，资本主义在取得快速发展的同时，已经为自己的覆灭埋下了伏笔。

二、社会形态的演进是共同体思想形成的根本依据

社会形态是唯物史观的基本概念。从根本上来看，人类社会的历史进程"是社会形态变迁的过程"①。马克思把粉碎封建制度后建立起来的现代资产阶级社会称为"新的社会形态"，将被资产阶级推翻的封建制度称为"旧的社会形态"，社会形态成为包含经济基础与上层建筑相统一的多层次的社会结构和社会制度，是经济社会形态、政治社会形态和社会意识形态三者的辩证统一。生产力作为"一种既得的力量，是以往的活动的产物"②，是人类世代累积起来的实践能力，是社会形态变迁的内在根源和一切社会制度的基础。生产力的发展由低一级向高一级推进，决定了生产关系的变革和社会形态的变迁必然随之由低一级向高一级依次更替，社会形态的变迁成为生产力与生产关系辩证运动的过程和结果。

马克思对社会形态变迁的研究构成了其历史发展阶段论，其在不同时期根据不同标准提出了五阶段论和三阶段论。所谓的五阶段论，即"五形态说"，它着眼于世界历史的全局，建立在经验分析的基础之上。具体而言，马克思、恩格斯从生产方式变革和所有制的角度全面考察了"经济的社会形态演变的几个时代"③，按照亚细亚的、古代的、封建的、现代资产阶级的和未来社会的生产方式划分为原始公社制、古典奴隶制、中世纪封建制、现代资本主义私有制等四大历史时代，并且在研究资本主义社会形态本质特征的基础上展开了对共产主义社会形态的研究。虽然"五形态说"是从整个人类历史发展总进程的角度提出，但它丝毫不排斥局部历史的发展因受外部环境的影响而可能出现的"越次"情况。除此之外，马克思在分析货币的产生和本质的过程中提出了三阶段论，即"三形态说"，实质是以社会的个人为前提对历史发展过程所进行的逻辑分析。在他看来，资本主义的一个本质特征就是要打破历史上人在生产过程中固化下来的依赖关系，在更广的范围内建立起生产者之间的全面依赖，从而在《政治经济学批判》"货币章"中根据交换价值的历史对人的主体性发展的影响，分析了交换价值产生前后依赖关系的表现形式及其走向，由此提出了"人的依赖关系""物的依赖关系"和"人的自由个性"三大社会形态，也是公有

---

① 卢钟锋.中国社会形态和历史变迁的研究［M］.北京：中国社会科学出版社，2014：109.
② 马克思，恩格斯.马克思恩格斯选集：第4卷［M］.北京：人民出版社，1995：532.
③ 马克思，恩格斯.马克思恩格斯选集：第2卷［M］.北京：人民出版社，1995：33.

制（部落所有制）、私有制、公有制（共产主义所有制）的发展过程。有的学者将这三大社会阶段分别概括为共同体、市民社会和自由人联合体。但不管怎样概括，它都是以社会的个人为基础来分析物质生产过程中所形成的人与人之间的社会联系的，因而可以从共同体的角度对之进行概括。在前资本主义社会的人的依赖关系中，人与人之间在部落中相互联系和生产，并且生产方式的发展推动着部落的演变，但两性和血缘关系是其存在和发展的基础，这一阶段被称为古代天然共同体或自然形成的共同体；在资本主义社会，作为人与人联系纽带的货币充当了共同体的功能，形成了虚假—抽象共同体；在共产主义社会，资本主义社会建立起来的普遍的物质联系转变为联合起来的个人自觉的控制对象，成为个人自由活动的基础，这一阶段称为之为自由人联合体，这也是真正的共同体不仅在现实的物质生产中，同时也在人们的意识中普遍建立的阶段。由此可见，"三形态说"以人的精神自由度作为基准，与共同体思想的演变联系得更加直接和紧密，但是从根本上来说，它仍然是建立在生产力发展水平基础之上，取决于生产力的发展程度和生产方式的性质，故而不能视其是完全脱离"五形态说"的自说自话。马克思在批判性研究前资本主义社会及资本主义社会人的异化生活状态的基础上，提出了人的解放和人自由而全面发展的价值目标奠定了坚实的理论基础，从而人成为马克思社会形态理论的本质体现。人不仅是社会形态的创造者，还是社会形态的变革者。整个社会形态的演变史就是人类不断实现自我、不断超越自我的发展史。这与马克思探讨的"自然形成的共同体""虚幻的共同体"和未来"真正的共同体"的历史生成具有内在一致性。

马克思通过不同的社会经济形态中以生产条件为基础的社会条件的变化对人的解放产生的决定性作用，认为只有在消灭了封建的专制统治和资本主义的经济统治以后，在共产主义联合体这一"真正的共同体"中个人才可能联系起来。在那里，人摆脱了人对人的政治统治，也摆脱了人对物的依赖和物对人的统治，获得真正的解放。不管是"三形态说"，还是"五形态说"，都是马克思在批判性研究前资本主义社会及资本主义社会中现实的人的基础上对人类社会的横向结构与纵向演进所做出的历史性阐释，都注重从人本身出发来分析社会形态历史演化的内在逻辑。正是在这个意义上，我们可以说马克思、恩格斯所倡导的社会形态理论是马克思、恩格斯实现人类解放的保护屏障。共同体本身有一个产生和发展的过程，那么对于共同体思想的探讨也有一个不断形成与发展的过程。

第三节 马克思主义创始人共同体思想的形成过程

基于不同历史时期共同体在人的发展过程中所扮演的角色不同,马克思、恩格斯对共同体做了不同类型、不同性质、不同作用等多方面的阐述。纵观马克思、恩格斯不同时期的著作,不难发现其共同体思想的形成过程内蕴于唯物史观的形成过程中,体现了马克思、恩格斯对人类生存与发展的关注。

一、共同体思想的初步探索阶段

马克思早年在对人的发展及其人与人之间相互关系的考察中已经涉及了人与物、人与社会、人与世界、定在与自由、理想与现实等相关问题,尤其对德谟克利特(DemoKritos)和伊壁鸠鲁原子运动的发展,构成了其对"个体与共同体"关系的最初思考。

第一,博士论文写作时期,马克思指明个体具有"定在中的自由"。回溯过往可以看到,在古希腊,哲学和政治问题都被置于宇宙论和目的论的背景下思考,苏格拉底、柏拉图、亚里士多德、德谟克利特等人都坚持一切都是必然的,把一切都归结于必然性,并且认为城邦共同体中的公民受必然性主宰,每个公民只能按照城邦自然等级的划分各尽其位,各司其职,从而使城邦有序运作。与之相反,伊壁鸠鲁注重偶然性,在德谟克利特的原子形态和体积上增添了又一因素—重力,使得原子相互排除,原子运动产生的和谐随之消失,原子做偏斜运动。而且伊壁鸠鲁将城邦共同体视作人们不幸的源泉,认为个体可以脱离城邦共同体而存在。总而言之,德谟克利特的原子直线运动使原子丧失了个体性,只有纯粹空间的规定彰显的是单纯的物质规定性,而伊壁鸠鲁的原子偏离直线而偏斜的运动则实现了原子的形式规定,从而将原子在内容和形式上统一了起来。并且通过论证原子偏斜运动,伊壁鸠鲁克服了德谟克利特机械决定论的片面性,在必然性的基础上看到了偶然性的重要作用,从而在原子物质属性的基础上,赋予了原子独立精神的属性,由此恢复了人的能动性。但是,伊壁鸠鲁虽然从自我意识哲学的根本原则出发,以自由的实现来打破德谟克利特的机械性的原子唯物主义,但其片面地将原子的自由运动绝对化了,从而使自由走向了极端,脱离了现实世界,成为抽象的自由。对此,马克思提出了批驳,认为绝对地看待必然性与偶然性都是片面和有害的,由此提出了"定在中的自由",即在人的自然必然性的基础上指出自由是受到限制和规制的,是相对的自由，强调"抽象的个别性是脱离定在的自由，而不是在定在中的自由。它不能在定在之光中发亮"①。正是由于众多原子偏离直线的运动，实现了个人的意志自由，使人具有了对世界的能动性。通过对伊壁鸠鲁关于个体和共同体关系的解读，马克思认识到个性解放对人的发展的重要性，从而促使其对国家本身这一不断压制和盘剥人的共同体却依然作为人生活的共同体而存在的合法性产生质疑，并从社会关系中确立了人的自由观念，明确表达人的自由就是国家或城邦的本质。

第二，《莱茵报》时期，马克思开始质疑国家伦理和理性共同体的性质。《莱茵报》时期是马克思走出书斋，初步接触现实生活的理论尝试。这一时期，马克思第一次在关于物质利益方面的问题上遭遇重大困惑，因而对国家这一"相互教育的自由人的联合体"进行反思，对国家共同体权威的合法性产生怀疑。马克思从黑格尔理性国家观出发，针对海尔梅斯把宗教看作是国家的基础，将整个欧洲国家的整个公共教育都建立在基督教基础之上，马克思强调国家教育的目的在于把自然人培养成为具有自由精神的公民，而非基督教教徒。故而不是宗教，而是哲学理性构成了国家的基础，应该把"国家看作是相互教育的自由人的联合体"②。在这个意义上来看，依靠哲学理性建立起来的国家共同体用人的眼光观察国家，通过个人对国家事务的参与使得个人特殊的目的变成了国家普遍的目的，由此依据理性调节个人与他人、共同体的矛盾。但这种建立在抽象理性基础上的国家共同体在遇到关于物质利益的问题时表现出其自身的徒劳无力。马克思通过探讨捡拾枯树是否算盗窃林木的行为，并在研究摩塞尔河岸地区的农民生活状况之后，揭露和批判了物质利益对人的支配，确认了"不是国家的有机理性，而是私人利益的切身需要，才是等级制度的建筑师"③。马克思开始对理性国家共同体和法的合理性产生怀疑，意识到立法过程是由物质利益来决定，而不是由理性自由来决定，国家只是维护私人利益的手段和工具，法只是体现了特殊阶层的私人利益，而普通民众只是生活在一个完全不合乎人的发展的共同体之中。总而言之，马克思认为国家应该成为"合乎伦理和理性的共同体"④，但现实的国家生活不尽如人意。在此基础上，如何解决自由理性和现实境遇之间的背离成为马克思退出《莱茵报》编辑部后着手解答的重要课题。

---

① 马克思，恩格斯. 马克思恩格斯全集：第1卷 [M]. 北京：人民出版社，1995：50.
② 马克思，恩格斯. 马克思恩格斯全集：第1卷 [M]. 北京：人民出版社，1995：217.
③ 马克思，恩格斯. 马克思恩格斯全集：第1卷 [M]. 北京：人民出版社，1995：342.
④ 马克思，恩格斯. 马克思恩格斯全集：第1卷 [M]. 北京：人民出版社，1995：426.

第三，克罗茨纳赫时期，马克思澄清了国家与市民社会之间的关系。这一时期马克思展开了对黑格尔理性国家观的批判。黑格尔从国家观念出发，把国家理解为一种观念的生成过程，并以"正题—反题—合题"的形式展开论述，将国家看作是家庭这一"正题"和市民社会这一"反题"的"合题"，认为国家能够实现市民社会的个人特殊利益和普遍利益之间的统一，国家决定了家庭和市民社会的发展。对此，马克思展开了批驳，明确强调家庭、市民社会才是国家的前提与基础。中世纪，市民社会和政治等级是同一的，从而人民的生活与国家的生活保持同一；在现代，市民社会和政治社会的同一性开始消失，取而代之的是二者之间的分离。作为市民，处于国家官僚组织和市民社会组织的双重统治下，相对于国家官僚组织中的公人，市民社会组织中的人是处于国家之外的私人。要获得国家层面的人的政治意义就必须抛弃市民社会，变成脱离市民社会共同体存在之外抽象的存在。这说明国家的政治生活是超越市民社会这一世俗领域的"空中的生活"，故而得出是市民社会决定政治国家，而不是相反。

第四，《德法年鉴》时期，马克思开启了批判市民社会共同体的新方向。首先，马克思以政治解放为基础，从市民社会批判的视角向前推进到人的解放。不同于鲍威尔把政治解放混同于普遍的人的解放，马克思指出政治解放是把国家从宗教中解放出来，完成政教分离，也就是在废除了封建旧制度限定的各种差别的基础上完成世俗资产阶级政治国家的建立，使市民社会从原来一体化的基督教国家中分离出来成为独立的存在。但这种解放只是把宗教从国家的政治生活中转移至市民社会的私人生活领域之中，是"被逐出作为共同体的共同体"[1]，未能消除私有财产和作为市民社会利己主义原则的宗教，人同共同体、同他人仍处于对立和冲突中，人的解放非常有限。为了克服人的政治异化、变革市民社会，就必须展开更高层次的革命，使现实的个人借助于其自身的经验生活、个体劳动和个体关系从抽象的公民复归于自身，即通过社会革命实现人自身的真正解放。其次，马克思揭示了进行社会革命和改造共同体的力量——无产阶级。无产阶级由于自身的悲惨命运而要求通过彻底的社会革命来解放自身，即在消灭自身的同时消灭资产阶级。实现这一革命的理论条件是哲学，现实力量是无产阶级，故而只有无产阶级才能够成为改造共同体的决定性的物质力量。由此可见，马克思在透视政治解放的基础上，看到了无产阶级这一人类解放的物质力量，从而展现了其对促进人类发展的真正的共同体的渴望。

---

[1] 马克思，恩格斯. 马克思恩格斯文集：第1卷 [M]. 北京：人民出版社，2009：32.

第五，《巴黎手稿》写作时期，马克思深入分析了劳动异化所带来的人和共同体的双重异化的现象。马克思考察了市民社会中的无产阶级，但毕竟无产阶级作为推翻旧势力的政治主体不能代替主体之外的分工和交换关系，"对市民社会的解剖应该到政治经济学中去寻求"①，因而在1843年10月至1845年1月马克思旅居巴黎期间对政治经济学进行了手稿写作，统称为"巴黎手稿"。首先，在资本主义私有制下，市民社会是一个被异化的社会存在。由于私有制和强制分工的出现，统一的社会劳动被分割为孤立的私人劳动，资本成为共同体异己的与人对立的普遍性的力量，人与人之间的关系异化为物与物的关系。"异化劳动使人自己的身体，同样使在他之外的自然界，使他的精神本质，他的人的本质同人相异化"②，导致资本主义社会形成"普遍的资本家的共同体"和"广大的劳动群众共同体"，并且"资本家的共同体"的富有是建立在"广大的劳动群众共同体"的贫穷基础上。故而针对资本主义私有制下的异化劳动要进行彻底变革，建立一种属人的、真实的社会关系。其次，共产主义是对建立在私有财产基础上的人的自我异化的积极的扬弃。为了重新占有人的本质，马克思对前市民社会、市民社会、未来社会阶段下的共产主义共同体形式进行考察，明确指出未来社会真正占有人的本质的共产主义共同体在本质上不同于前两个阶段，它彰显了人在真正的社会联系中扬弃异化的社会本质。由此可见，人类历史并不表现为人的本质异化的历史，而是现实的经济运动历史，是物质生产（异化劳动）运动的历史。"所谓世界历史不外是人通过人的劳动而诞生的过程"③，这里的"劳动"显然不是在历史中不曾存在过的与人的本质直接同一的"自由的有意识的活动"，而是现实的物质生产劳动，也就是马克思所憎恶并批判的"异化劳动"。现实的人类历史建立在异化劳动的基础上，所以要想实现人类解放，就必须从现实的异化劳动中寻找现实依据，对异化劳动的消除"只有通过劳动本身才有可能"④，而不能用先验的、抽象的自由劳动取代异化劳动，从而劳动解放成为实现共同体理想的必要前提与路径。

二、共同体思想的正式形成阶段

1845年2月，马克思从巴黎迁往布鲁塞尔，在那里写下了《关于费尔巴哈

---

① 马克思，恩格斯. 马克思恩格斯文集：第2卷 [M]. 北京：人民出版社，2009：591.
② 马克思. 1844年经济学哲学手稿 [M]. 北京：人民出版社，2000：58.
③ 马克思. 1844年经济学哲学手稿 [M]. 北京：人民出版社，2000：92.
④ 马克思，恩格斯. 马克思恩格斯全集：第42卷 [M]. 北京：人民出版社，1979：255.

的提纲》（以下简称《提纲》），第一次从社会生活层面提出了社会实践的概念，由此揭示了社会历史的本质和人的思维的本质与规律，从而开启了有别于在"人的本质""类"的观念中寻找社会异化原因的新道路。马克思由此创立了新唯物主义世界观，并对"社会"和"共同体"概念进行了区分，成为考察《德意志意识形态》中的共同体划分的逻辑前提。这一阶段，马克思、恩格斯就共同体的本质、形态、未来发展趋向等问题进行了具体探讨，塑造了共同体思想的基本框架。

第一，在《德意志意识形态》中，马克思、恩格斯指出阶级国家是一种"虚幻的共同体"。马克思以《提纲》中确立的"实践观"为基础，对阶级国家进行阐释，指明旧唯物主义的立脚点是资本主义市民社会，反映的是资产阶级利益，所实现的是资产阶级的政治解放，新唯物主义的立脚点则是彻底改造市民社会而建立的人类社会，反映的是无产阶级和广大群众的根本利益，所实现的是人类的解放。故而马克思以"现实的历史的人"为出发点，通过人的现实实践改变现存的资本主义共同体，进而塑造新的社会共同体来实现人的自由解放。首先，共同体是"现实的历史的人"的存在形式。共同体的形成源于人的现实活动，由于"人的本质不是单个人固有的抽象物，在其现实性上，它是一切社会关系的总和"[①]，故而在现实社会中，人是在人的关系中存在，从未脱离过共同体，共同体是人的存在方式。例如，共同体的最初形态是血缘共同体，它以原始群、原始家庭、氏族等为基本形式。个体为了生存"必须以群的联合力量和集体行动来弥补个体自卫能力的不足"，没有产生独立的特殊利益，也不是作为具有主体性的共同体成员存在，从而个体依附于共同体。其次，剥削阶级国家作为一种"虚幻的共同体"支配并控制着个人的个性和自由。生产力的发展总是伴随着分工的不断进步，尤其基于性别的自然分工向基于劳动的社会分工的转变导致劳动产品的不平等分配日益加剧，产生了私人利益和公共利益之间的矛盾，从而产生了"国家"这种只是统治阶级的各个人借以实现其阶级共同利益的形式，它只是为了服务于私有制而存在，掩盖着一个阶级统治着其他一切阶级的实质，因而是一种虚幻的共同体形式。但"虚幻的共同体的形式"也具有其存在的合理性，它不但在物质资料生产上支配着各个阶级，而且还通过精神资料的生产控制着个人的个性和自由。由于现代资产阶级社会中的一切关系实际上都服从于抽象的金钱关系，为了能够在更大的范围内把自己的私人利益变成普遍的、共同的利益，资产阶级极力超越一切地域的限制。这同时说

---

① 马克思，恩格斯. 马克思恩格斯选集：第1卷 [M]. 北京：人民出版社，1995：60.

明了本来以市民社会普遍利益的面目出现的国家已经成为资产阶级的附属物，是资产阶级谋利的工具。再次，无产阶级要实现普遍利益和个性自由就必须推翻资产阶级国家，建立真正的共同体，即"自由人联合体"。在前资本主义社会中，"个人的权利局限于简单的占有，……仅仅涉及地产"①，而在资本主义社会，"私有制已经摆脱了共同体"②，从而资本的抽象共同体代替了人与人的实然共同体，无产者成为资本家统治下的普通劳动力。为了摧毁和消灭这一不平等的社会关系，就必须通过个人重新驾驭这一物的力量，即需要一种代表自身的物质力量来消灭国家，消灭阶级，将自己从统治关系中解脱出来，形成各个个人自己的联合，而"只有在共同体中，个人才能获得全面发展其才能的手段"，拥有实现变革的方法和条件，从而才能有个人自由，使"偶然的个人"变为"有个性的个人"。

第二，在《共产党宣言》中，马克思、恩格斯指明未来社会是"自由人联合体"。通过对新世界观的描述，马克思、恩格斯阐发了通往每个人自由发展的"真正共同体"之路。社会历史的不断发展产生了现代资产阶级，作为"生产方式和交换方式的一系列变革的产物"③，资产阶级本身是在与旧社会的长期斗争中逐渐形成的，是代替旧事物的新事物。作为资产阶级对立面的无产阶级，它同资产阶级一同产生和发展，经历了资本主义生产方式的不同发展阶段。资本靠剥削雇佣劳动来增值，无产阶级靠出卖自己劳动力为生，为了摆脱受压迫被奴隶的地位，无产阶级从分散的经济斗争开始逐渐转向有组织的政治斗争，通过与各文明国家的联合行动来推翻资产阶级而建立起为绝大多数人谋利益的独立统治。这种联合包含着阶级联合和自由人联合的双重含义，并通过阶级共同体不断向自由人共同体发展，通过历史向世界历史转变进程中无产阶级的政治联合和真正的世界历史中自由个体的社会联合而达到最终的人的解放。在这个意义上来看，不管哪种形式的联合都需建立在历史向世界历史的转变之上。世界历史是随着近代社会化大工业、世界市场和资本主义的出现而出现的，只有在资本主义阶段才开始形成。资本主义社会下劳动力转化为商品，开辟了世界历史的关键因素，从而历史向世界历史转变是生产力不断前进运动的必然结果。它促使阶级性的个人走向有个性的个人，推动无产阶级意识向人类共同体意识的跃升。这种既基于人类整体解放的人的社会联合，又基于现实阶级解放需要

---

① 马克思，恩格斯. 马克思恩格斯文集：第1卷，北京：人民出版社，2009：583.
② 马克思，恩格斯. 马克思恩格斯文集：第1卷，北京：人民出版社，2009：583.
③ 马克思，恩格斯. 马克思恩格斯文集：第2卷，北京：人民出版社，2009：37.

的"阶级"政治联盟，体现了价值原则和真理原则，是理想和现实的结合。只有在共产主义社会这一"真正的共同体"之中，阶级社会中活动着的个人才能成为真正的、自由的、有个性的个人。

三、共同体思想的深化完善阶段

马克思、恩格斯将业已形成的共同体思想运用于对1848年—1879年期间重要的政治事件的分析中，从哲学的、思辨式的抽象论述逐渐转向经济的、政治的具体论述，针对资本主义社会状况进行了科学性的现实批判，对未来理想社会进行了价值性的理想预设。在逐步界分共同体思想理想性与现实性的同时，开始注意共同体思想之理想性的现实化过程。在新的革命经验中、在借助政治经济学的批判中深入分析"虚假共同体"，开始寻求通向"真正共同体"的路径。并在此基础上，对古代社会史和世界通史展开系统性研究，揭示了由"自然形成的共同体"最终前进到"真正共同体"的全过程。

第一，共产主义的"自由人联合体"代替资本主义"虚幻的共同体"是一个自然历史过程。马克思、恩格斯以1848年欧洲爆发大范围的资产阶级革命为基础，继续审视现代市民社会，对"资本主义生产方式以及和它相适应的生产关系和交换关系"①展开批判与研究，回答人与人的关系。虽然资本主义生产方式有着非常革命的一面，为生产力的进步创造了物质条件。然而，它终归是资本家与雇佣劳动者之间对抗性的生产方式，是虚假的共同体。在资本主义生产方式下，货币和资本是人与人直接联系的纽带，构成了现实的共同体，生产资本就是生产共同体本身。由于货币对单个人来说是外在的、偶然的东西，是孤立的单个人满足需要的手段，因此不管是被雇用的活劳动还是购买活劳动的资本都是商品，都是货币的不同形式而已。正如马克思、恩格斯所认为的："货币同时直接是现实的共同体，因为它是一切人赖以生存的一般实体；同时又是一切人的共同产物"②。但是，在本质上作为抽象形式的货币共同体不可能成为具体的共同体，这也就为无产阶级通过革命建立起具体、真实的共同体提出了现实要求。由于全世界无产阶级的经济状况具有相似性，故而建立共同体不是某一个单个国家可以单独实现的，"无产阶级的解放只能是国际的事业"③。也就是说，无产阶级要联合起来对抗资产阶级，建立起基于共同理想追求的国际

---

① 马克思，恩格斯．马克思恩格斯全集：第44卷［M］．北京：人民出版社，2001：8.
② 马克思，恩格斯．马克思恩格斯全集：第30卷［M］．北京：人民出版社，1995：178.
③ 马克思，恩格斯．马克思恩格斯文集：第10卷［M］．北京：人民出版社，2009：656.

共产主义事业共同体。正是基于此，促成了1864年第一国际的建立，从而在推动欧美各国工人运动的发展方面发挥了巨大的作用。它是欧洲无产阶级革命自1848年转入低潮以后又重新高涨起来的显著标志，实质是一种平等的无产阶级跨国联合组织，成为整个无产阶级国际主义运动的领导中心，并由此诞生了巴黎公社这一"精神产儿"。马克思、恩格斯通过1871年巴黎公社革命，对建立无产阶级专政的社会主义国家进行了首次尝试，虽以失败告终，但是实践共同体思想的重要行动举措，使人类看到从阶级社会中解放出来的新曙光，打开了人类历史发展新纪元的缺口。然而，公社本质是一种阶级统治形式，依靠这种政治上的解放无法通向"真正共同体"，必须通过实行无产阶级专政消灭阶级及其赖以存在的物质关系，实现政治上的经济解放。因此，无产阶级必须用暴力打碎资产阶级集权化的国家机器。可见，无产阶级专政是对敌对阶级革命反抗时的专政，并不是要建立一个国家形式，而是实现共产主义的一个过渡时期，一直过渡到阶级存在的经济基础被消除、劳动在经济上的经济形式获得解放为止。不管怎样，巴黎公社是无产阶级企图推翻资本主义制度的具有全世界历史意义的第一次尝试，是通往自由人的联合体的一种尝试，虽然实践了某些社会主义原则，但还不能视为社会主义制度。马克思、恩格斯力图在同各种错误思潮做斗争的过程中、在分析和解决现实问题的实践活动中不断推进其理想性追求。

第二，从世界史的视角完善人类共同体的演进历程。马克思早年集中于西欧典型的资本主义生产方式对"虚假"和"抽象"共同体形式进行讨论，但要想真正了解资本主义生产方式下共同体的实质就必须将其从小范围的局限中摆脱出来，转而从人类社会发展的进程中予以观照，以弄清其来源与人类共同体历史形式演进历程及其背后蕴藏的客观规律。故而马克思晚年阅读并摘录了公元前1—17世纪中叶的世界各国的历史和重大的历史事件。在此基础上，他以复杂多样的现实世界的分析为切入点，构建起一幅完整的世界历史图景，完善了共同体形式的演进理论。首先，马克思分析了奴隶制和封建制生产方式下共同体的解体与转变。针对罗马奴隶社会的衰亡，马克思虽然指出社会风气败坏、腐败和不断扩展征兵等多种外在因素的加速影响，但其根本原因在于用旧的奴隶制进行新的封建关系的生产。意大利的大块地产借助于奴隶来耕种，但奴隶不能增强国家的实力，只能导致人民的普遍贫困。此外，他又考察了封建社会的衰微，摘录了1455—1485年间"白蔷薇"即约克家族同"红蔷薇"即兰开斯特家族为控制王位而展开的"蔷薇战争"，并分析了这场战争带来的革命性影响，得出在工商业得到极大发展的情况下，封建制共同体逐渐退出历史舞台，从而推动资本主义经济共同体的生成。其次，马克思晚年在增加俄国和美国经济素材的基础上对政治经济学展开批判，极大地增强了对资本主义虚幻—抽象共同体一般性质的阐释力。同时，马克思借对资本主义经济危机的新变化、新特点的分析，对处于资本主义的英国、法国、德国、美国和处于前资本主义的俄国、印度、墨西哥和秘鲁等地区进行对比，从而深刻披露了两种社会性质的共同体。

　　第三，马克思以古代社会史为入口对"公社"共同体展开预判。1871年，公社革命失败后，西欧无产阶级革命进入全面退却阶段，资产阶级趁机强化了对其他地区的殖民掠夺和剥削，从而激起东方古老民族国家的反抗。对此，如何看待东方古老国家，诸如俄国农村公社的前途问题成为马克思理论研究的迫切任务。首先，区分了原始公社和农村公社的差异。马克思通过阅读马·柯瓦列夫斯基的《土地公社占有制》一书并摘录美洲、亚洲、非洲地区有关公社的资料，在原始社会公社制度的历史演变及其发展趋势的研究中详细探讨了俄国农村公社的前途问题。在原始社会的公有制度下，虽然氏族是原始公社的基本单位，但各种原始公社有所区别，尤其农村公社，它不是最初"原生"的原始公社，而是"次生"的。早期原始公社建立在血缘基础之上，共有房屋等财产，共同进行生产，共同分配劳动产品，而农村公社突破了血缘联系的狭隘，扩大了交往的范围，房屋也是私有财产。虽然耕地归公社所有，但定期在公社成员之间进行重分的过程使得耕种的产品成为社员的私有之物，从而赋予农村公社"二重性"的特点，为社会形态的过渡奠定了基础。同时，马克思把不同的农村公社进行比较研究，从而完善了"自然形成的共同体"。恩格斯则以社会三次大分工为基础，着重分析了氏族这一自然发生的共同体瓦解的原因和阶级共同体产生的具体过程和途径，将个人的贪欲看作是破坏共同体和产生阶级的原因[1]，指出氏族制度这种共同体随着社会分工的发展和商品经济的出现必然要被打破，古代原始公有的共同体必将被近代私有制下的阶级社会所代替。其次，马克思探索通过社员之间自由联合的劳动形式来走向"真正的共同体"。马克思赞同摩尔根（Morgan）的研究成果，认为原始社会的劳动是以共同体为目的的，原始人的个性是自由的个性，劳动还没有成为人们极力逃避的东西。而"真正的共同体"形式是"古代类型的所有制最高形式"[2]，私有制终将被摧毁，公有制必将得到复归，所以马克思科学设想俄国公社有可能借助社员之间自由联合劳动

---

[1] 马克思，恩格斯. 马克思恩格斯选集：第4卷［M］. 北京：人民出版社，1995：97.
[2] 马克思，恩格斯. 马克思恩格斯全集：第25卷［M］. 北京：人民出版社，2001：472.

形式而不通过资本主义制度的困境和原始积累的血腥而直接通向"真正共同体"。可见,马克思晚年借由研究人类社会发展的全部历史,即共同体的历史不断丰富和发展了其共同体理论。

第四节　马克思主义创始人共同体思想的基本要义

通过对马克思、恩格斯共同体思想形成过程的考察,我们可以看出他们始终是在谈论人的自由和发展这一关乎人的本质的维度上来讲共同体,以现实的个人的劳动作为批判和建构共同体的主要支柱,在批判资本—货币"抽象的共同体"和分析国家"虚幻的共同体"的过程中建构起未来共产主义社会这一"真正的共同体"。

一、马克思主义创始人共同体思想的基本内容

通过对共同体思想生成、演进过程的历史性考察,可以发现马克思和恩格斯始终是在谈论人的全面而自由的发展和关乎人的解放这一社会维度上来讲共同体。具体来说,人的全面发展包括征服与改造自然的劳动能力的发展、人的社会关系的发展,人的自由发展包括人们有足够的自由时间供自己支配,可以根据自身意愿自由发展自己的才能,他们通过考察人与世界,包括人与自然界、人与社会、人与国家之间的关系,得出"人的本质是人的真正的共同体"[①]。

第一,以自然形成的原始共同体为开端,人开始认识人与自然之间的关系。人是在自然中产生和发展的存在物。人类自从脱离动物这一单纯的自然状态起,就开始认识人与自然的关系。人类为了生存所进行的生活资料和人本身的生产产生了人与人之间的生产关系和人对自然的占有关系。这两大关系使自然在社会形式的影响下越来越成为一种人化的自然,社会生产也成为"对自然的占有"[②],所以人与自然的关系同时也是人与人关系在物质生产领域的表现形式。马克思明确指出:"人同自然界的关系直接就是人和人之间的关系,而人和人之间的关系直接就是人同自然界的关系,就是他自己的自然的规定。"[③] 恩格斯在

[①] 马克思,恩格斯.马克思恩格斯全集:第3卷[M].北京:人民出版社,2002:394.
[②] 马克思,恩格斯.马克思恩格斯全集:第46卷:上册[M].北京:人民出版社,1979:24.
[③] 马克思,恩格斯.马克思恩格斯全集:第42卷[M].北京:人民出版社,1979:119.

此基础上进一步探讨了现实世界该如何实现人类与自然、人类本身的和解这两大问题。所谓人类同自然的和解是针对人与自然关系中的矛盾，即资本主义共同体下扩张性生产方式对大自然无限制地索取掠夺造成的生态危机，人类本身的和解则是针对人与人关系中的矛盾，即资本主义剥削导致的人与人之间的不平等。要实现和解目标，就需要对生产方式以及整个社会制度实行完全变革，这种变革将对人与自然、人与人之间的关系带来巨大影响。从这个意义上来看，人类的长远利益决定了人与自然是荣辱与共、高度一致的统一体，必须在人类共同体的实践活动中坚持人的尺度与物的尺度的统一。由此可见，人与自然的关系是任何世代下人类社会共同体都必然面临的问题和必须解决的事宜，而实践作为人与自然统一的基础，它是人类借以从自然界分化独立出来的根本力量，并由此不断延续人类的生存与发展。

第二，人类各个历史时期所形成的共同体以处理人与社会的关系为首要任务。人不仅仅同自然界发生关系，而且与他人、社会发生关系，只有在各种社会关系之中才会有对自然的关系和生产①，从而人与社会的关系问题成为不同时期人类共同体的重点考察对象。不同于费尔巴哈式的旧唯物主义以人本主义为其历史观，以孤立的个人组成的资本主义社会为其社会基础，从而把人看成社会的基础，马克思和恩格斯的新唯物主义以工人阶级为其社会基础，把社会看成人的基础，致力于未来共产主义社会的实现。人与社会的关系及人们对这种关系的认识随着生产方式的变化和社会形态的发展而改变，而且越往前追溯历史，个人就越表现为不独立而从属于一个整体。正是由于生产力的发展促进了社会分工并由此推动了社会分化，促使原生形态的共同体走向虚幻的共同体，进而迈向真正的共同体。人的实践能力的不断提高，带动了生产力的大发展和生产工具的不断改进。随着精神劳动与物质劳动的分离，出现了自然分工向社会分工的转向。以血缘和地缘作为物质基础的古代共同体不断向近代个体本位的社会发展，造成自然分工下天然共同体的趋向解体和社会分工下阶级共同体的逐渐形成，从而造成劳动异化和私有制的产生，物的力量成为支配人的异己力量，社会走上分裂道路。资本主义社会下商品经济的发展促使商人阶级的不断壮大，物成为商品的经济规定，劳动成为物的属性。"资本家对工人的统治，就是物对人的统治，死劳动对活劳动的统治，产品对生产者的统治"②，既导致人需依赖物而生，也造成人与社会的直接对抗，从而整个社会分化为代表不同

---

① 马克思，恩格斯. 马克思恩格斯选集：第1卷［M］. 北京：人民出版社，1995：362.
② 马克思，恩格斯. 马克思恩格斯全集：第49卷［M］. 北京：人民出版社，1982：48.

阶级利益、完全对立的两级，阶级斗争此起彼伏，资本主义共同体表现出满满的虚幻性和抽象性。这种不是出于人自愿意识的社会分工，必然导致社会的高度分化，从而客观上要求社会的高度整合。由于物"这种力量压迫着人，而不是人驾驭着这种力量"①，故而要实现社会整合必须促进生产力的普遍发展和人们交往的普遍进步，消灭自发性和强制性社会分工下形成的人对物的依赖性，走向自觉的社会分工，使劳动成为自由自觉的人的活动，造就一个能够使个人与社会同生共存，使人能够真正掌控物的力量的真正的共同体。可见，劳动分工不断改变着劳动产品的生产和分配，使处于每个不同历史阶段的劳动过程都发展出它自身特有的物质基础，并在分裂社会的基础上不断整合社会，发展出新的社会共同体形式，从而促使共同体的具体样态随着劳动分工这一实践过程的发展而发展。在这一进程中，马克思和恩格斯以唯物史观和剩余价值学说作为重要推手，从资本主义雇佣劳动制度切入，内在地形成了毁灭资本主义阶级共同体的机制和构建共产主义共同体的社会力量——无产阶级。无产阶级由于自身的悲惨命运，它从产生之初就与资产阶级相对立，其根本利益就在于消灭资本主义私有制，形成一个真正兼顾特殊利益与共同利益而又适合人类生存与发展的新型共同体。只有通过无产阶级革命斗争这一物质力量才能推翻资产阶级专政，胜利的无产阶级才能利用手握的国家政权来彻底消灭私有制，从而使共同体不再仅仅是一个合乎理性的精神存在或是维护资产阶级人权的政治存在，而是一种符合人的发展的社会存在。由此可见，无产阶级革命斗争对资本主义共同体的批判既是近现代工业社会内在矛盾发展的必然要求，也是共同体理想的实践基础和推动力量。

第三，在资本主义政治共同体中，人与国家之间的关系问题是需要澄清的首要问题。在革命民主主义时期，马克思将国家视作伦理和理性的共同体，将自由视作人的本质和判断国家制度善恶的标准。他认为理性的国家才是真正的国家，而真正的国家应该平等地对待所有的公民，那些大小林木所有者都有同样的权利得到国家的保护。从而在个人与国家关系问题上，马克思主张国家有义务使公民参与到国家生活中，国家应该兼顾个人的利益要求，而不能以政府官员的思想代替国家的思想，形成与公民之间的对立状态，否则就是反国家。在由人本主义向历史唯物主义转变的时期，马克思在对黑格尔法哲学进行批判的基础上指出国家不是伦理理念的现实，家庭和市民社会才是国家的前提，私有财产基础上的国家不过是对自由和伦理的出卖和让渡。不同于黑格尔将君主

---

① 马克思，恩格斯. 马克思恩格斯选集：第 1 卷 [M]. 北京：人民出版社，1995：31.

主权视作人民主权的代表和象征，马克思反对君主立宪制，主张人民主权，强调"国家是抽象的东西。只有人民才是具体的东西"①。君王等国家统治者都是凭借人民主权而生，由此必须提倡民主制，使国家制度成为现实的人及其意识同步发展的载体。在真正的民主制中，政治国家终将消失，市民社会也将走向解体，从而真正实现普遍利益与特殊利益、市民社会与政治国家、个人与国家的统一。民主制的建立，必须经过真正的革命，即经过人民的真正的革命来铲除专制制度，使个人成为市民与公民的统一，而不单单是赋予了自由平等的法律地位的公民，只有认识到自己在精神上和肉体上的贫困，才能承担解放人类自身的历史重任。在唯物史观形成及以后时期，马克思、恩格斯从政治经济学角度出发来探寻资本主义共同体下人的发展问题，并看到了与个人存在相对应的集体（共同体）的社会组织形式的产生，包括阶级、国家、社会集团等。其中，首先形成的集体形式即是建立在一定经济基础上的阶级，阶级对立导致了一个阶级支配另一个阶级的政治形式，即国家。国家代表的是占有支配地位阶级的利益以超越阶级对立的共同利益的形式而出现和存在。因此，集体（共同体）存在的目标，在被统治阶级那里，就是为了更有力、更有效地反抗统治阶级；在统治阶级那里则是为了更有力、更有效地维护本阶级利益、镇压被统治阶级的反抗。国家内部的一切斗争不过是一些虚幻的形式。除却统治阶级和被统治阶级之间的斗争，单就一个阶级内部而言，无论对于统治阶级还是被统治阶级，都有一个阶级内部的成员个体与阶级整体利益的一致与矛盾的问题。也就是说，集体（阶级）的共同利益既有与其成员个体利益相一致的方面，也有相互矛盾和对立的方面。正是由于这种个体利益与集体利益的矛盾和冲突，使得这种集体还不是真实的集体（共同体），只不过是一种虚幻的集体。为了维持这种共同体利益的虚幻性，国家约束即国家权力成为必要，但随着分工与私有制的消灭，在高度发达的生产力基础上的利益分化不再以对立形式表现出来，国家权力也终将走向结束，新的集体，即共产主义共同体终将来临。总而言之，由于个人的特殊利益与共同利益的对立与矛盾，随之出现了个人与集体、个人与国家的关系问题。"虚幻的集体"即"国家"，它"是一个阶级反对另一个阶级的联合"②，这种集体仅仅在阶级共同利益的基础上才存在，它遮掩了个人利益，使得个人与集体之间是一种消极的、异己的关系。而"真实的集体"，即革命无产者组成的集体，则是个人获得全面发展的手段，在这种集体（共同体）

---

① 马克思，恩格斯. 马克思恩格斯全集：第3卷［M］. 北京：人民出版社，2002：38.
② 马克思，恩格斯. 马克思恩格斯选集：第1卷［M］. 北京：人民出版社，1995：119.

中，每个人都是以个人身份、作为个人参加到集体中，试图通过联合使个人在共同体中获得全面发展其才能的手段，实现个人的真正自由。

二、马克思主义创始人共同体思想的基本特质

作为社会发展的思想观念的体现，共同体思想受到人类认识和实践的发展水平的制约与影响，通过实践活动的不断发展，共同体意义上的社会性和现实个体的主体性之间的互动关系愈发明显，由此我们可以归纳出如下几点：

第一，现实的个人的劳动实践是批判和建构共同体的主要支柱。生产实践表现为人与自然的关系，也表现为人与人之间的社会关系，即人不仅直接是自然存在物，而且是类存在物，即社会存在物。人类的各种社会活动、社会关系都建立在物质生产实践基础之上，离开物质生产实践，人类社会不可能存在下去。而人的劳动或实践从一开始就不是孤立的、个体性的，而是社会性的，这就决定了任何一个人都不能脱离共同体（集体）而劳动、生存和发展，人必须依存于共同体（集体）而存在。可见，人的生产劳动是人证明人是类存在物的方式，是构建人们共同体的必要条件。既然人离不开社会、离不开共同体，那么作为社会性的人也必然会面临他人的评价、社会的评价，必然使人作为社会关系的存在进一步演变为精神和价值的存在，个人和共同体的关系同时也就演变为自我价值和社会价值的关系。从这个意义上来说，马克思、恩格斯所探讨的这种人们自由自觉的物质生产活动的共同体包括主观见之于客观的实践以及思想、价值等主观的东西，即要想在消灭封建的专制统治和资本主义的经济统治的基础上建立共产主义联合体这一"真正的共同体"，就必须实现社会力量维度与个体主体维度的解放。从代表社会力量的客体向度来看，即是在对宗教批判的过程中实现理性精神解放，建立资产阶级国家这一政治共同体，并以消灭"货币—资本共同体"所属的私有制为中心，使生产力不再是劳动者异己的力量而成为人们能够自觉掌控的力量，从而生产关系不再表现为物与物之间的异己关系而成为人与人之间的社会关系；从代表个体力量的主体向度来看，即是以私有制的消灭为前提，将异化劳动转变为自主活动。在这一过程中，劳动解放是贯穿于始终的、最根本的线索，它直接决定于社会生产关系的性质，而一定的生产关系性质往往又由适合这种性质的上层建筑来巩固，从而也就要求顺应这种解放需要的政治解放、经济解放和思想文化解放。前资本主义共同体中奴隶制和封建制下的强制劳动、资本主义共同体中私有制下的雇佣劳动是束缚人的自由与发展最根本的因素，要实现共产主义共同体下个人的自由个性就必须全面提高劳动能力和缩短劳动时间。马克思说："真正的财富就是所有个人的发

达的生产力"①，即劳动能力。而在生产能力水平不高的情况下，劳动时间就是财富的尺度，劳动时间越长创造的财富就越多，而人的自由时间就越少，人受到的束缚就愈益严重。要实现人的解放就要提高人的劳动能力，使时间不再成为财富的尺度，使劳动者获得更多的自由支配时间，进而为个人与社会发展充分的生产力创造前提。可见，劳动能力的发展与劳动时间的节约是相辅相成的。显而易见，不管是展开对资本主义共同体的批评，还是进行共产主义共同体的构建，都始终无法离开现实的个人的劳动实践。

第二，人的意识及其道德观念承担着平衡个体和共同体利益关系的社会功能。马克思从生产劳动的角度思考人的意识及其道德观念的产生，指出这"直接与人们的物质活动，与人们的物质交往，与现实生活的语言交织在一起的"②。人的意识（精神）从一开始就受到物质的影响，故而它们"只是由于需要，由于和他人交往的迫切需要才产生的"③。随着生产力的发展，人们的生产方式跟着改变，人与人之间的关系随之也发生变化，由此人的意识及其道德观念产生于人们在以生产劳动为主要内容的社会实践过程中所形成的社会关系。更进一步讲，生产劳动是人的意识及其道德观念产生的历史前提，社会关系的形成是人的意识及其道德观念产生的客观条件。而人的意识与人的道德之间也是有区别的，只有当人们意识到自己作为类存在物而与其他动物相区别时，意识到自己与他人或所处的共同体（集体）的不同利益关系并产生协调、平衡利益矛盾的迫切要求时，道德才得以产生，所以人的自我意识的形成和发展是人的道德观念产生的主观条件。在人类最初的社会组织中，人与人之间是一种合作关系，道德只是一种在以生产劳动为纽带的不自觉的社会交往中所形成的各种禁忌或习俗，当人们意识到某一行为产生了一定的利益矛盾或冲突时就会直接将此行为定为禁忌或习俗。随着社会分工的发展，意识才能摆脱世界而去构造纯理论、道德等。也正是从这时候起，道德才成为自觉调整各种社会关系及其背后利益关系的一种社会规范。由此可以得出，道德是人的社会经济关系的产物，它是为了满足不同阶级、不同民族的人的主体性需要而存在，是人的自我意识对社会经济关系的一种反映，具有阶级性和民族性。总而言之，道德反映的是社会共同体，首先是各阶级的利益，它是人们正确处理个人与他人、与社会、与集体的关系，特别是利益关系的重要依据，而其中最重要的就是处理

---

① 马克思，恩格斯．马克思恩格斯全集：第46卷：下册［M］．北京：人民出版社，1980：222．
② 马克思，恩格斯．马克思恩格斯文集：第1卷［M］．北京：人民出版社，2009：524．
③ 马克思，恩格斯．马克思恩格斯文集：第1卷［M］．北京：人民出版社，2009：533．

个人与集体、个人利益与集体利益的关系。为了使个体和共同体能够维持长久的均势或更好地平衡个体和共同体之间的关系,道德作为一种协调个体与阶级、民族、国家等利益关系的意识形态,它是维护和促进一定社会关系中各主体之间利益平衡的机制,是"'工具和外在价值'与'目的和内在价值'的统一"①。而这种平衡必然内化为每个人的个人利益得以稳定发展,外化为集体或社会的安全和利益不受损害,以及集体或社会与个人的和谐发展。

第三,人类的普遍交往是实现"真正的共同体"的前提。马克思、恩格斯立足于资本主义的现实发展,在历史向世界历史转变的过程中洞察了实现人的自由而全面发展的共产主义社会的根本路径。资产阶级开创了世界历史的进程,使一切国家的生产和消费都超出地域性的限制成为世界性的,使人们之间建立起普遍的世界交往。人开始成为世界的人,世界开始成为所有人的世界。每个人都置身于世界各种因素的联系和交互作用中,受到世界市场力量的支配,单个人同整个世界的物质生产和精神生产发生实际联系,获得了利用世界这种全面的、基于人们的创造的生产能力。可见,"每一个单个人的解放的程度是与历史完全转变为世界历史的程度一致的"②。只有在世界历史下,单个人才能实现人与人之间的普遍交往,从而获得全面生产的能力,才能消灭资本主义社会所带来的异化与矛盾而实现真正的团结。只有社会主义制度和共产主义制度才能创造各个民族在利益上的真正的共同性,从而实现"真实集体"下的人的个性解放。

由于现实存在的社会不是一个能够体现人们自由自觉本性的真正的共同体,广大民众的实践活动仍很大程度上受制于资本和权力的统治,无法实现自身自由自觉的物质生产活动,故而在以个人经济目的为依托的资本主义性质的消极共同体下,马克思、恩格斯强调政治解放、经济解放,并不断通过劳动解放建立属于自由人的、具有共产主义性质的积极共同体。

三、马克思主义创始人共同体思想的内在逻辑

从主要内容上可见,马克思、恩格斯主要考察了"自然形成的共同体""抽象共同体""资本共同体""虚假的共同体""真正的共同体"五种类型的共同体;从社会形态上来看,则是考察了前资本主义共同体、资本主义共同体和共产主义共同体三种共同体依次演进的过程。

---

① 耿步健.集体主义的嬗变与重构[M].南京:南京大学出版社,2012:66.
② 马克思,恩格斯.马克思恩格斯选集:第1卷[M].北京:人民出版社,1995:89.

由于历史的存在是以人的生存为前提，而要维持人的生存就需要进行物质资料的生产来维持人的生命并通过两性的结合来实现人的繁殖，因此物质生产和家庭生产使不同的人联系起来。物质生产通过劳动和劳动产品的交换把人联系在一起，家庭生产则通过两性和血缘关系把人联系在一起，从而形成了基于人自身自然性的群体，被称为血缘共同体，并且进一步演化出基于农业生产的原始部落，即农业公社，这是农业共同体的原始形式。马克思依据社会分工的发展和个人财产的出现，认为亚细亚、古代和日耳曼等各种形式的农业共同体是农业公社在不同的环境和历史条件下派生出来的形式，但只有日耳曼所有制形式才能为资本主义生产方式的形成奠定基础。在以人的依赖性为基础的前资本主义社会阶段，从狩猎、捕鱼、采集到游牧和农耕，处处体现了物质生产方式与人的发展的高度关联性，只有在物质生产的充分发展过程中，人才有可能从各种传统共同体的依赖性关系中解放出来。但是物质生产的发展在解构以血缘关系为基础的统治和服从关系的时候，建立起来的并不是真正的共同体，而是以货币和政治国家为中介的抽象的共同体。以货币为基础的抽象共同体是从商品交换中发展起来的，并且发生在不同共同体的接触点上。由于不同的共同体在自身特殊环境中获得的生产资料和生活资料是不同的，这种自然而然的差别使得不同的共同体在相互接触的过程中发生产品的交换。以物易物的交换逐渐向以金银为中介的交换转变，从而发展出以物与物相联系的商品交换关系，货币成为这种抽象普遍性的现实存在形式，即货币成为抽象共同体，它把人类的一切关系变成数量化的货币关系，从而也就瓦解了前资本主义共同体中存在于人与人之间的统治与服从的不平等的依赖关系，赋予了个人独立性，使个人得到了自由，但同时也带来了普遍异化的问题。在以货币为基础的抽象共同体中，人与人之间的关系首先表现为商品与商品之间的联系，然后进一步表现为货币的联系，在这一过程中，人的个性和商品的自然性质都被取消了，货币成为人与人之间关系的纽带，人的劳动仅仅成为获取货币的谋生劳动，其结果必然是货币对人的控制取代了人对货币的控制，资本主义社会成为一个反对人自身的异己的世界。占有和增加货币、实现货币的增值成为人们活动的目的，进而产生了资本对人的控制。"货币与资本对人的控制不仅表现在现实的生活过程中，同时也表现在人的心理和意识之中。"[①] 货币将人与自然之间的关系、人与人之间的关系以及人自身的一切感觉都化为对资本的感觉，"忧心忡忡的、贫穷的人对最美丽的景色都没有什么感觉；经营矿物的商人只看到矿物的商业价值，

---

① 刘海江. 马克思实践共同体思想研究 [M]. 北京：中国社会科学出版社，2016：246.

而看不到矿物的美和独特性"①。可见,虽然商品交换促进了个人与他人之间的联系,增加了人的独立性与自由,但使人成为孤立的个人,个人赖以生存的共同体对他们来说只是一个陌生和异己的世界,普遍存在着的联系对于自己不再具有重要的意义。而政治国家则成为协调资产阶级和无产阶级利益分歧的工具,但由于其是脱离现实物质利益的存在,因此本质上也只能是虚幻的共同体。在资本主义社会,资本的抽象共同体代替了人与人的实然共同体,劳动成为一种被迫和强制性的、毫无个人自由可言的活动。为了摧毁和消灭这一不平等的社会关系,就必须通过个人重新驾驭这一物的力量,形成各个个人自己的联合,通过自由自觉的劳动活动实现对全部生产力的占有,重新建立个人所有制,形成真正的共同体。从这个共同体中,人们用公共的生产资料进行劳动,自觉地把许多的个人劳动力当作一个社会劳动力来使用。从这个意义上来看,人的共同体是满足人的真正的自我实现和自我发展的存在方式。而社会作为人的存在方式主要是就人的活动的内容和物质属性来说的,它揭示的是人对物的依赖性的总体特性,而这正是造成人的异化现象的根源。马克思正是在这个意义上批判资本主义是"虚假共同体",并提出建构人的"真正的共同体"的未来构想。

由此可见,马克思、恩格斯的共同体思想是在概括人类社会历史发展进程的基础上,对未来社会发展方向所做的理论展望,内在地蕴含了一条致思逻辑。那就是,伴随着现代性的资本逐渐消解世界各地的血缘和地缘共同体,国家与社会完成分离。马克思基于现代性批判视角,以资本—货币"抽象共同体"对基于血缘和地缘的"自然共同体"的逐步瓦解为对象,对国家"虚幻共同体"形成的根本原因进行彻底批判,最终将共同体思想落脚于社会共同体逐步收回国家权力这一基点上,并基于人类的普遍交往和世界历史的逐渐形成,以生产力的高度发达为预设前提,致力于追逐未来人类社会,即共产主义社会这一"自由人联合体"的"真正共同体",因为只有在世界历史下,单个人才能摆脱民族与地域限制,才能获得全面生产的能力,进而才能消灭资本主义所带来的异化与矛盾,实现人的解放与自由而全面的发展。

通过对马克思、恩格斯各个时期著作的整体把握,清晰可见马克思、恩格斯是以人类不同历史环境下的现实问题为导向,在基于人的发展历史形态变化的基础上探求人类解放的共同体形式。马克思和恩格斯不但注重从人类解放的理论层面探索共同体思想的理想性与现实性,更注重从促进人类解放的现实层面探索共同体理想性的现实化路径。他们立足于市民社会批判,将对"真正的

---

① 马克思.1844年经济学哲学手稿[M].北京:人民出版社,2000:87.

共同体"的追寻具体化为社会力量与个体主体的共同努力与同步解放,由最初集中于社会力量维度的关于资产阶级有限度的政治解放转而通过经济学研究和历史唯物主义的发展演变为社会力量维度与个体主体维度并存的解放来寻求未来社会"自由人联合体"的建构路径,即在对宗教批判的过程中实现理性精神解放,以构建现代民族国家这一政治共同体作为实现"真正的共同体"的历史前提;以消灭资本主义私有制、建立能够融通广大群众的个人利益与统治阶级的特殊利益的经济共同体作为实现"真正的共同体"的物质基础,从而生产关系不再表现为物与物之间的异己关系而成为人与人之间的社会关系;以寻求消除异化劳动、实现人的自主活动的社会共同体作为实现"真正的共同体"的革命动力;以塑造代表广大普通民众发声的文化共同体作为实现"真正的共同体"的精神支撑,以对抗市民社会的权力与资本逻辑,从而为建设无产阶级的精神世界奠定基础。通过对政治共同体的探索、对经济共同体的构建、对消除异化劳动以维护共同体发展的努力和对文化共同体的塑造,为未来社会"真正的共同体"的实现奠定基础。

  总体来看,马克思和恩格斯始终是在谈论人的自由发展和人的解放这一维度上来讲共同体的。通过考察人与世界,包括人与自然界、人与社会、人与国家之间的关系,得出"人的本质是人的真正的共同体"的结论。他们试图通过对具体现实的资本主义社会这一虚假、抽象的共同体的革命性改造来实现未来理想社会,即"真正的共同体"的终极性目标,借助政治革命、经济革命为社会革命的最终胜利奠定基础,通过劳动解放与社会革命实现向未来的终极性价值目标的过渡,最终在物质资料高度丰富的前提下,使人们获得充分接受教育和自由创造的机会,进而促进人的素质的全面提高和充分发展,建立起以人的自由全面发展为目的的共产主义自由王国。从而使"真正的共同体"成为从资本主义生产所带来的物质条件中引出的现实发展形式,赋予了共同体思想理想性与现实性相统一的理论特色。

第三章

马克思主义共同体思想在苏联的运用与发展

马克思主义创始人以自由竞争阶段的资本主义发展现状为依据,从资本主义生产所带来的物质条件中引出未来"真正的共同体"的发展形式。面对自由竞争的资本主义转向垄断资本主义时期,以列宁、斯大林为代表的苏联布尔什维克党人在继承马克思主义创始人思想的基础上,为摆脱资本主义这一"虚幻的共同体"及其异化状态而展开革命斗争,建立了苏维埃这种新的国家类型以继续巴黎公社的道路,实现了社会主义由理论到实践的历史性飞跃,从而有力地推动了人类迈向"真正的共同体"的历史进程。但随着冷战时期人们的政治信仰被社会主义霸权思维所淹没、社会主义和共产主义的精神信仰不断丧失、不同经济共同体之间对峙态势凸显等状况的出现,以人们共同的政治信仰、共同的利益需求、共同的价值取向等为基础的积极意义上的共同性存在特征越发无力,最终导致苏联构建社会主义共同体尝试的失败。

第一节 民主革命时期共同体思想的塑造

19世纪末20世纪初,在产业革命的推动下,自由竞争的资本主义进入垄断资本主义阶段,即所谓的"帝国主义"阶段,形成了一个脱离生产过程和流通过程、专靠"剪息票"为生的食利者阶层,他们对内加强剥削和压迫,对外实行侵略扩张,从而加剧了帝国主义国家之间、帝国主义国家和殖民地半殖民地之间、帝国主义国家内部无产阶级和资产阶级之间的矛盾。1894—1917年间,俄国经历了两次资产阶级民主革命,已经废除了农奴制的俄国成为一个资本主义国家。在城市,工人与资本家的阶级对抗日趋激烈;在农村,村社解体后农村阶级分化严重,广大农民深受资本主义和农奴制残余的双重压迫。这一切导致俄国民众将统一的经济斗争提升到政治斗争来寻求阶级团结和政治解放,以抗衡资本主义与专制制度混杂的沙皇传统共同体,力图通过代表广大劳苦大众的无产阶级新型政党的领导和工人运动的结合来组建人民当家作主的新型国家。由此，展开了与代表富农利益的民粹派和一心倡导修正主义的经济派等各种派别之间的多次论战。

一、统一的阶级斗争是消灭阶级共同体的根本途径

十九世纪末，沙皇俄国开始向资本主义最高阶段——帝国主义过渡，国内阶级矛盾日趋尖锐。针对资产阶级和小资产阶级将国家说成是阶级调和的机关，列宁指出国家"是一个阶级压迫另一个阶级的机关"，"是阶级矛盾不可调和的产物和表现"[1]。由于国家凌驾于社会之上并日益同社会相异化，故而被压迫阶级要求得到解放，就"非消灭统治阶级所建立的、体现这种'异化'的国家政权机构不可"[2]。故而反对一切民族压迫，成立跨民族的共同体成为人们的共同目标。

国家作为一种拥有监狱等特殊武装队伍的阶级共同体，不同于具有"居民的自动的武装组织"[3]的氏族共同体。国家公共权力的设立不仅包含武装的人，还包含如监狱和各种强制设施的物质的附属物，而这些东西在以往的氏族社会中是不存在的。每当大革命在破坏国家机构的时候，赤裸裸的阶级斗争就会显现，统治阶级力图恢复替它服务的特殊武装队伍，被压迫阶级力图建立一种替被剥削者服务的新型组织。可见，作为剥削阶级的国家是压迫劳动人民的工具，其本质是一种虚幻的阶级共同体，它甚至不能与过去氏族制度机关的自由度相对比。但它绝不会自行消亡，必须由无产阶级在暴力革命中打碎资产阶级所属的国家机器来对其加以消灭，建立无产阶级专政的国家共同体，实现达到消灭一切阶级和进入无阶级社会的过渡。首先，为了使广大俄国民众从沙皇专制统治和资本主义的剥削中摆脱出来，俄国的工人阶级展开了经济斗争和政治斗争。废除农奴制改革后的农民由于原来耕种的土地被地主大量割去和货币赋税的增加，其生活困苦，而且把农民固定在村社对社会发展和农民本身是有害的，故而要展开经济斗争，但在经济斗争中，无产阶级要同时反对地主贵族和资产阶级，导致自身处于孤立状态。为了摆脱这一态势，获得所有反政府分子、阶层和阶级的支持，无产阶级必须展开民主主义的政治斗争。"无产阶级的统一的阶

---

[1] 列宁. 列宁选集：第3卷 [M]. 北京：人民出版社，2012：114.
[2] 列宁. 列宁选集：第3卷 [M]. 北京：人民出版社，2012：115.
[3] 列宁. 列宁选集：第3卷 [M]. 北京：人民出版社，2012：117.

级斗争必须把政治斗争和经济斗争结合起来"①。只有将统一的经济斗争提升到政治斗争的高度，援助俄国社会的一切民主分子，反对一意孤行的经济主义，才能使在专制极权的君主国中被剥夺的人民政治权利得以重新获取，使工人阶级争取到政治自由，最终由无产阶级夺取政权并组织社会主义社会，使人民获得真正的解放。为此就要在农村组建劳动者同贫苦农民之间、农村贫民同城市工人之间的自愿联盟，摆脱那种让富人做主的村社、村团式的农民联盟的错误观点，并在完成民主主义革命的基础上向前进一步发展，通过社会主义革命铲除资本主义对人的剥削的根基。这也就要求把反对农奴制的一般民主主义斗争和反对资本主义的无产阶级斗争紧密联系起来，不但取得资产阶级民主革命的胜利，并在胜利后转变到社会主义革命，以民主共和制代替沙皇专制制度来保障广大人民群众充分的政治自由，而不是像孟什维克那样用所谓的"革命公社""一种远处的钟声……或空洞的高调来扰乱人们的头脑罢了"。②可见，只有无产阶级同农民联合起来组建工农革命民主专政才能使无产阶级和农民利益相一致，才能使占绝大多数的劳动者真正享有自由，而不是使一小撮剥削者独自享有自由。其次，列宁在对只坚持经济斗争和崇拜工人运动自发性的经济派和批评派进行系统批判的过程中，意识到"只有以先进理论为指南的党，才能实现先进战士的作用"③，由此引申出与经济斗争和政治斗争并列而行的理论斗争形式。由于工人本身的自发性，他们不可能主动产生社会民主主义意识，要展开同整个资本主义制度不可调和的对立斗争就必须将无产阶级意识从外面灌输进去，通过社会民主党人深入到工人和居民的一切阶级中进行全面的政治揭露，来提高群众的自觉性。从这个意义上来讲，仅仅局限于领导工人进行经济斗争的工人组织不足以完成政治革命任务，必须组建同政治警察做斗争的职业革命家组织才能完成。职业革命家组织担负着领导工人组织，把工人提高为革命家的重任，起到了把俄国翻转过来的巨大作用。由此，建立脱离异族集合体的民族共同体成为革命家共同的目标，反映在党纲中即是承认国内各民族都有自决权。由于自决权向来是指分离权而言，无产阶级的革命利益、阶级团结的利益都要求承认民族分离权，但资产阶级借此宣扬"民族文化"口号以散布超阶级的文化信仰，由此无产阶级提出"民主主义的和全世界工人运动的各民族共同的文化"的口号，亦即用无产阶级的国际主义反对资产阶级的民族主义，让各

---

① 列宁. 列宁选集：第1卷 [M]. 北京：人民出版社，2012：267.
② 列宁. 列宁选集：第1卷 [M]. 北京：人民出版社，2012：587.
③ 列宁. 列宁选集：第1卷 [M]. 北京：人民出版社，2012：312.

民族工人打成一片,"使各无产阶级组织极紧密地结成一个跨民族的共同体"①,建立起统一的民主集中制的国家共同体。这种民主集中制以地方自治和区域自治为基础,促进了资本集中和生产力的发展,使资产阶级和无产阶级在全国范围内团结了起来,从而为消灭各民族之间的隔离,达到民族与民族之间的融合开辟了道路。正是因为压迫其他民族的民族不能获得解放,故而必须在政治上同压迫民族自由分离,实行各个民族的无产阶级自决,这是建立民主共和国的前提,社会民主党作为无产阶级的政党,其真正任务不是促进各民族的自决,而是促进每个民族中的无产阶级的自决,只有这样才能使各个民族的无产阶级最紧密地联合起来以消灭资本主义。这种中央集权制的民族国家一改中世纪以来的分散状态,为通向社会主义道路迈出了历史性的一步。与此同时,以列宁为代表的布尔什维克党虽然坚持民族自决,但也开始承认联邦制的原则。尤其为了使爱尔兰和英国结成联邦,不让其再受英国人的暴力支配,列宁提出"与其存在民族不平等,不如建立联邦制,作为实行充分的民主集中制的唯一道路"②。可见,只有让所有被压迫民族经历了分离自由的过渡时期,才能导致各民族的必然融合,从而形成真正融合的民族共同体。

二、消灭城乡对立是改善共同体环境的前提条件

由于社会分工的发展,越来越多的工业部门脱离原始农业,导致农业的发展逐步落后于工业,并且这一状况成为一切资本主义国家所固有的社会经济现象。在俄国,同样不能避免农工分工现象的发生。换句话说,亦即伴随着资本主义工业的产生和发展,农业生产日益工业化,人口不断从乡村流向城市,森林迅速减少,土地大片沙漠化,空气污染、水污染等日益严重,引发了人与自然之间的对抗,从而城乡对立成为现实社会发展的必然趋势。这一切导致资产阶级与无产阶级关于能否消灭城乡对立的尖锐斗争,带来传统共同体的变化与改造。

资产阶级理论家对消灭城乡对立持有一种消极态度,并以此为基础大力攻击社会主义者试图将城乡融为一体的思想。资产阶级经济学家路约·布伦坦诺(Brentano)遵循土地肥力递减规律,将人口从乡村流向城市的原因归结于自然的必然性,从而攻击了消灭城乡对立的社会主义思想。海尔茨更是将消灭大城市看作是社会主义空想家迎合"被损害的美学感情"的工具,将之视作是一种

---

① 列宁. 列宁选集:第 2 卷 [M]. 北京:人民出版社,2012:401.
② 列宁. 列宁选集:第 2 卷 [M]. 北京:人民出版社,2012:564.

赤裸裸地抛弃科学艺术宝藏的做法。由此，资产阶级理论家反对将农民和农业工人束缚在一起。而列宁在肯定资本主义社会大城市的进步性的同时，坚决消灭城乡对立，"在大城市中，用恩格斯的话来说，人们都在闻着自己粪便的臭味，凡是力所能及的人，都要定期跑出城市，呼吸一口新鲜的空气，喝一口清洁的水"。[①] 而城市污水，特别是人的粪便，对于农业发展也分外重要。虽然人造肥料代替天然肥料具有优势，它完全可以恢复土地的生产力，而不必施用厩肥，但列宁反对白白抛掉天然肥料，指出这"又污染市郊和工厂区的河流和空气，这是很不合理的"[②]，故而强调工业和城市的接近并且统一起来的社会主义任务要求保持人与自然之间的和谐关系。总而言之，垄断资本主义为了追求超额利润而毫不顾忌地对本国和殖民地的原料进行破坏性生产与掠夺，造成废弃物的增多和资源的高耗费，带来城市污染的加重，造成城市环境与个人发展的自相矛盾。这种矛盾导致了城市人口向乡村的回流，从而抬高了自然环境在人的发展中的重要性。只有消灭城乡之间的对立态势，才能使众多的农村人口共享几个世纪以来在少数城市中心累积起来的科学艺术宝藏，促使他们从愚昧的乡村生活中走出来，成为文明之人。这就决定了城乡对立的消灭绝不只是"美学感情"的要求，而更像是一种对天然环境的回归。

三、区域性的欧洲联邦转向跨区域的世界联邦

第一次世界大战爆发后，交战国的社会主义各政党纷纷转而支持本国的资产阶级政府进行帝国主义战争，提出"保卫祖国"的口号。为了推翻德、奥、俄三国极其反动的君主制度，一些西欧国家的社会民主党作为一种政治要求提出建立"欧洲联邦"的口号，力图成立一个欧洲共和国联邦。但在帝国主义经济条件下、在资本主义制度下，生产资料私有制和生产的无政府状态决定了不可能实现公平地分配收入并保证各强国之间的均势，所成立的欧洲联邦不过是缔结瓜分殖民地的一种协定。这种建立在欧洲资本家协定基础上的联邦共同体本质上只能是列强为共同镇压欧洲社会主义运动、破坏民主事业、保卫已经抢得的殖民地、强化剥削被压迫人民的反动联盟。这就对加强国际无产阶级的团结提出了要求，从这个意义上，列宁将联合的视野由区域性的欧洲转向全世界，提倡建立一种世界联邦共同体，认为它是一种"同社会主义相联系的、各民族

---

① 列宁. 列宁全集：第5卷[M]. 北京：人民出版社，2013：133.
② 列宁. 列宁全集：第5卷[M]. 北京：人民出版社，2013：134.

实行联合并共享自由的国家形式"①。由此引发了以列宁为代表的社会民主党与以考茨基为代表的第二国际修正主义派别的斗争，形成了关于帝国主义共同体与超帝国主义共同体之间的争论。

生产和资本的集中发展造成帝国主义共同体下垄断组织的形成，尤其联合制企业作为垄断组织主要的生产组织形式，它促进了银行这种用来联络不同经济共同体的中介组织的形成，即银行通过参与小企业资本、通过债务关系等方式联合小企业。银行资本集中的结果便是垄断，少数大银行之间建立起垄断者同盟，形成了政治与经济功能兼而有之的共同体组织。他们借助国家职能，将全国统一的资本主义经济变成全世界的资本主义经济，这样银行就由普通的中介人变成万能的垄断者，从而取代了自然人的地位，成为共同体的主宰者。垄断者在实现银行资本与工业资本相互融合的金融资本的同时，还同政府进行个人联合，从而把银行变为金融资本控制国民经济的、具有真正万能性质的机构，资本主义国家共同体也就成为帝国主义共同体的附庸。而为了掠夺别国人民的财富和获取更高的利润，资本主义国家大力推行资本输出，从而促使帝国主义国家形成瓜分世界的资本家国际垄断同盟。这一同盟不但在经济上，也从领土上形成瓜分世界的相互关系。可见，帝国主义共同体是一个从经济到政治、从生产到流通、涵盖国内与国外各方面的综合性的同盟组织，是资本主义不断发展所造就的特殊载体。由于采取垄断制、寡头制，极少数富强国家剥削越来越多的弱小国家，导致帝国主义成为腐朽的资本主义，加速了资本主义共同体的灭亡。与以列宁为代表的社会民主党派不同，考茨基则从纯粹经济的立场出发，抛出"超帝国主义论"，认为基于现在的帝国主义共同体，还会形成一个更高级的共同体，在这种共同体之中，全世界帝国主义国家将联合起来，"以实行国际联合的金融资本共同剥削世界来代替各国金融资本的相互斗争"②，形成所谓的超帝国主义共同体。列宁对此进行最为鲜明的驳斥，指出这同英国牧师霍布森的"国际帝国主义"一路货色，妄图通过压制人民来维护共同体的统治，都是"拿资本主义制度下可能达到永久和平的希望，对群众进行最反动的安慰"③。在此基础上，列宁立足于俄国的工人运动，通过统一的阶级斗争找到了消灭资本主义共同体的物质力量和审视个人与世界关系的物质载体，从而为开展社会主义革命和建立社会主义共同体开辟了现实路径。

---

① 列宁.列宁选集：第2卷［M］.北京：人民出版社，2012：554.
② 列宁.列宁选集：第2卷［M］.北京：人民出版社，2012：678.
③ 列宁.列宁选集：第2卷［M］.北京：人民出版社，2012：679.

需要强调的一点是，这一时期以列宁为代表的社会民主党明确了不同范畴的共同体概念并扩大了社会主义共同体的内涵。随着俄国革命的发展，最初分散的小组斗争发展为统一集中的党，即成为"组织的总和（并且不是什么简单的算术式的总和，而是一个整体）"①。党的活动与公开的群众活动的结合则促使无产者联合为阶级，由此区分了作为工人阶级先进部队的党和整个阶级之间的关系。与此同时，列宁将报纸视作共同体的组织者。全俄政治报不仅保证了报纸的推销，而且保证了经验、材料、人员以及经费的交流，把各个地方委员会的实际联系建立了起来，使革命的"星星之火，燃成熊熊大火"。从而只有通过创办全俄政治报才能建立一个既能开展全面的政治鼓动又能领导用暴力夺取政权的无产阶级政党，巩固同工人群众及那些不满专制制度的阶层的联系，使全俄各地的革命组织统一思想、统一计划和统一行动，保证武装起义的胜利。从这个意义上来看，"报纸不仅是集体的宣传员和集体的鼓动员，而且是集体的组织者"②，从而加速了革命组织的发展。与全俄政治报截然不同，新《火星报》拥护自治制，反对集中制，力图由此削弱党的纪律，瓦解组织，破坏无产阶级共同体。有鉴于此，列宁强调无产阶级要极力维护像全俄政治报一样的组织，"把千百万劳动者团结成一支工人阶级的大军"③。在这个大军面前，已经衰败的俄国专制政权和正在衰败的国际资本政权都是无力对抗的，从而决定了封建传统共同体必将被更强大的共同体所取代。尤其二月革命胜利后，俄国出现资产阶级临时政府和工兵代表苏维埃两个政权并立的局面，革命面临着从资产阶级民主革命向社会主义革命过渡的形势，为了使政权从资产阶级手中转向无产阶级和贫苦农民之手，列宁主张通过无产阶级与绝大多数农民的联盟实现直接的"夺取"，组建苏维埃民主共和国，使之成为巴黎公社类型的革命政权。作为一个再造的巴黎公社式的新型国家，它已不是原来意义上的国家，而是"使劳动在经济上获得解放的政治形式"④，是一个代表广大人民利益的政治共同体。这种共同体对人与自然、人与社会、人与国家之间的关系在新的历史环境下展开了更为具体的规定，从而为过渡到社会主义提供了力量支撑。

---

① 列宁. 列宁选集：第1卷［M］. 北京：人民出版社，2012：471.
② 列宁. 列宁选集：第1卷［M］. 北京：人民出版社，2012：441.
③ 列宁. 列宁选集：第1卷［M］. 北京：人民出版社，2012：526.
④ 列宁. 列宁选集：第3卷［M］. 北京：人民出版社，2012：49.

第二节　社会主义过渡时期共同体思想的运用

从1917年十月社会主义革命取得胜利一直到1936年社会主义改造完成和社会主义社会建立，是苏联历史上由资本主义转向社会主义的过渡时期。1917年爆发的十月革命以"全部国家政权归工人代表苏维埃"作为口号将工人和农民联合起来，建立起无产阶级专政，使占多数人口的农民从压迫与剥削中解放出来，成为世界社会主义革命的开端。但资产阶级、小资产阶级和无产阶级之间的斗争仍未消除，被打败但还未被消灭的资本主义和已经诞生但还非常幼弱的共产主义之间的斗争此起彼伏。为了使人民真正成为苏维埃国家的主人，苏联领导者致力于以群众解放的方式来寻求个人的解放，无产阶级和革命人民把民主精神与铁的纪律结合起来，并"用日常劳动纪律这种稳定的形式巩固下来"[1]，从而建造起苏维埃共同体的物质基础及其精神信仰，使世界上首个社会主义共同体不至于湮没在世界资本主义共同体的包围之中。

一、通过劳动实践建造苏维埃共同体的物质基础

长期湮没于封建农奴制的俄国，个体丧失了属人的自我确证的能力，原本作为共同体主人的个人被当作劳动工具，形成了以人的生存本能为目的的工具化的共同体。在生产资料私人所有和强制分工的条件下，为己的自主劳动变成为他的异化、剥削劳动。这种被迫的、非人的活动构成了人的奴役关系，所形成的是强制性劳动。要巩固社会主义共同体，消灭农奴制、私有制和强制分工，就要将革命热情与个人利益相结合，通过寻求人与人之间联合劳动的形式来摆脱异化劳动，形成人的自主联合生活方式，即属人的共同体，正如列宁指出，"用为自己劳动取代被迫劳动，是人类历史上最伟大的更替"[2]。

在阶级社会里，资产阶级鼓吹的自由是压迫劳动群众的商品所有者的自由，是资本的自由，所体现的平等也只是商品所有者买卖和交换的平等，在这种平等的掩盖下，资本家对工人进行着残酷的剥削。要使劳动者从资本的压迫下解放出来就必须"剥夺剥夺者"，使劳动者的个人自由服从于劳动摆脱资本压迫的利益。不同于资本家为了发财致富同农民建立经济联合，布尔什维克党为了加

---

[1]　列宁. 列宁选集：第3卷［M］. 北京：人民出版社，2012：503页.
[2]　列宁. 列宁全集：第33卷［M］. 北京：人民出版社，1985：203页.

强无产阶级国家的经济实力而同农民建立经济联合,把城市和乡村之间、工业和农民经济之间的结合问题极为具体地提到实践上来,由过去工业满足农民的个人需要转向工业满足农民经济的生产需要的方向上来。例如,1927年12月在联共(布)第十五次代表大会上提出要逐步把建立在个体小农经济基础上的分散的个体农户联合为集体大生产基础上的大农庄,即集体农庄,使他们走上联合的大农庄的道路,推行集体农庄劳动组合。针对1929年秋苏联各个城市出现的"商品荒",斯大林加紧农业的全盘集体化运动,不但加紧使中农加入集体农庄,而且将集体化运动与反富农斗争联系起来,由限制富农剥削趋向转变为消灭富农阶级,从而把千百万的农户引上了集体农庄的道路。到了1930年,社会主义工业、国营农场和集体农庄都有了恢复与发展,城市中和农村中的资产阶级、富农阶级日渐衰落。但苏联政府为了加速农业全盘集体化,用行政命令手段要求农民集体加入农庄,甚至为了追求更高的公有化形式,有些地方把农民所有强行收归农庄所有,还有些地方取消了农村集市贸易,不可避免地损害和侵犯了中农的利益,在这之后农村又长期实行义务交售制,妨碍了农业的进一步发展,损害了农民的物质利益。这促使斯大林在1935年2月全苏集体农庄突击队员第二次代表大会农业劳动组合示范章程草案审查委员会上公开谈到"在考虑集体农庄庄员的共同利益之外,务必考虑他们的个人利益"[1]。由于劳动组合还没有极丰富的产品、不能供给集体农庄所有庄员及其家庭所需要的一切,故而既要有满足公共需要所必需的公有的、大规模的劳动组合经济,也要有满足集体庄员个人需要所必需的个人经济。虽然以劳动组合为基本形式的集体农庄不乏个人主义残余甚至是富农思想残余,但它依然"是和富农的资本主义发展道路相反的农村的社会主义发展道路"[2],是社会主义共同体的经济组织形式。在集体农庄的劳动日制度下,尤其是妇女,获得了和所有劳动的男子一律平等的地位,摆脱了过去受制于别人的被迫、没有人身自由的劳动。尤其要指出的是,为了使小农经济,即小资产阶级资本主义走向社会主义,苏联采取国家资本主义这一达到社会主义的重要阶梯来对商品生产和分配进行全民计算和监督,对所有使用雇佣劳动的工业、商业、银行、农业和运输业都实行工人监督,并且为了正确计算和分配粮食等必需品,提倡所有公民都加入消费合作社,由此把居民的生活组织了起来。这种以小生产为基础、作为国家资本主义重要

---

[1] 斯大林. 斯大林文集:1934—1952[M]. 北京:人民出版社,1985:39.
[2] 斯大林. 斯大林全集:第12卷[M]. 北京:人民出版社,1955:143.

变种的合作社"把千百万居民以至全体居民联合起来，组织起来"①，根本改造了社会主义以前旧的生产关系。合作社作为苏维埃政权与资本家、小资本家在经济上的联盟或"共居"②，创造了超过资本主义的劳动生产率，本质上是一种经济共同体。

  总的来说，这一阶段苏俄领导者致力于通过实行普遍劳动义务制使每个有劳动能力的人，特别是属于"富有阶级"的人，都在苏维埃政府的监督下参加体力劳动，并备有劳动消费手册，从而唤起群众为社会主义而努力劳动的主动性和创造性，使为自己的劳动取代强制性的劳动，在贯彻"不劳动者不得食"原则的同时打破了资产阶级，尤其是小资产阶级的习惯和传统，有效防止了资本主义的复辟，培养了群众的社会主义精神，并把小生产者逐渐引向社会主义轨道。而1919年5月10日莫斯科喀山铁路分局的工人发起和组织的不要报酬的"共产主义星期六义务劳动"，自觉自愿地把艰苦劳动所得的产品归属于苏维埃共和国联盟的亿万人所有，从而使处于社会主义建设初期的苏维埃开始出现某种共产主义的东西。这种无报酬的、没有定额的劳动形式巩固了现有的共同体，也成为建造未来更高级共同体的开端，故而是苏维埃社会最为重要的新特征。列宁提倡要消灭"人人为自己，上帝为大家"的常规，努力把"人人为我，我为人人"和"各尽所能，各取所需"的原则灌输到群众的思想中去，使之成为群众的生活常规。从而在列宁的号召下，"星期六义务劳动"在许多城市发展起来。但共产主义劳动这种按照为公共利益劳动的自觉要求来进行的自愿的、无定额的、不讲报酬条件的劳动，在苏维埃俄国目前的社会制度下还远不能达到。

二、通过文化斗争确立无产阶级共同的精神信仰

  物质资料生产具有基础性地位，但不能因此忽视文化生产的价值。要摆脱过去社会中权力和金钱对人类生活的支配和控制，不仅要从异化的生产关系入手，也要注重克服精神文化活动领域的异化现象，从精神层面抗衡和反思权力和资本逻辑，为建构无产阶级的文化共同体奠定基础。列宁和斯大林继承马克思、恩格斯精神文化生产的重要思想，通过文化斗争建构无产阶级的阶级意识，从而为苏维埃共同体确立了共同的思想基础和精神纽带。

  第一，为了解决共同体内部人民之间的矛盾展开与极左文化思潮的斗争。苏维埃政权建立之初，作为小农国家的俄国，社会上存在着强大的小资产阶级

---

① 列宁. 列宁选集：第4卷［M］. 北京：人民出版社，2012：507.
② 列宁. 列宁选集：第4卷［M］. 北京：人民出版社，2012：508.

势力。以无产阶级文化派和未来派为代表，他们打着反对旧文化、创造新文化的旗帜，否定人类的一切文化成果，把无产阶级文化与资产阶级文化截然对立起来。以波格丹诺夫（Богданов）和普列特涅夫为首的无产阶级文化派控制着无产阶级文化协会这一全国规模的群众文化教育组织，试图单纯依靠无产阶级出身的文化人创造纯粹的阶级文化，排斥所有非无产阶级出身的知识分子，拒绝外来的干预和监督，企图摆脱党和国家的领导，实行完全自治。而未来派也从"左"的方面干扰党的文化路线，注重从形式上革新资产阶级旧文化，标榜"只有未来主义的艺术才是现代的无产阶级艺术"，从形式上追求怪诞和杜撰，反对作品的思想内容，提倡赤裸裸的形式主义，否定过去时代的一切文化遗产。列宁严肃批评了无产阶级文化派，并在1920年秋由军事斗争转向和平建设之时，将无产阶级文化协会纳入教育人民委员部系统，服从于党和国家的总领导。由此，俄共（布）进行了系统的揭露和批判，指出"他们在无产阶级化的外衣下，把资产阶级的哲学观，（马赫主义）奉献给工人。而在艺术领域，在工人中间培养了一种荒唐、不正常的趣味（未来主义）。"[①] 这样，布尔什维克党就在理论上深刻揭露了他们的错误，进一步清算了以他们为代表的小资产阶级极"左"思潮，从而为苏维埃社会主义文化发展创造了有利条件。

第二，为了克服共同体内部的敌我矛盾展开与资产阶级的思想斗争。和平时期的到来，尤其是向新经济政策转变的时期，文化建设的空前发展带来了资产阶级思想的空前活跃。一些知识界的资产阶级代表人物认为实行新经济政策意味着布尔什维克的"蜕变"，允许私人资本的存在必然导致资本主义的复辟，进而形成了以尼·乌斯特里雅洛夫、尤·克柳奇尼科夫和阿·博勃里舍夫等为代表的"路标转换派"。再加上新经济政策初期，宗教迷信在社会上明显抬头，各个教派纷纷借机活动起来，苏维埃国家面临着错综复杂的精神文化斗争。1922年8月召开的第十二次党代表会议将意识形态问题提到全党面前，以夺取报刊、高等学校等意识形态的"制高点"来加强反苏维埃集团的斗争，并倡导提高科学共产主义理论的研究和宣传水平来加强党和群众的政治教育与文化素养，从而设立了书刊、剧目的检查制度，解散了资产阶级知识界的一些社团和协会，清洗了一批高等学校里的反动教授，有效遏制了资产阶级意识形态的抬头，巩固了无产阶级的阶级意识。其中最具代表性的是，俄共（布）将工作的重心由原来的经济建设转向文化建设，不断提高全体居民"文明"参加合作社

---

① 郑异凡编译. 苏联"无产阶级文化派论争资料"[M]. 北京：人民出版社，1980：41-42.

的思想觉悟。由此提出把革命热情与"商人的本领"相结合来培养未来社会共同体文明的工作者，从而增强了无产阶级的文化意识。除此之外，俄共（布）在中央和地方分别设立中央书记处和各级宣传鼓动机构，确立对意识形态的领导权，使无产阶级最终形成了共同的阶级意识和精神纽带。

三、建立起世界各国无产阶级和被压迫民族的联盟

以列宁、斯大林为代表的苏维埃俄国为了战胜资本主义共同体的压迫，"把人类从各种各样的人压迫人和人剥削人的制度下解放出来"[1]，他们既继承马克思、恩格斯的"全世界无产者，联合起来"，又将之进一步发展为"全世界无产者和被压迫民族联合起来"[2]，在全世界范围内不断扩大自己的斗争，推动全世界无产阶级建立起各种形式的国际联盟。

由于垄断和世界殖民造成全世界压迫民族与被压迫民族之间的矛盾上升，过去无产阶级和资产阶级两个阶级的对立扩展为当下无产阶级和资产阶级两个阶级、世界压迫民族与被压迫民族两个民族之间的对立。只有各被压迫殖民地民族的劳动群众积极予以支援，无产阶级革命事业才能取得胜利。面对1918年夏，国际帝国主义与俄国的地主、资产阶级勾结所策划的国内战争以及1919年春，协约国对苏维埃共和国的斗争，苏联作为一个国家共同体，组织人民并寻求各国无产阶级的帮助予以英勇抗击。首先，列宁、斯大林在反对大俄罗斯主义的实践活动中极力塑造团结、平等的民族共同体。列宁从巩固苏维埃政权和支援世界革命的双重使命出发，看到受沙皇制度影响的大俄罗斯主义开始在苏共党内抬头，明确指出要坚决反对大俄罗斯帝国主义和沙文主义的残余。在苏维埃社会主义共和国联盟建立后，列宁又把这一思想从俄罗斯民族内部延伸到了苏联各民族之间。1914—1918年世界大战导致民族间憎恨和仇视的不断加剧，没有充分权利的附属民族对大国压迫民族极度不信任。为了消除这种不信任，列宁提出通过共同斗争结成紧密的军事联盟和经济联盟，从而建立起自愿、平等的民族联盟，由此防止资本家利用各民族对大俄罗斯民族的不信任心理而制造纠纷，破坏现有苏维埃共同体的内部团结。并且中央组织局成立了以斯大林为首的专门委员会，负责起草关于俄罗斯与各独立共和国相互关系的方案。列宁逝世后，斯大林继续执行列宁的民族政策，在社会主义国家共同体内部为解决民族与民族之间的问题探索新路。他将各种不同的民族自治形式统一为自治

---

[1] 列宁. 列宁全集：第9卷 [M]. 北京：人民出版社，2017：111.
[2] 列宁. 列宁选集：第4卷 [M]. 北京：人民出版社，2012：326.

共和国、自治州或民族专区。到20世纪20年代末，民族区域自治机构基本建立起来，并于1924年通过苏联宪法，实行联盟院和民族院的两院制度以更好地反映民族意愿。与此同时，为了解决各民族事实上不平等的问题，斯大林强调要因地制宜地发展少数民族的工业和农业，反对照搬俄罗斯地区的经验，并不断发展民族文化，反对强制推广俄语。经过两个五年计划的努力，到20世纪30年代中期，各民族共和国建立起大小不等的工业基地并基本拥有了高等学校，从而促进了少数民族经济、文化事业的发展。与此同时，斯大林在实现"过渡"的过程中，也因背离列宁主张的谨慎、稳妥的原则，以至于出现各种错误。其次，列宁、斯大林通过共产国际的实践不断塑造世界共同体意识。伴随着第二国际的瓦解，国际左派组织的形成和一些国家独立的共产党组织的出现，尤其是俄国二月革命爆发后，齐美尔瓦尔得左派组织已被考茨基派所控制，列宁认为革命的国际主义者不能再留在这样的组织中，而应该"毫不延迟地建立起革命的无产阶级的新国际"①，从而共产国际在列宁的指导下应运而生。鉴于俄国苏维埃政权尚处于帝国主义和国内反革命势力联合进攻的危急关头，故而共产国际一成立就号召各国无产者行动起来保卫苏维埃俄国，并且发动了几乎席卷欧美的"不许干涉苏维埃俄国"运动，同时它也多次支援欧洲革命，推动并指导各国革命者建立无产阶级政党，推动了各国反法西斯统一战线的建立和反法西斯斗争的开展，成为列宁试图实现世界苏维埃共和国理想的实施路径。虽然列宁的"世界苏维埃共和国"设想在一定程度上可以被视为一种共同体性质的社会愿景，但由于受客观世界革命形势及其苏联自身物质生产力发展水平的束缚，这一设想无疾而终。列宁逝世后，斯大林将"保卫苏联"作为联盟的主要任务，指出"国际主义＝保卫苏联"，并将这一口号写进《共产国际纲领》。于是斯大林将保卫苏联的革命等同于保卫世界的革命，认为苏联的胜利意味着世界革命的胜利，因此不可避免地造成了苏联共产党与其他国家共产党在共产国际组织中的中心—从属地位。

由此可见，从资本主义到共产主义中间隔着一个过渡时期，这个时期兼有资本主义和共产主义两种社会经济结构的特点，反映在政治力量上，即存在着资产阶级、小资产阶级和无产阶级彼此共存与斗争的现象，这是无产阶级专政的社会主义阶段。它奉行社会主义，以群众为基础，将群众解放视作是个人解放的主要条件，不但提出使劳动群众摆脱多年来地主、资本家的压迫，而且提出要消灭社会的阶级划分，消灭一切人剥削人现象的基础，从而把那些非无产

---

① 列宁. 列宁选集：第3卷 [M]. 北京：人民出版社，2012：62.

阶级群众从社会革命党和其他小资产阶级党派那里争取到无产阶级方面来，实现工人阶级和农民的联合，创立起苏维埃社会主义组织。对领袖、政党、阶级这些不同层次的共同体与群众之间的相互关系进行了澄清，厘清了苏维埃社会主义共同体的主体构成及其相互关系。尤其为了把无产阶级各行业各阶层的最广大群众吸收进来而建立起以工厂组织为基础的工人联合会，它作为把先锋队和劳动群众联结起来的"传动装置"，是一种联系群众的组织形式，是一种不可或缺的共同体。

这一时期，列宁和斯大林从政治、经济、文化和外交层面入手，分析了人与人、人与国家、个人与民族、民族与国家、国家与国家之间的关系变化，不但从个人主观和价值层面凸显了个人与共同体之间的关系，更注重从社会历史层面积极践行马克思主义创始人的共同体思想。通过考察可见，无产阶级阶级意识是从对抗资本主义传统共同体中人为发展起来的，"对工人运动自发性的任何崇拜，对'自觉因素'的作用即社会民主党的作用的任何轻视，完全不管轻视者自己愿意与否，都是加强资产阶级意识形态对工人的影响"。[①] 而劳动实践在社会主义过渡时期是建立社会主义共同体的根本路径，在未来共产主义社会则是实现国家消亡的根本路径。在社会主义共同体中，生产资料转归社会所有，消灭了生产资料占有方面的不平等，实现了按劳分配的原则，但没有消除体力劳动和脑力劳动的对立。只有到了共产主义社会这种更高级的共同体中，生产力得到高度发展，打破了旧的社会分工，实现按需分配，才能消灭体力劳动和脑力劳动的对立，实现真正的自由人发展。为了迎接共产主义的高级阶段，列宁认为社会和国家要通过计算和监督对劳动量和消费量实行严格监督，使全体公民都成为国家雇佣的职员，从而整个社会将"成为一个劳动平等和报酬平等的工厂"[②]。但无论怎样，在业已形成的苏维埃社会主义共同体中，人与人之间的社会联系已从过去雇佣劳动逐步转向依靠千百万劳动者的共同经验来恢复国民经济，建造苏维埃俄国的经济大厦，由千百万被剥削者制定属于苏维埃新的劳动纪律，即从旧的农奴制的棍棒纪律、资本主义剥削和奴役制的纪律转向"联合起来的劳动的新纪律"[③]。虽然没有达到马克思、恩格斯所期冀的那种自由劳动，但个人的劳动自主性得到了提高，从而成为维系共同体的坚强支撑。由此，列宁和斯大林将提高劳动生产率这个任务与社会主义、共产主义的前途与命运联系起来，通过集体劳动和按劳分配来发动广大群众参与生产建设的积

---

① 列宁. 列宁选集：第1卷[M]. 北京：人民出版社，2012：325.
② 列宁. 列宁选集：第3卷[M]. 北京：人民出版社，2012：202-203.
③ 列宁. 列宁选集：第3卷[M]. 北京：人民出版社，2012：550.

极性，促使他们从过去强制劳动束缚下的异化共同体中解放出来，并通过一种崭新的、完全区别于资本主义社会准则的新型劳动形式（义务劳动），组织全体民众从自发劳动向自主联合劳动的方向发展，尤其通过合作社的形式为走向真正的自由联合劳动的共产主义社会不断努力。从这个意义上来看，合作社作为生产资料集体所有和集中经营的所有制形式，是一种大规模的共同体组织，是由小生产向社会主义大生产过渡的中间环节。通过人与人之间共同协作的联合劳动，全体人民都加入了合作社，合作社的性质随之从资本主义的集体机构转变成社会主义的集体企业，私人利益服从于社会主义建设的公共利益，共同体也就不再作为抽象的存在与个体相对立。总而言之，社会主义政权在俄国的建立，使资本主义虚幻共同体下人的异化状态获得了解放，人们摆脱了绝对的压迫与剥削，在俄国历史上第一次实现了社会公正、平等的原则。正是由于人民被确立为国家的主人，从而提高了群众参与国家管理的主体性，巩固了苏维埃国家共同体。但要指出的是，苏联所建立的这种苏维埃国家共同体本质上仍然是一种建立在民族国家基础上的阶级共同体，不同于马克思提出的那种在阶级消灭、国家消亡情形下所形成的"真正共同体"。

第三节　社会主义建设时期共同体思想的发展

1936年11月，以苏维埃第八次代表大会的召开为转折点，苏联迎来了新经济政策的终结。苏联作为一个国家共同体，做到了镇压国内被推翻的阶级和保卫国家以防外来侵犯的职能，既致力于消灭资本主义残余分子，也在全国组织社会主义经济、组织文化革命、组织现代化军队来保卫国家，从而巩固了苏维埃社会主义共同体。接下来，斯大林就如何建设社会主义共同体的社会组织进行了深入探索，并从中得出："苏维埃社会制度的壁垒把非党人士和资产阶级隔开了。这个壁垒同时又把非党人士和共产党员联合成为一个由苏维埃人所组成的共同的集体"。[①]

一、人与自然的斗争以人群与社会为单位共同进行

区别于不承认先进理论、先进思想的动员、组织和改造作用而陷入庸俗唯物主义的经济派和孟什维克者，斯大林强调布尔什维克党要发动广大人民群众，使他们成为粉碎社会反动势力、为社会先进势力开辟道路的无产阶级党的大军。

---

① 斯大林.斯大林文集：1934—1952［M］.北京：人民出版社，1985：484.

由此，俄共（布）强调加强党群关系，并通过实行产品交换制动员群众以巩固社会主义共同体的经济基础，从而确证了社会物质生活条件对人的存在与发展的决定性作用。党的上层领导离不开群众的下层经验，斯大林明确指出党组织要执行和检查正确决定"就非有群众的直接帮助不可"①，党的正确领导与工人、农民、劳动知识分子等广大群众的直接帮助要结合起来，避免社会革命党人的"英雄"和"群氓"理论，坚持"人民创造英雄"的布尔什维克党的理论。鉴于苏维埃俄国是在国内没有任何现成的社会主义经济萌芽的"空地"上创造新的社会主义经济形式，为了避免资本主义坚持生产资料私有制原则从而无法调和资本家阶级和劳动者阶级之间的利益矛盾的状况，斯大林将计划经济视作是组建社会主义组织的基础，通过发挥集体的作用使生产资料成为全体人民公共财产，看到计划经济下的集体主义、社会主义"并不否认个人利益，而是把个人利益和集体利益结合起来"②。他将社会主义社会视作是保护个人利益的可靠保证，从保护个人利益出发，将个人利益与集体利益相结合，强调"社会主义生产的目的不是利润，而是人及其需要，即满足人的物质和文化的需要"。③

在看到社会物质生活条件决定人的存在与发展的基础上，斯大林不断向前推进，探查在社会物质生活条件体系中决定社会面貌、社会制度性质以及社会制度转变的主要力量，并指出："这种力量就是人们生存所必需的生活资料的谋得方式，就是社会生存和发展所必需的食品、衣服、鞋子、住房、燃料和生产工具等物质资料的生产方式"。④ 生产物质资料必须依靠生产工具和善于使用这些工具的人，从而也就不可避免地会在生产过程中产生人与人之间的相互关系。在此基础上，斯大林指出"人们同自然界作斗争以及利用自然界来生产物质资料，并不是彼此孤立、彼此隔绝、各人单独进行的，而是以一个人群为单位、以社会为单位共同进行的。因此，生产在任何时候和任何条件下都是社会的生产"⑤。进而指明人们在实现物质资料生产的时候，在生产内部彼此建立的各种关系都是生产的必要因素，从而以生产力和生产关系的发展为内核的社会发展史"同时也是物质资料生产者本身的历史，即作为生产过程的基本力量、生产社会生存所必需的物质资料的劳动群众的历史"⑥。依据物质资料生产者之间的

---

① 斯大林. 斯大林文集：1934—1952 [M]. 北京：人民出版社，1985：170.
② 斯大林. 斯大林文集：1934—1952 [M]. 北京：人民出版社，1985：13.
③ 斯大林. 斯大林文集：1934—1952 [M]. 北京：人民出版社，1985：659.
④ 斯大林. 斯大林文集：1934—1952 [M]. 北京：人民出版社，1985：218.
⑤ 斯大林. 斯大林文集：1934—1952 [M]. 北京：人民出版社，1985：218.
⑥ 斯大林. 斯大林文集：1934—1952 [M]. 北京：人民出版社，1985：220.

相互关系,社会历史被分为原始公社制、奴隶占有制、封建制、资本主义、社会主义五大类型。作为物质资料的劳动群众也经历了原始公共的自由劳动、受奴隶主剥削的奴隶的完全强迫劳动、受封建主剥削的农奴的完全强迫劳动、受资本家剥削的工人的雇佣劳动以及只存在于苏联的没有剥削的劳动者之间"同志合作和社会主义互助"① 的自由劳动。基于此,斯大林认为正是由于苏联建立起以社会主义公有制为基础的巩固的社会主义共同体,在这个共同体中没有剥削者和被剥削者,人与人之间都是互助式的同志合作,故而这是一种顺应人类发展的共同体样态。只是斯大林忽视了仍旧处于生产力不够发达的社会主义初级阶段的苏联还没有根除阶级对立的制度根源,剥削仍旧存在于社会主义共同体的生活之中。

二、形成世界反法西斯国家和被压迫民族的联盟

十月革命前,沙皇俄国作为一个封建军事帝国主义国家,大肆侵略和掠夺其他民族,造成"俄罗斯各族人民的监狱",民族矛盾十分尖锐。十月革命胜利后的社会主义建设过程中,各族人民在经济和社会生活的各方面互帮互助,存在于各族人民中间的过去那种互不信任的心理在逐渐消失,相互友爱的感情在不断发展,从而建立了各族人民在统一的联盟国家体系中兄弟般合作的关系。在此基础上,无产阶级国家、被压迫民族之间的联合内容不断深化,甚至强调像实行私人资本的资本主义国家——美国和实行计划经济的社会主义国家——苏联,这两种拥有不同的经济制度的国家能够在战后同一世界内共同生活和彼此合作②,从而促使世界共同体的范围日臻扩大。

这一时期,资本主义国家不论在经济方面还是政治方面都发生了极严重的震荡,产生了新的经济困难,新的帝国主义大战在酝酿中爆发,通过战争来重新瓜分世界的问题已经提上了日程。与之相反,苏联在不断壮大和繁荣,经济和文化进一步高涨。斯大林曾说:"要改造世界,就应该有政权"③,改造世界是一个巨大、复杂和痛苦的过程,但"远航必须有大船",这个大船不是阶级,而是人类,由此展开了维护全世界和平的斗争历程。首先,形成了世界各国反法西斯的联合体。1941 年 6 月,希特勒德国向苏联发动背信弃义的军事进攻,由此苏联结束了和平建设时期,展开了自 1941—1945 年的反对德国侵略者的卫国解放战争,结成了反对希特勒法西斯军队奴役威胁的统一战线。斯大林强调

---

① 斯大林. 斯大林文集:1934—1952 [M]. 北京:人民出版社,1985:226.
② 斯大林. 斯大林文集:1934—1952 [M]. 北京:人民出版社,1985:523.
③ 斯大林. 斯大林文集:1934—1952 [M]. 北京:人民出版社,1985:16.

"反希特勒同盟是各国人民的牢固的联合体"①,必将战胜以希特勒德国为首组建的"欧洲新秩序"。为此,苏联国内成立了国防委员会,使全国人民团结在党和政府的周围,形成了全民支援前线的壮举,尤其苏联农民以忘我的精神、充足的粮食供应来支援国家军队,将反对德国人的战争看作是自己切身的事业,是保卫自己的生命和自由的战争,从而"对于人民的共同利益表现了农村历史上空前未有的高度觉悟","是集体农民的爱国主义的表现"②。总而言之,苏联劳动者用他们在后方生产上取得的胜利促进了前线红军的胜利,而苏联各族人民万众一心地保卫祖国,将卫国战争看作是不分民族、不分宗教信仰的一切劳动者的共同事业,并在战争中巩固了各族人民的友谊。其次,苏联各族人民建立起统一联盟国家体系中的合作关系。到了1936年的时候,虽然斯大林指出制造民族纠纷的剥削势力已不存在,培植民族互不信任心理和燃起民族主义狂热的剥削制度也已不存在的观点存在武断,但各族人民的面貌确实较之前有所改变,他们中间互不信任的心理在逐渐消失,而相互友爱的感情在不断发展,因而建立了各族人民在统一的联盟国家体系中兄弟合作般的关系,从而驳倒了一些外国报刊认为苏维埃制度没有实际根基,只是一座随时会倒塌的"纸牌搭的小房子"的观点。最后,斯大林推动成立共产党情报局作为无产阶级国际联合的实践载体。由于列宁所创立的第三国际从组织世界革命的领导中心变成莫斯科推行其外交政策服务的工具,导致了莫斯科因领导共产国际而成为各国政府集中攻击的对象。同时,由于国际关系的复杂多变和第三国际对各国共产党的指示随着苏联在国际政治斗争中的地位和策略的变化而显得反复无常,外加苏德战争的爆发客观要求改善与其他国家,尤其是同美英盟国的关系,建立反纳粹德国同盟,故而苏联放弃了孤立主义的外交思维,以与西方大国合作的意愿解散了共产国际,转而重建了一个协商性的国际组织,即共产党情报局作为对各国共产党新的领导方式。从实质来看,共产党情报局是共产国际的替代品,但由于各种主客观原因,苏联版的无产阶级国际联盟出现了各种错误,为后来社会主义阵营的分裂埋下了伏笔。

总而言之,这一时期苏俄领导者不仅从社会发展史的角度探究了共同体中人与人、人与自然的关系,还从民族发展进程的角度探究了共同体中个人与民族之间的关系,形成了关于个体与共同体关系探究的新视角,从而拓展了通向理想社会的实践道路。但由于斯大林带领下的俄共(布)的一些举措违背了马克思主义的精神实质,尤其是他于1936年宣布苏联实现了马克思所设想的共产

---

① 斯大林.斯大林文集:1934—1952[M].北京:人民出版社,1985:397.
② 斯大林.斯大林文集:1934—1952[M].北京:人民出版社,1985:393.

主义社会第一阶段,在1946年提出一国可以建成共产主义,并为了守护苏联的社会主义成果,要求以保卫苏联的无产阶级利益与民族利益为宗旨来巩固全世界无产阶级的利益基础,从而导致所谓的苏联社会主义共同体带有强烈的强制色彩,束缚了个人的自由发展与个性解放,给通向未来新社会的道路增添了障碍。由此可见,探索通向理想社会的道路是一项前无古人的实践,其过程不可能一帆风顺,即使是苏联领导人在推进迈向"真正的共同体"的进程的同时,也不可避免使这一过程遭遇挫折。

第四节 战后苏联共同体思想的兴衰

20世纪40年代末50年代初进入了西方帝国主义阵营和东方社会主义阵营全面对峙和竞争的冷战时期,社会主义的多国确立和社会主义世界体系的产生调整了社会主义世界体系内的政党关系、民族关系和国家关系。虽然社会主义阵营作为社会主义共同体,一度让社会主义者对进入"真正的共同体"的共产主义社会产生无限的向往和憧憬,并催生出奔向共产主义的高昂热情,但是其内部存在的消极因素导致了关于集中统一与独立自主等各种关系上的争论,人们积极意义上的共同性存在特征越发无力,最终导致苏联构建社会主义共同体的失败。

一、"社会主义共同体"的内涵不断扩大

冷战时期社会主义国家之间的冲突大于合作。苏联倡导了两种所谓的社会主义共同体,一种是强制实行民族同化的族际一体化的国际主义变体,即"苏联人民——人们的新的历史性共同体",一种是奉行"中心—从属"模式从而为苏联霸权服务的国家共同体,即"社会主义大家庭"。苏联为此做了大量工作,但二者均遭到国内其他民族的反抗和社会主义阵营内其他国家的抵制,最终导致二者双双流产。

第一,提倡族际一体化的"苏联人民"共同体。冷战时期,赫鲁晓夫和勃列日涅夫在"全面建设共产主义"和"发达社会主义"观念的指导下,人为加快各民族融合的进程。赫鲁晓夫于1961年苏共二十二大会议上首次提出"在苏联形成了具有共同特征的,不同民族的人们的新的历史性共同体——苏联人民,他们有共同的社会主义祖国——苏联,共同的经济基础——建立共产主义,在

精神面貌上，在心理上具有许多共同特点。"[①] 1971年3月，勃列日涅夫在苏共二十四大的总结报告中继续这一民族政策，并进一步对此做以解释，认为在苏联的各个大小民族中，俄罗斯人民在成立、巩固和发展由享有平等权利的各族人民组成的强大联盟中发挥了自己独有的作用，这个新的历史共同体把所有阶级、社会集团、民族和部族都紧密而牢固地联合在一起，它是发达社会主义社会的一个重要特征。到了20世纪80年代初期，苏联政治家和学者又把"苏联人民"从政治、经济共同体升华到"文化共同体"。由此，戈尔巴乔夫（Gorbachev）在苏联共产党第二十七次代表大会上提出"苏联人民是一个崭新的社会和族际主义共同体"[②]，一改过去苏联领导人所追求的各民族融合为一体的"人们的共同体"，即反复强调的"苏联人民是人们新的历史性共同体"，将之转变为由经济利益、意识形态和政治目标的一致组成的"社会共同体""族际主义的共同体"，从而使"苏联人民"的发展进入了历史性新阶段。虽然这一阶段苏联领导人都致力于打造"苏联人民"共同体，但并没有消除事实上的不平等。当民族分离情绪滋生蔓延，这种强制民族同化的纲领就不可避免地遭到激烈抵制，暴露出它虚假的共同体本质。可见，"苏联人民"是在臆想的"发达社会主义"地基上构筑的大厦，是对苏联社会发展阶段和民族状况误判的结果，在理论上歪曲了马克思恩格斯共同体性质的国际主义，在实践上抛弃了列宁科学的民族政策，最终它不可避免地成了苏联解体的殉葬品。

第二，以"社会主义大家庭"指代社会主义国家阵营，并逐渐向外延伸，形成了"超制度"联盟。赫鲁晓夫于1961年正式提出以苏联为首的社会主义国家阵营——"社会主义大家庭"的概念，声称严格尊重成员国的独立和主权，杜绝彼此间的剥削，提倡同志式的友谊、声援和互相帮助，但实际上，它从提出这一概念的开始就以苏联"家长"的姿态要求各成员国听从它的指挥。勃列日涅夫对赫鲁晓夫"社会主义大家庭"的概念进行发展，赋予"社会主义大家庭"的"家长"——苏联以超越一国权力的更高主权，使其可以对其中的大家庭成员采取军事行动。戈尔巴乔夫将苏联的"家长制"作用归根于苏联的客观形势，并强调"革命性变革正在进入国际社会主义大家庭"[③]，建立社会主义国家之间的整个政治关系体系是必然所驱。由此，戈尔巴乔夫基于人类社会已经

---

① 刘克明，吴仁彰. 从列宁到戈尔巴乔夫：苏联社会主义理论的演变[M]. 北京：东方出版社，1992：317.
② 辛华编译. 苏联共产党第二十七大主要文件汇编：1986.2.25—3.6[M]. 北京：人民出版社，1987：327.
③ 米·谢·戈尔巴乔夫. 改革与新思维[M]. 北京：苏群，译. 新华出版社，1987：217.

进入互相依赖阶段的现实状况,将苏联的改革与社会主义世界相联系,提倡国际主义,并基于欧洲地理和历史的紧密发展,将涵盖了社会制度各异并分属于对立军事政治联盟的国家联结在一起,充分承认某种整体性,从而提出"全欧大厦"的概念。这在一定程度上冲破了社会主义大家庭的固有界限,形成了"超制度"联盟的最初探索。但不管怎样,"社会主义大家庭"实质是一种服务于苏联的霸权主义,其注定要走向失败。

二、两种异质性世界经济共同体之间的对峙

这一时期社会主义阵营与资本主义阵营之间对立与冲突,尤其苏联和美国之间的争霸斗争异常突出,并且通过联合起来的不同性质的国际组织之间的斗争形式显现出来,出现了经济互助委员会与欧洲共同体之间的对峙。

第二次世界大战结束后,美国为了争夺世界霸权,巩固资本主义阵地,遏制苏联,在提出"杜鲁门主义"的同时,在经济上提出"复兴"欧洲的马歇尔计划,与苏联形成越来越明显的竞争状态。鉴于美英等西方国家对社会主义国家的经济封锁和禁运政策,苏联与东欧各国加强双边和多边经济联系,于1949年与匈牙利、保加利亚、罗马尼亚、波兰和捷克斯洛伐克成立经济互助合作委员会,简称经互会。经互会通过成员国之间的经济、科技合作和发展计划来提高各国工业化水平,促进各成员国劳动生产率的提高和人民福利的增进。经互会成立初期带有较为严重的政治色彩,经济活动仅局限于流通领域,主要集中于对贸易额的研究,价格建立在"官僚协议"的基础上,采取易货贸易的形式,一般具有双边和短期的性质;20世纪60年代,经互会进入发展阶段,经济合作推广到生产领域,开始对国民经济计划进行协调,实行专业化与协作,一般具有多边和长期的性质,经济一体化和科技一体化趋势不断增强;从20世纪70年代开始经互会开始出现下降趋势,采取共同投资建设联合项目的合作方式使苏联相较于其他东欧国家获益更多,再加上经互会各国没有实现经济增长方式由粗放型向集约型的转变,各国经济增长率不断走向下坡路;20世纪80年代面临劳动力的持续短缺和沉重的外债压力,各国经济发展极不平衡,进入了衰落时期。戈尔巴乔夫在20世纪80年代进行改革,集中精力制定和协调一体化机制的规范原则以及开展直接协作联系的法规和经济条例,使经互会在保持各国独立和协商一致的基础上,摆脱无用劳动和文件泛滥现象,以经济手段取代行政手段,从而加快了一体化进程,但由于经互会内部矛盾不断爆发,被迫于1991年6月宣布解散。与苏联与东欧各国组建经济互助委员会的原因相似,美国和苏联在欧洲展开的激烈争夺促使战后西欧国家走上了联合道路,并于1958年正式成立欧洲经济共同体,简称欧共体。欧共体是欧洲资本主义国家的国际经济组织，是由政府出面组成的国家垄断资本主义的国际联盟，是一个超国家权力的一体化组织。它以自由市场经济和各国的平等权利为基础，鼓励经济和技术竞争以及与国际市场的接轨，具有开放性，同时欧共体经济领域的决议高于成员国法律的权力，故而也具有一定的强制性。虽然经互会与欧共体都是经济一体化机构，但由于所属国家的性质与实施日的存在根本差异，经互会长期与西欧经济共同体采取不承认、不接触、不谈判的"三不"政策，直到1988年6月25日，经互会与欧共体在卢森堡签署建立正式关系的联合声明，才结束了双方30多年来互不承认的局面。总的来看，欧洲联合虽然不是第二次世界大战后的新思潮，但是欧洲联合采取欧洲经济共同体这一形式是战后世界经济和国际关系中的新现象。并且，欧洲经济共同体不是一种暂时和偶然的现象，而是作为合乎客观经济规律的现代资本主义所固有的发展趋势而出现的，它既是在生产力发展的一般规律和国际分工深化的基础上产生的，也见诸西欧六国私人垄断和国家垄断资本主义的高度发展，它的成立充分显示了资本主义经济政治发展的不平衡。而经互会与之不同，它作为欧洲社会主义国家的国际经济组织，是一个区域性经济组织和经济一体化机构，是经济发展过程中一种暂时和偶然的现象。由于各国经济发展不平衡，其贸易活动基本上是以苏联为中心呈放射状向东欧扩散，东欧成员国之间经济联系甚少，只与苏联保持垂直联系，苏联是经互会的核心和灵魂。经互会内部实行专业化合作与国际分工，从而不存在内部竞争，它使东欧国家在政治上和苏联紧紧捆绑在一起，使这些国家在经济上从传统的面向西方转向面向东方，巩固了苏联的社会主义制度，加强了苏东社会主义国家的团结。但受斯大林"两个平行市场"理论的影响，经互会建立在传统计划经济和行政管理的基础上，政府协议价格，自给自足，具有封闭性和非市场性，从而决定了其是一种暂时、偶然的现象。

不论如何，列宁领导的"十月革命"就像秋风扫落叶一样，扫荡着资本主义旧体系，在遭遇了极大的社会主义热情之后，一个可以与资本主义相抗衡的社会主义体系诞生了，从而使社会主义本身成为在世界历史的推进中展开的实践过程，实现了社会主义从理想到现实、从理论到实践的伟大飞跃，也是人类建立"真正的共同体"理想社会的大胆实践开端。正是由于在人类历史上第一次建立了社会主义国家，从而使得马克思的"真正的共同体"理想从一种理论预设开始变为活生生的现实，并让这种理想向现实转化有了制度的保障，开启了有别于资本主义的社会主义现代化发展模式，为人类走向理想社会做出了开创性贡献。

第四章

马克思主义共同体思想在中国的实践与创新

西方列强对近代中国的侵略伴随着工业文明在中国的传入,致使中国传统的基于血缘宗法而形成的家族式共同体不断瓦解。中国的共同体发展随之进入一个新的阶段,并以集体的形式表现出来。基于集体层级的内在差异,在中国不但形成了微观层面的团体、阶级、阶层、政党、单位等共同体组织,而且形成了中观层面的民族、国家等共同体样态,并向外延伸至宏观层面的国家与国家之间联盟与合作的世界共同体。中国共产党人坚持马克思主义经典作家对于"真实集体"的追求,紧紧围绕着人的发展与个性解放,对公有制基础上的社会主义"现实集体"①不断发展。他们既从理想性的视角对现实的共同体进行批判性审视,也从现实性视角提出维持与发展共同体的实际可操作的方案,从而为中国人民开创了一条争取人的自由解放,实现人的全面发展的新道路。

第一节 新民主主义革命时期共同体思想的萌芽

俄国"十月革命"的爆发推进了中国共产党人用马克思主义理论探索中国的生存、发展和人的解放等问题,致力于建立一个代表广大人民群众利益的社会主义大集体。但近代中国国难当头、内患严重,个人无法依靠自身获得需要的满足,甚至无法维护自身的生存之所,最终迫使个人通过群体联合的方式来共同对抗各种内外压迫。这一时期,中国共产党人坚持以人民群众武装的革命反对帝国主义和封建势力武装的反革命,并探索出一条中国人民从帝、官、封统治下实现人的政治解放的胜利之路,在中国历史上第一次真正意义上实现了人民当家作主,使人民从"臣民""顺民"的客体地位中解放出来,最终构建

---

① "现实集体"是介于马克思、恩格斯所提出的"虚假集体"与"真实集体"之间、反映社会主义国家当前发展状况的一种共同体样态。

起一个基于人的政治解放的共同体。

一、通过组建革命统一战线树立革命共同体意识

无产阶级始终致力于团结一切可以团结的力量把革命群众的个人生活改造成为集体生活,从而形成了"统一战线"这一无产阶级领导下强有力的共同体组织。

为了摆脱封建制下基于血缘宗法而形成的家族共同体及其附着于这一共同体之上的外来侵略势力,近代中国共产党人展开一系列的革命斗争,并形成了各种革命组织,构建起革命共同体意识。首先,中国共产党积极组建群众团体,发动群众运动,形成了各种革命群团组织,增进了党同人民之间的密切关联。自党的一大开始,中共便开始逐渐发动工人、农民、青年及妇女运动,在党内相继增设职工、农民及妇女运动委员会等以指导群众工作,为中国革命打下了坚实的组织基础和群众基础。由此,群众团体成为党开展群众运动的组织枢纽,依靠群众组织成为党动员群众的重要手段甚至首要任务。为了弥补国民大革命时期因缺乏革命统一战线的中心支柱和坚强的革命武装队伍而招致革命失败的教训,中共依靠工农武装割据、农村包围城市的办法建立起党政与军队相统一的政权体系,吸引各抗日阶层的人民积极参加政权管理,刘少奇尤其强调"要普遍深入地发动和组织根据地的基本群众,普遍切实地改善群众生活,建立真正广大的群众团体"[1]。与此同时,邓子恢从保护群众切身的经济利益出发,通过组织化的方式组织群众,强调唯有此方式才能实现其经济上的共同要求[2]。在此基础上,为了适应抗日民族统一战线的政权改造,中国共产党取消了党的全国性的群团组织,转而自下而上建立形式更为多样的群团组织。为了使不同群众和非党群众组织加入党的群众团体,中共秉持自愿原则,在政治上加以领导,在组织上给予其独立性,通过群众代表大会来决定各项事宜,必要的时候则通过说服与教育的方式使党的主张或决议变成群众团体自己的决议,从而造就了党政军与群团组织相伴而生、互为依托的共生性关系。其次,中国共产党采取以斗争求合作的策略方针,拓展了革命共同体的民众基础。某种程度上来说,工人阶级领导的新民主主义道路,就是既同民族资产阶级代表的旧民主主义道路做斗争,也同大资产阶级代表的殖民地半殖民地道路做斗争。由此,无产阶

---

[1] 中共中央文献研究室,中央档案馆.建党以来重要文献选编(1921—1949):第19册[M].北京:中央文献出版社,2011:109-110.
[2] 邓子恢.邓子恢文集[M].北京:人民出版社,1996:142-145.

级既加强工人阶级同农民和其他劳动人民的联盟，也注重争取工人阶级同民族资产阶级和其他可以合作的非劳动人民的联盟，同时不忘与以蒋介石为代表的大官僚资产阶级及其所代表的国民党展开必要的斗争和合作。尤其面临着帝国主义对中国侵略掠夺的日益加深，为了使中国人民摆脱帝国主义和封建军阀侵略压迫的危险境地，共产党展开了与国民党之间的合作。正是由于认清了"要进行国民革命，就要以国民党为中心，除了使它更大更有力以外，一点其他道路都没有"① 这一情势，从而促使国共两党由最初的"党外合作"转向"党内合作"。但大革命失败后，蒋介石、汪精卫背叛了孙中山的革命立场，把国民党变成维护大地主大资产阶级并实行反动统治的工具。为了"团结我们的真正的朋友，以攻击我们的真正的敌人"②，中共对以孙中山为代表的国民党的革命民主派和以蒋介石集团为代表的大地主大资产阶级的一派进行了区分，指明以孙中山为代表的民族资产阶级虽具有极大的革命动摇性，不能成为真正独立的政治力量，但是一定时期可以团结的同盟者，但以蒋介石集团为代表的大地主大资产阶级，依附于帝国主义并勾结封建势力，企图在中国继续保持和恢复半殖民地半封建专政，是必须加以反对的共同敌人，由此中共在第二次国内革命战争时期放弃了国民党旗帜，转向团结国民党左派和爱国将领共同反蒋。但随着日本帝国主义侵华战争的步步紧逼，中国国内各阶级之间的关系发生了新变化，不论是工人阶级、农民还是民族资产阶级和其他中间力量都转向了抗日，国民党内部也分化出一部分倾向抗日的爱国分子，从而实现了国民党和共产党的第二次合作。不管怎样，中国共产党探索同国民党建立联合战线的各种组织形式，总是围绕着个体之间的相互关系，本质上是寻求人们革命共同体的稳固与发展。

毛泽东强调"共产党员无论何时何地都不应以个人利益放在第一位，而应以个人利益服从于民族的和人民群众的利益"③，朱德也指出："在革命军队中不应有亲疏厚薄之分，不应有爱恶生熟之别，不应有小团体观念和本位主义。只有大公无私，一视同仁，像家人兄弟一般，才能团结全军，巩固纪律。"④ 正是由于他们始终以局部需要服从全局需要为指导思想，反对任何形式的小团体主义和披着资本主义外衣的个人主义，故而在抗日战争时期才能把全国人民都动员起来加入统一战线中去，团结一切阶层的人民进行抗日，并且提出了巩固统一战线的共同纲领。"共同纲领是这个统一战线的行动方针，同时也就是这个

---

① 李大钊. 李大钊文集：下 [M]. 北京：人民出版社，1984：658.
② 毛泽东. 毛泽东选集：第1卷 [M]. 北京：人民出版社，1952：3.
③ 毛泽东. 毛泽东选集：第2卷 [M]. 北京：人民出版社，1991：522.
④ 朱德. 朱德选集 [M]. 北京：人民出版社，1983：90.

统一战线的一种约束，它像一条绳索，把各党各派各界各军一切加入统一战线的团体和个人都紧紧地约束起来。"① 在这个意义上，"共同纲领"和"政治路线"成为打倒法西斯残余势力和资产阶级反革命势力强有力的精神支撑，培育了广大民众作为中华民族的身份意识和共同体意识。当然，统一战线内部的矛盾与摩擦不可避免，这就要在坚持抗日高于一切的指导原则下进行协商和沟通，故而对于统一战线中各种不同的同盟者，共产党的态度有联合也有批评。对于赞成抗战的要积极联合，对于抗战不积极的要批评，对于反共反人民的反动行径则要坚决反对。正因如此，个体通过相互合作、相互支持以及相互反对的行为而对他人产生作用，同时也接受他人的作用，这种交互行为的不断进展促使革命的集体主义精神被建构出来，强调"集体主义，就是党性"②。可见，这一时期的中国共产党人以社会的整体利益或共同利益为重，借助一系列的民主联合策略重建共同体意识。

二、通过集体劳动保障共同体的经济基础

在新民主主义革命过程中，中国共产党特别关注劳苦大众、社会底层的命运，从劳动和社会关系的角度阐明了人的基本特性和本质。

马克思曾经说过人的类特性是自由自觉的活动，毛泽东据此进一步指出"自觉的能动性"是人区别于物的特点。自觉的能动性包括思想等主观的东西和主观见之于客观的实践，而生产劳动是人类最基本的实践活动。因此，人的基本特性表现为"人是社会的动物"③，也就是说，生产劳动即实践，把人和动物区别开来。故而要区分人就要从社会关系，即"人的社会性"和"人的历史发展"人手来分析不同时代下社会与阶级的存在。革命战争年代，以毛泽东为代表的中国共产党人为了把群众组织起来，他们从群众的切身利益出发，将其打造成为一只打仗的军队和劳动的军队，从而关切人民的共同利益成为解决人民苦难、实现人们当家作主的根本保障。反映在经济上，就是形成了组织群众的合作社形式。几千年来个体经济的存在，形成了一家一户分散式的个体生产，这既是封建统治的经济基础，也是农民陷入穷苦的根源。根据列宁所说的，合作社是达到集体化的道路，逐步集体化是克服这种状况的有效办法。中国共产党根据苏联经验和中国这一时期的现实，在边区组织了许多农民合作社，虽然

---

① 毛泽东. 毛泽东选集：第2卷 [M]. 北京：人民出版社，2006：367.
② 毛泽东. 毛泽东文集：第3卷 [M]. 北京：人民出版社，1996：417.
③ 毛泽东. 毛泽东文集：第3卷 [M]. 北京：人民出版社，1996：81.

仍是一种初级形式的合作社，但对人自身的发展起到了极大的促进作用。这一时期合作社还是建立在个体经济，即私有财产基础上的集体劳动组织，既有被称作"变工队""扎工队"的农业劳动互助社（又叫"耕田队"或"互助社"），也有运输合作社和手工业合作社等其他形式的合作社。除此之外，部队机关学校的群众生产由于是在集中领导下通过互相帮助、共同劳动的方法解决各部门、各单位、各个人物质需要的生产活动，故而也带有合作社性质。这就把群众的力量组织成为一支劳动大军，是由穷苦变富裕的必由之路，也是抗战胜利的必由之路。抗日战争时期，为了进一步团结解放区各阶层人民，中国共产党在解放区实行"三三制"政策和减租减息的土地政策。不仅使抗日民族政权成为共产党、非党的左派进步分子、不左不右的中间派的三分政权，团结了大多数人，而且解决了各解放区农民的土地问题，保障了农民的人权、地权和财权，调整并缓和了农村的阶级关系，提高了农民互助合作生产和抗日参战的积极性。在解放战争时期，为了建立一个由无产阶级领导的、以工农联盟为基础的、几个革命阶级联合专政的国家制度，并粉碎以蒋介石统治集团为代表的大地主、大资产阶级"内战""独裁""分裂"的阴谋，中共中央与国民党展开了和平谈判，并始终强调"不论何时，又团结，又斗争，以斗争之手段，达团结之目的；有理有利有节；利用矛盾，争取多数，反对少数，各个击破等原则，必须坚持，不可忘记"[①]。最终"经过人民共和国到达社会主义和共产主义，达到阶级的消灭和世界的大同"[②]。可见，合作社作为一种共同体组织，在革命斗争中亦可作为合作的平台，在与敌对势力较量的过程中走向人民专政的国家共同体。

三、通过文化斗争界定人们共同的文化价值取向

我们党在新民主主义革命时期构建了人民的文化主体地位的基本轮廓，确定了人民的文化主体地位的基本形态，并将这一形态延续到了社会主义建设时期。

由于战争与革命是新民主主义革命时期的时代主题，按照马克思的历史唯物主义理论，文化作为政治和经济的反映，又将对政治和经济施加巨大的影响。新民主主义革命的主要目的在于推翻国民党的专制统治，建立一个人民民主专政的社会主义共和国，"在这个新社会和新国家中，不但有新政治、新经济，而

---

① 毛泽东. 毛泽东选集：第4卷［M］. 北京：人民出版社，1991：1154.
② 毛泽东. 毛泽东选集：第4卷［M］. 北京：人民出版社，1991：1471.

且有文化。这就是说，我们不但要把一个政治上受压迫、经济上受剥削的中国，变为一个政治上自由和经济上繁荣的中国，而且要把一个被旧文化统治因而愚昧落后的中国，变为一个被新文化统治因而文明先进的中国"。① 但由于帝国主义势力与封建主义势力的不断发展，帝国主义的奴化文化与封建的旧文化钳制着广大人民群众，阻碍着新文化的形成，正如毛泽东所说："帝国主义文化和半封建文化是非常亲热的两兄弟，它们结成文化上的反动同盟，反对中国的新文化"。② 为了使人民大众从这种不符合人性发展的文化钳制中解放出来，我们党抓住文化也是一种团结人民、打击敌人的有力武器的重要特点，将爱国主义和国际主义相结合，为保卫祖国反对侵略者而战。在这个意义上，我们党将新民主主义的文化定义为无产阶级领导的反帝反封建的、民族的、科学的、大众的文化，凸显了文化的人民属性。一方面，新民主主义文化在其文化主体上以普通的劳动群众为原型，展现了人民群众的伟大力量；在文化载体上以群众喜闻乐见的方式表达出来，在文化的内容上表现的是反帝反封建、实现人民翻身解放的意愿；在文化的主要观点上则宣传科学、反对一切封建迷信和落后思想，提倡运用马克思主义的世界观、价值观和方法论去认识世界和改造世界。另一方面，新民主主义的文化意味着人民作为文化的主体要同专制的、独裁的、封建迷信、落后的文化做斗争，"不把这种东西打倒，什么新文化都是建立不起来的"。③ 只有消灭了这种旧文化，新文化才能建立起来，人民的文化主体地位才能彰显。新民主主义文化极大地推动了人民群众主体意识的觉醒，拓展了人民群众的视野，提高了广大革命群众的素质，不但唤醒了人民群众参加革命的热情，更进一步倒逼出他们对于学习科学文化的渴望。但是不可忽视的一点是，从一开始毛泽东就指出："一切文化或文学艺术都是属于一定的阶级，属于一定的政治路线的。"④ 从而明确了文化从属于政治的这一特点。

四、通过世界革命构建国际联合体

面对"国家主义"派通过改良解决当时中国社会问题的状况，毛泽东以马克思主义理论为指导，提出以"改造中国和世界"作为新民学会的宗旨，把改造中国和改造世界紧密联结在一起。他最初赞成用俄国的劳农主义，即阶级专

---

① 毛泽东.毛泽东选集：第2卷［M］.北京：人民出版社，1991：663.
② 毛泽东.毛泽东选集：第2卷［M］.北京：人民出版社，1991：695.
③ 毛泽东.毛泽东选集：第2卷［M］.北京：人民出版社，1991：695.
④ 毛泽东.毛泽东选集：第3卷［M］.北京：人民出版社，1991：865.

政的激烈式共产主义进行改造,后立足于中国革命实践并放眼世界进一步拓展改造之路,把无产阶级革命特别是被压迫民族的解放运动看作是世界整体革命的有机组成部分,把反帝、反殖、反霸的革命斗争与民族解放运动和社会主义运动联系起来。一方面,以毛泽东为代表的中国共产党人继承并创新了马克思主义有关"工人没有祖国"的国际主义,将红色政权建立在特定的民族国家之内,坚持爱国主义指导下的国际联合,强调"只有民族得到解放,才能使无产阶级和劳动人民得到解放的可能"[1],即只有侵略中国的帝国主义者被打倒,民族得到解放,才能帮助外国的人民,从而为世界的和平做出贡献。无产阶级和被压迫民族宣扬爱国主义下的国际联合的主要目的就是反对帝国主义。毛泽东继承列宁"现代战争产生于帝国主义"的观点,认为人类社会的革命战争和正义战争是由于反革命和非正义战争引起的。美国、日本、德国等帝国主义国家对外侵略扩张,不但损害世界人民,也损害本国人民,是世界各国人民的共同敌人。鉴于帝国主义和世界上一切反动派对待人民事业的逻辑是"捣乱,失败,再捣乱,再失败,直至灭亡"[2],故而帝国主义和一切反动派都是纸老虎,我们要保持清醒的头脑,既不相信帝国主义的"好话",也不害怕帝国主义的恐吓,采取战略上藐视、战术上重视的策略。总而言之,只要全世界人民团结起来,勇于战斗,不怕困难,全世界资本主义和帝国主义一定会灭亡。另一方面,建立抗日国际统一战线。新民主主义革命时期的中国面临着日本、德国、美国等帝国主义不同程度的侵略,为了保卫国土,解放民众,以毛泽东为代表的中国共产党人提出建立各种形式的国际统一战线,采取世界范围内的共同行动以保障革命的胜利,尤其是日本帝国主义为了将中国变为它的殖民地,发动了接连不断的侵华战争,导致民族危机空前加剧。为了挽救民族危亡,毛泽东意识到外援必不可少,提出中国的抗日民族统一战线和世界的和平阵线相结合的任务,以坚持抗日民族统一战线的方式援助苏联,保卫苏联、保卫中国、保卫一切民族的自由和独立,为打败日本帝国主义奠定了坚实的战略基础,塑造了世界范围内各国家、各党派、各群团的共同体意识,形成了强有力的抗日国际统一战线。

需要着重强调的一点是,以毛泽东为代表的中国共产党人将爱国主义和国际主义相结合,坚持爱国主义指导下的国际联合,使爱国主义和国际主义在中国的语境中获得了高度的融合,爱国主义是民族共同体意识的集中反映。鉴于

---

[1] 毛泽东. 毛泽东选集:第2卷 [M]. 北京:人民出版社,1991:520-521.
[2] 毛泽东. 毛泽东选集:第4卷 [M]. 北京:人民出版社,1991:1486.

只有民族独立才能使一切国际合作获得基础，为了恢复每个民族的独立和统一就必须首先形成和睦与自觉的合作意识，为保卫祖国反对侵略者而战成为这一时期最主要的宣传口号。这不仅反映了一个"民族"只有建立"国家"才能更好实现其利益的政治意识和集体力量，而且反映了解放民族和保护祖国的共同意志与得到世界人民的普遍支持之间的密切关联，从而将民族、国家、世界三个不同层次的共同体联系了起来，为此后民族国家共同体向世界共同体的推进提供了现实指导，具有重大的历史意义。

由上可见，这一时期的中国处于封建势力与官僚资本主义势力的双重压迫与统治之下，但其本质上仍然是一个以农业经济为主导的、基于血缘和宗法基础上的家族共同体。为了摆脱这一家族共同体及附着于其上的帝国主义外来侵略势力，备受剥削和压迫的广大民众在中国共产党的领导下，采取暴力革命的方式，借助政治、经济、文化等方面的斗争来摆脱困境，形成了一种革命共同体。在这种共同体中，政治解放是前提，没有政治解放，在一个强大的帝国主义、官僚资本主义与封建专制结合为一体的政治统治下，经济解放与文化解放就是一句空话；而经济解放是基础，政治解放的最终目的是要使人民从半殖民地、半封建残酷的经济统治与压迫下解放出来，建设一个繁荣富强幸福文明的新中国；文化解放则是政治解放和经济解放在观念上的反映并反过来为政治、经济解放服务的革命力量。通过革命实践，以毛泽东为代表的中国共产党人探索出统一战线、群众路线等体现共同体思想的组织形式，使共同体以团体、阶级和政党的形式表现出来，从而既依靠群众组织、依靠无产阶级和中国共产党来改造反动阶级分子，使其彻底转变，成为社会主义新人，又坚信不能消灭一切反动、落后势力，不能"一朝权在手，便把令来行"，必须以思想教育和现实改造的方式团结全民族绝大多数的人来建设一个初生的新政权，展现了人们情感的凝聚之力与共同意志所带来的巨大推动力，由此将扭曲的人类异化与社会分离以灌输式的"革命"举措拉回正轨。毛泽东创立的农村包围城市的新民主主义革命道路就是一条中国人民试图从帝、官、封统治下实现人的解放的胜利之路，而其所建立的新民主主义社会"是属于社会主义体系的和逐步过渡到社会主义社会去的过渡性质的社会"①。这说明具有过渡性质的新民主主义社会本质上不是一个独立的社会形态，其所展开的革命斗争是为了摆脱传统家族共同体所做的努力，所形成的"革命共同体"也只是一种为达成目的所采取的临时

---

① 中共中央文献研究室编.建国以来重要文献选编：第4册［M］.北京：中央文献出版社，1993：697.

手段，并不具有持久性和稳定性。

第二节　社会主义革命和建设时期共同体思想的曲折发展

从1949年中华人民共和国成立到1978年党的十一届三中全会召开这一时期，中国共产党人对于共同体的构建历经了一个从达成人们的外在革命目的向满足共同体成员内部需求的过程转变。在争得无产阶级和劳苦大众的阶级统治权以后，我们党将个人的精神需求及其物质保障提到日程上来，开展了一系列的社会主义改造活动，不仅推行土地制度改革，改造旧有的文化教育事业，而且从改革婚姻制度、禁毒禁娼等方面着手肃清封建残余和社会流毒，移风易俗，确立新的社会秩序和社会风气，从而使农民从封建剥削制度的枷锁下获得翻身解放的机会。但在社会主义建设的过程中，也不免出现各种偏差和失误，导致个人湮没于集体化的生产和生活之中，其所形成的是一种同质性的社会主义共同体。

一、正确处理人民内部矛盾成为国家政治生活的主题

新中国成立以后，中国人民在政治上实现了彻底的解放，真正摆脱了过去基于血缘宗族关系的家族共同体。人民民主专政制度和人民代表大会制度的确立，确保了人民真正获得政治主体地位。为了充分调动人民参与国家管理的积极性和主动性，以毛泽东为代表的中国共产党人不断展开对社会主义制度的探索和试验。

1954年，第一部宪法的颁布使人民政治主体地位获得了制度上和法律上的保障，人民的主人翁地位得以凸显。为了"造成一个又有集中又有民主，又有纪律又有自由，又有统一意志、又有个人心情舒畅、生动活泼，那样一种政治局面"[①]，毛泽东等中国共产党人不仅采取整风运动的方式整治政府中出现的主观主义、宗派主义和官僚主义等，而且采取说服教育的方法，通过"团结—批评—团结"的民主方式处理人民内部矛盾。这一方式充分彰显了无产阶级所要建立的国家这一政治共同体是以人民群众的自主性意识为主要关切点。在实践过程中，"人民"的集体属性、阶级属性不断凸显，展现了人民群众巨大的历史

[①] 中共中央文献研究室. 建国以来毛泽东文稿：第六册[M]. 北京：中央文献出版社，1992：543.

创造作用和对新社会发展做出的巨大贡献。与此同时，也不可避免出现权力过分集中、官僚主义、家长制等弊端，出现以大搞群众运动代替群众路线从而导致人民利益受损的现象，人的个性发展受到压抑。这样，计划经济体制的优越性就无法彰显。正是在这个意义上，我们党进行改革的重要原则就是实现集体利益与个人利益的统一，最终落脚到个人利益的实现上，重新确立人民的主体地位，致力于实现集体与个体主体的统一。在这个原则的指导下，我们党通过经济体制改革和政治体制改革实现了人民的政治主体地位的回归。

二、通过计划劳动领导人民的经济建设

随着社会主义改造的完成和社会主义制度的建立，我国的经济制度和体制发生了重大变革，公有制取代了私有制，并在借鉴苏联经验的基础上开始实行计划经济体制，随之我国社会的阶级阶层结构也发生了深刻变化，由新中国成立初期的工人阶级、农民阶级、民族资产阶级、城市小资产阶级演变为工人阶级、农民阶级和知识分子阶层。整个社会呈现为一个典型的由占人口绝大多数的农民构成的农村（农业）社会以及以干部和工人为主体构成的城市（工业）社会的二元制社会。严格的户籍制、档案制和单位所有制把所有的社会成员都限制在不同的地域或单位里，除了参军、升学外，几乎不存在其他社会流动。在这一社会结构中，每个人的身份都被这种格局固化，具体而言：

第一，城市形成了个人从属下的单位共同体。"单位是中国社会中一个高度整合和低度分化的基本组织形态"[1]。由于我国实行高度集中的计划经济体制，国家这个大的"集体"通常通过各个层次、各个类型的单位组织表现出来，从而单位成为"国家行政组织的延伸和附属物"[2]，而单位组织从某种意义上来说成为这一时期"集体"的代名词。单位生产与生活的高度合一性，使得其既是一个生产共同体，也是一个生活共同体。为了适应高度集中的计划经济体制，新民主主义革命时期根据地的建设经验，尤其"供给制（革命队伍）组织原则和分配方式"[3]被移植到城市企事业单位的组织架构中，为单位组织的形成提供了制度保障。单位与其成员形成了保护与服从、控制与依附的人身关系，要

---

[1] 李汉林. 转型社会中的整合与控制：关于中国单位制度变迁的思考 [J]. 吉林大学社会科学学报，2007（4）：47.

[2] 任学丽. 从基本重合到有限分离：单位制度变迁视阈下的国家与社会关系 [J]. 社会主义研究，2010（3）：46.

[3] 中国社会科学院社会学研究所. 中国社会学：第2卷 [M]. 上海：上海人民出版社，2003：94.

调动单位必须经过严格的组织审批程序,并且各单位之间只存在纵向的行政隶属关系,不存在横向的联系。所有单位都具有经济、政治、文化和社会的多种功能,社会完全被分割并被融入具体的单位组织之中,这一切导致单位应有的自主性与独立性缺失。1948年东北率先解放后,以超大型国有企业的建立为契机,单位制开始在城市政权建设中初具雏形。新中国成立后,党将这种组织结构从工厂延伸到社会的各种组织和机构,将其变成单位,尤其在一五计划期间,单位制由工业企业向政府和事业单位扩散,成为改革开放前中国社会体制基础的制度架构和组织单元。尤其需要指出的是,20世纪50年代末到70年代末,在"大跃进"活动和"文革"极左政治运动的影响下,单位共同体内部发生剧烈变动。"大跃进"期间,单位共同体规模不断扩张,城市出现了试办人民公社的运动,它以组织生产活动为中心,按照"共产主义原则和思想"组织城市居民的社会生产和生活活动,希望把工农商学兵都结合在人民公社中。随后毛泽东在"五七指示"中提出创办军队这所亦工亦农、亦文亦武的革命化大学校,并由军队拓展到商业、服务行业、党政机关工作人员,从而使单位组织走向准军事化,亦即所谓的"营房式的社会主义",进一步加强了单位组织的封闭自足和平均主义倾向。总的来看,单位组织将生产与生活高度合一,从而使其空间形态具有较强的封闭性和对外的排他性,导致国企逐渐形成了带有"家族化"色彩的利益群体,人们从摇篮到坟墓的一揽子社会福利保障体制形成了"单位生产区"和"单位大院"相结合的单位共同体,实现了职业与住所的合二为一,本质上是一个认同感和归属感极强的同质性地域生活共同体。但正如厉以宁所说的,这种企业办社会局面的形成是早期工业化和计划经济时期的必然产物[1],基本按照苏联模式在全国建立起高度集中的"一大二公"的计划经济体制,使得传统社会主义社会中的每一个人都从属于大大小小的直接代表社会主义国家利益和集体利益的单位,个人没有任何的生产资料,单位成了每个人通过劳动取得生活资料的唯一依靠,倡导国家利益、集体利益高于一切。由此可以窥探,单位边界的相对封闭性和单位内部的行政化管理,使得单位几乎垄断了所有与成员有关的社会资源,并使社会公共空间消失殆尽,中国社会呈现出一种典型的"蜂窝状"结构。

第二,农村形成了个人赖以存在的队—社共同体。新中国成立后,为把以生产资料私有制为基础的个体农业经济改造为以生产资料公有制为基础的农业合作经济,中共中央遵循自愿互利、典型示范和国家帮助的原则,采取创办带

---

[1] 厉以宁. 厉以宁九十年代文选[M]. 北京:北京大学出版社,1998:68.

有社会主义萌芽性质的互助组、以土地入股和统一经营为特点的半社会主义性质的初级农业生产合作社、将土地和主要生产资料归集体所有的完全社会主义性质的高级农业生产合作社来开展农业合作化运动,实现农业集体化。自生产资料私有制的社会主义改造基本完成后,我们党在经济上提出"大跃进",希望通过超常规的高速度生产在较短时间内使国家富强起来。与经济建设上的"大跃进"相配合,1958年中共中央发动了人民公社化运动,这个运动在实质上是一场生产关系的"大跃进",希望借助"小社并大社"的人民公社使中国早日过渡到共产主义。合并起来的大社有的叫集体农庄,有的叫农场,还有的叫社会主义大院或社会主义大家庭,构成了我国农村社会的基本单位。在成立初期实行单一的公社所有制,由公社统一核算、统一分配财产。为了保证公有化程度,社员的自留地、家畜、果树等收归集体所有,家庭副业、小商小贩以及集市贸易等被统统取消,并且实行供给制与工资制相结合的分配制度。由于收入低,绝大多数公社除了保障社员按低标准吃粮外,发不了工资,基本吃"大锅饭"。形成了由公社、生产大队、生产队三级组成,以生产队为基础,实行统一领导,分级管理的公社体制,生产队作为基本核算单位,自负盈亏,既具有生产权也具有分配权,克服了过去由生产大队统一分配造成的生产队之间的平均主义现象,激发了生产队的积极性和主动性,改善了集体经济的经营管理。这样,"民主办社,勤俭办社,有了一个最广泛、最可靠的群众基础"[①]。此外,为了逐步促进集体所有制向全民所有制过渡,中央倡导各县普遍成立县联社,借此逐步增加公社生产资料的全民性部分和公社产品由国家统一分配的部分。可见,人民公社既是政权组织,又是生产组织,同时也是生活组织,本质上是一种同质性的共同体组织。虽然人民公社是以队这种更小的集体为基础的大集体的综合体,但这种政社合一的生产合作方式使一切平等的经济活动受到行政命令的指挥而不是供求关系的驱使,抹杀了个人的创造性,实则仍然采取的是一种平均主义。

可见,随着1958年人民公社的正式成立,中国由原初的以血缘宗法为基础的家族共同体经革命共同体的历练走向了由政府建构的政治与经济一体化的共同体。这种共同体将共产主义看作是一种以计划经济为基础的、生产资料由人民共同所有、共同劳动、共同分配的理想社会。依据这种理解,人民公社实际上就是一个将农民政治、经济及社会生活全部纳入其中的基层共同体。它不

---

① 中共中央文献研究室. 建国以来重要文献选编:第15册[M]. 北京:中央文献出版社,1997:178.

仅存在于广大的农村,而且也以单位制的形式出现在城市之中。但人民公社内部的农民和单位中的工人,都没有生产经营的自主权,本质上都是国家政权自上而下建构的结果。

三、通过战略联盟构建国际联合体

新中国成立以后,以毛泽东为代表的中国共产党人继续坚持爱国主义指导下的国际联合,为了反对帝国主义并维护世界和平与合作,提出和平共处五项原则作为处理国家间政治和经济关系的基础,在此基础上针对世界形势的变化提出一系列新的战略决策,形成了以维护和平和实行互利合作为中心的战略联盟的国际主义,这是共同体思想在国际视域下的进一步发展。

第一,针对美帝国主义的反苏、反华、反社会主义倾向,毛泽东提出著名的"中间地带"观点并制定了"一边倒"的战略决策。1954年毛泽东在同英国工党代表团谈话时指出美国反共的主要目的就在于占据从日本到英国的中间地段,控制这个广大中间地带国家的经济。毛泽东将社会主义阵营与美国之外的地方都算作中间地带,指明"中间地带国家各式各样,各不相同,但美国统统想把它们吞下去"[1]。1963—1964年间,毛泽东对中间地带做了进一步的区分,将其分为两部分:亚洲、非洲和拉丁美洲的广大经济落后的国家是第一个中间地带,欧洲、北美加拿大、大洋洲和日本等较为发达的资本主义国家是第二个中间地带[2],他们共同的目标都是反对美帝国主义。而为了防止美帝国主义吞并中国,在面临敌视和封锁的现实困境下,中国人民不能采取中间立场站在美苏之间充当桥梁,必须和苏联靠在一起,实施"一边倒"的战略决策。"一边倒"的方针是帝国主义敌视和封锁中国新生政权的必然产物,不仅拓展了新中国的生存空间,而且也增强了国际反帝统一战线的力量,为壮大社会主义阵营做出了积极贡献。

第二,针对美苏争霸与第三世界的兴起和发展,毛泽东提出划分"三个世界"的战略。20世纪70年代初期,美苏争霸与第三世界的兴起和发展成为这一时期的主要矛盾。毛泽东根据这种变化的国际形势,于1974年同赞比亚总统卡翁达就三个世界划分的问题进行了讨论,并指出"美国、苏联是第一世界。中

---

[1] 中华人民共和国外交部,中共中央文献研究室. 毛泽东外交文选 [M]. 北京:中央文献出版社,1994:487.

[2] 中华人民共和国外交部,中共中央文献研究室. 毛泽东外交文选 [M]. 北京:中央文献出版社,1994:506-509.

间派，日本、欧洲、澳大利亚、加拿大，是第二大世界。咱们是第三世界"①，这为团结革命力量，争取中间势力，建立广泛的反霸统一战线奠定了基础。由此可见，以毛泽东为代表的中国共产党人的战略国际主义所谋求的目标，在于从不断分化和改组的国际格局中联合一切可以团结的力量建立世界反霸统一战线，从而为世界的和平事业做出贡献。

第三，针对世界各国发动的正义战争，提出国际援助的策略。由于世界仍然存在着革命与反革命的两大势力，造成战争也有正义和非正义之分，那么对于由人民发动的一切有关对抗帝国主义的正义战争，以毛泽东为代表的中国共产党人都将之看成是义不容辞的职责和应尽的国际义务，并尽可能地从物质上、人力上给予各国人民的正义事业以国际援助。例如，为了保护朝鲜人民、中国人民、东方各国人民乃至世界人民的利益，打击国内国际反动气焰，毛泽东于1950年毅然高举反侵略的旗帜，派遣志愿军入朝参战，强调"中朝两国同志要亲如兄弟般地团结在一起，休戚与共，生死相依，为战胜共同敌人而奋斗到底"②。中国人民志愿军将朝鲜的事情看作是自己的事情，团结一致，共同行动，从而粉碎了美国侵吞朝鲜、进犯中国的计划，维护了中国和朝鲜以及远东的和平与安全。这不仅履行了国际义务，也大大地鼓舞了全世界被压迫人民的革命斗争。同时，中国还支持埃及收回苏伊士运河并愿意给予埃及"无代价的援助"③。

总的来看，新中国的成立和社会主义制度的建立，彻底结束了旧中国长期的分裂状态，实现了从新民主主义到社会主义的转变，巩固了国家的统一和各民族的平等团结。由于新中国把民族平等作为立国的根本原则之一，并通过宪法和法律的形式赋予各民族在政治、经济和文化等一切领域以平等的权利，使各民族共同参与到国家事务管理中来，从而实现了各族人民当家作主。这是对历史上自然形成的人们共同体的一种确认，保障了各族人民表达民族身份意愿的权利，促进了民族大团结。由此，中华人民共和国成为全国各族人民共同缔造的统一多民族国家，平等、团结、互助的社会主义新型民族关系得以建立并不断巩固和发展。以此为前提，我们党既对国家内部的剥削者和社会主义建设

---

① 中华人民共和国外交部，中共中央文献研究室．毛泽东外交文选［M］．北京：中央文献出版社，1994：00．

② 中华人民共和国外交部，中共中央文献研究室．毛泽东外交文选［M］．北京：中央文献出版社，1994：146．

③ 中华人民共和国外交部，中共中央文献研究室．毛泽东外交文选［M］．北京：中央文献出版社，1994：249．

的破坏者进行镇压,又随时防御国家外部的颠覆和侵略,为我国经济和文化的发展开辟了道路,为展开人民的劳动实践创造了稳定而又和平的环境,从而也就为个人的发展提供了坚实的制度保障。与此同时,中国与世界其他各国之间的国际联合迎来了与国内不同的发展势头。以毛泽东为代表的中国共产党人继续坚持爱国主义指导下的国际联合,为了反对帝国主义并维护世界和平与合作,提出了和平共处五项原则作为处理国家与国家之间政治和经济关系的基础,并在此基础上针对新的世界形势提出了一系列新的战略决策,形成了以维护和平和实行互利合作为中心的战略联盟的国际主义,使马克思主义共同体思想在国际视域下得到了进一步发展,为改革开放新时期世界共同体的塑造奠定了基础。

第三节 改革开放和社会主义现代化建设新时期共同体思想的转变

改革开放以来,随着高度集中的计划经济体制的全面改革和社会主义市场经济体制的建立,诸多社会职能从单位组织中剥离,原来国家对社会的总体性支配逐渐转变为科层化的技术治理[①],形成了政府公务员、自治组织的科层化体系,而且国家还通过与各种社团组织进行互动协作使得基层社会的运作越来越呈现出法团化模式的特征[②],亦即行政权力被纳入法制化与规范化的轨道。政府将原属于社会的事情归还给社会,并开始注重自身的行为效率与规范,从而附着于社会之上的行政化色彩逐渐淡化,国家与社会逐渐分离,最终形成了中国"小政府,大社会"的格局。由此可见,这与马克思、恩格斯所阐释的西方意义上的"国家与市民社会"的情况完全不同,政府与社会在相互渗透中不是走向分立、对抗的局面,而是不断走向协作,由此促进了政党关系、民族关系、宗教关系、阶层关系的和谐,并构建起以人为本的各种共同体,从而使我们对共同体的探索进入一个崭新的时期。

一、通过体制改革构建各阶级阶层的利益共同体

这一时期,随着生产力的发展以及所有制经济的改革,人们获得了经济上

---

① 渠敬东,周飞舟,应星.从总体支配到技术治理:基于中国30年改革经验的社会学分析[J].中国社会科学,2009(6):122-123.
② 田毅鹏."单位共同体"的变迁与城市社区重建[M].北京:中央编译出版社,2014:105.

的自主生产和自主经营权,从而极大地提高了劳动者的生产积极性,不但使人们从过去那种不包含个人利益或者把个人利益压缩到最低限度的集体主义中摆脱出来,而且使其成为具有独立经济人格和尊严、独立经济权利和义务的社会经济主体,能够"自主从事经济活动,去追求财富、创造财富,谋求相应利益并自我负责"①。

为了最大限度调动人民群众的积极性参与改革开放和社会主义建设,邓小平提出"先富带后富"以及"两个大局"思想,使人民公社所宣扬的平均主义被瓦解,原有的利益制衡被打破。以农村"家庭联产承包责任制"改革为序幕,以建立城市经济特区为经济体制改革的动力,最终确立了社会主义市场经济体制,农村和城市原有的社会阶层在新的历史环境下发生了变化,新的社会阶层业已形成。私营企业主、大中型企业的管理者、自由职业者形成"新富阶层",失业下岗职工成为"新贫困阶层",同时由于城乡差异、东西部经济的显著差别,农村剩余劳动力开始进城务工,而经济的快速发展与制度的不尽完备导致"经济吸纳,社会拒绝"的现象,进城民工逐渐形成"边缘人阶层"。由此,"传统的政治资源和新兴的经济资源相互渗透,交叉重叠,形成了一股特有的合力"②,利益固化的藩篱逐渐被筑立起来。为了使每个人的个体利益和基于不同阶级阶层的群体利益都能得以维护和发展,我们党不断探索不同利益共同体之间的利益协调机制,不断探索新型利益共同体的构建原则与保障机制。

第一,建立起不同共同体之间的利益协调机制。由于人民是集体属性与个体属性的统一,即是说,个体利益与共同利益的统一是维系人民存在的前提和基础。在我国,人民是最大的利益共同体,而党和政府是这个利益共同体的共同利益,即全体人民的代表,并在这个共同体内维护着每个个体利益的充分实现。同时,党的利益代表的集中性同社会各阶层、个人利益的分散性之间存在矛盾,这就需要我们不断调整这种不合理的利益格局,建立健全公平的利益分配机制。借助1994年的分税制改革,我国取消了各省的封闭市场,加快了中国统一大市场的形成,促进了资源、人才、技术、资本、信息等要素的自由流动,使市场调节资源配置和利益分配的功能得到了发挥。不但兼顾了效率与公平的原则,而且推动利益分配向弱势阶层、弱势群体倾斜,从而调整了经济主体对资源的占有和利用,缓解了社会矛盾。

---

① 陈小鸿.论人的自由全面发展[M].北京:人民出版社,2004:319.
② 吴鹏森.当代中国社会分层结构的历史演变及其启示[J].南京师大学报(社会科学版),2002(6):17.

第二，建立起人民内部的利益互动机制。在计划经济环境下，个人利益湮没在集体利益之中，人与人之间自主活动或交换的权利有限。在市场环境中，人与人之间主要是竞争关系，其结果总是一方获利，而另一方未能实现利益，或者是两者都没有实现利益。改革开放之后，我们党建立了社会主义市场经济体制，通过公平公正原则的确立和自由环境的塑造，实现了社会主义的价值取向与市场经济效率性的互相结合，各利益主体之间不仅仅是竞争关系，在本质上更是互助合作的关系，进一步促进了各主体之间的利益互动和优势互补，推动建立了各要素互补为基础的利益主体之间的平等互利关系，推动了个人与集体之间、人与人之间、阶级之间、阶层之间的互利合作，扩大了利益共识。

第三，以法制构建新型利益共同体的保障机制。以邓小平时期为开端，我们党逐渐摒弃人治，转向依靠制度治理国家和社会，明确指出"从改革制度着手，建立社会主义民主和法制制度"①，从而在民主建设的基础上，进一步提出用法制来保障政府的权威性，并逐渐将法制上升到治国方略的高度。为了消除利益主体间的摩擦和冲突，形成和谐统一的社会利益整体，我们党建立健全各项法律、法规来约束市场主体的经济活动，以防止在利益驱动下出现各种侵权行为、非法经济行为、垄断行为等。特别是1988年宪法修正案中对作为社会主义公有制经济组成部分的私营经济限定了法律活动的具体范围。可见"经济的发展，社会的进步，都离不开法制的健全"②，社会主义市场经济条件下的人员、资金和商品的流动都被制定了据以运行的法律与规则。针对社会主义市场经济制度尚不健全所滋生的腐败状况，我们党践行依法行政的职责，先后通过《行政监察法》《行政复议法》，颁布了《关于全面推进依法行政的决定》，提出要依法执政和从严治政，建设廉洁、务实、勤政、高效的政府，不断开展党风廉政建设和反腐败斗争，从而维护利益共同体的制度基础。

二、通过和谐劳动关系构建以人为本的发展共同体

从社会主义的本质要求和价值取向来看，社会主义社会应该是既能实现生产力高度发展又能促进人的全面发展的一种社会，它始终关注无产阶级的阶级利益和人的发展。社会主义所追求的共同富裕的价值目标，不仅包括物质财富的共同富裕，也包括全体人民精神财富上的共同享有和自身发展层面的共同提

---

① 邓小平．邓小平文选：第2卷［M］．北京：人民出版社，1994：348．
② 江泽民．"加快改革开放和现代化建设步伐，夺取有中国特色社会主义事业的更大胜利"迈向21世纪的行动纲领［M］．北京：新华出版社，1992：26．

高。邓小平指出："我们为社会主义奋斗，不但是因为只有社会主义有条件比资本主义更快地发展生产力，而且因为只有社会主义才能消除资本主义和其他剥削制度所必然产生的种种贪婪、腐败和不公正现象。"① 这种不公正现象就包括人的片面、畸形的发展。只有当社会物质生产力的发展和人自身的全面发展相协调时，才是真正符合社会主义本质。故而如何在市场经济的陌生人的世界里建立人际关系和谐、人与自然和谐的社会共同体成为这一时期的重中之重。这个共同体，在宏观上说就是和谐社会，从本质上来看，就是以人为本的发展共同体，把全面建设小康社会的蓝图变为现实是它的主要目标。以人为本的发展共同体是属人的发展、为人的发展、依靠人的发展，它坚持以工人、农民、知识分子等劳动者在内的广大人民群众为主体，以广大人民群众的根本利益为出发点和落脚点；它熔铸了中国几千年来的和谐思想和马克思关于未来社会的理想，是顺应时代发展的人类生活新方式，所形成的是以人为本的科学发展观。胡锦涛将中国传统"民本"精神与"以人为本"理念相结合，指出"中华文明历来注重以民为本，尊重人的尊严和价值。早在千百年前，中国人就提出'民为邦本，本固邦宁''天地之间，莫贵于人'，强调要利民、裕民、养民、惠民。今天，我们坚持以人为本，就是要坚持发展为了人民、发展依靠人民、发展成果由人民共享，关注人的价值、权益和自由，关注人的生活质量、发展潜能和幸福指数，最终是为了人的全面发展"②。以人为本的发展观体现了人在发展中的主体地位，所追求的是人与自然、人与社会、人与人之间关系的和谐，从而人既成为发展的动力主体和责任主体，也成为发展的价值主体与根本目的，超越了资本主义私有制社会下的以物为本的发展观，标志着社会主义建设实践的新起点。换句话说，即从过去片面注重物质财富的增长，转向更为自觉地重视人本身的各方面发展，扬弃了现代发展主义将经济增长等同于发展的取向，转而以经济发展为基础促进和满足人的物质精神层面的多方需求，是对马克思共产主义理论的"复归"，也是对"真正的共同体"的追寻，这也就意味着人的解放与发展成为社会主义初级阶段主要的实践内容与目标。总之，科学发展观展现了人类解放理论的新视野，昭示着人类解放的新途径，成为解决当前各种矛盾、应对时代之问的有力武器。要发挥科学发展观的指导作用必须转变传统的态度、思维方式与生态伦理理念，尤其是必须走出人类认识的狭隘性、盲目性与短视性，重视自然规律、自然自身对人类自身活动的制约和限制，使人与

---

① 邓小平. 邓小平文选：第3卷［M］. 北京：人民出版社，1993：143.
② 胡锦涛. 在美国耶鲁大学的演讲［N］. 人民日报，2006-04-23.

自然、人性与物性在一个新的高度达到和谐统一。

三、通过核心价值观的塑造构建人们共有的精神家园

由于实行以公有制为主体、受国家宏观调控的社会主义市场经济，它必须与社会主义基本制度相结合，与为人民服务的宗旨相统一，故而要把个人利益和集体利益统一起来，摒弃计划经济时期把个人利益压缩到最低限度的集体主义，重构个人利益与集体利益相统一的社会主义集体主义。但市场经济本身是以利益为驱动的经济，建立在道德和法律基础上的"以最小的投入赢得利益最大化"的自由、公平竞争是市场经济的一个重要特征，它注重对个体经济利益的维护和个性发展的尊重，从而为维护集体利益或公共利益的国家带来了挑战。在这种情况下，西方个人主义思想开始乘虚而入，我国自20世纪80年代中期开始形成"集体主义"与"个人主义"之间旷日持久的大论战。英国历史学家汤因比曾指出："文化辐射中的游移的成分，就像一个流动的电子或一种流行的传染病。当它从迄今为止它一直在其中发生作用的那个系统中解脱出来，并被释放到另一个社会环境中独自漫游时，它就可能被证明是致命的。……这是因为，在这时，这个家伙已经摆脱了原有的制约。所以，在这类情形中，'一个人的佳肴'可以成为'另一个人的毒药'。"[①] 可见，由于不同国家的国情和文化传统的差异，西方个人主义未必适合我国甚至是东方社会，反而可能造成社会无序乃至社会动荡。这就要求我们作为一个社会主义国家，要始终以社会为本位，坚持、完善社会主义的集体主义，使之真正成为促进和维护每一个人自由发展之所。在邓小平看来，中国社会作为一个代表整体利益的集体，既包括我国大陆的整个社会主义地区，也包括我国港澳台的资本主义地区。所谓的热爱集体也就是指热爱社会主义社会，并在实行特殊的资本主义制度的香港、澳门以及未来的台湾地区，至少不反对甚至不破坏中国大陆的社会主义社会。邓小平强调："港澳、台湾、海外的爱国同胞，不能要求他们都拥护社会主义，但是至少也不能反对社会主义的新中国，否则怎么叫爱祖国呢？"[②] 从这个意义上来看，从人与社会的层面出发，"集体"等同于"中国社会"，而从人与国家的层面出发，"集体"等同于"社会主义国家"。马克思曾指出资本主义的"集体"是一种与个人相对立的"虚幻的集体"，社会主义的集体则应该是一种与个人发

---

① 汤因比：文化经受着考验[M].北京：沈辉，赵一飞，等译.北京：浙江人民出版社，1988：273.

② 邓小平.邓小平文选：第2卷[M].北京：人民出版社，1994：392.

展相融通的"真实的集体"。故而社会主义首先是为了人,也必须首先依靠人。如果没有这些,社会主义的集体就会变成机械的无生气的集体或者是封建庄园式的集体。为了实现一切为人的社会主义,就需要自觉自愿的联合而不是强制的联合,就需要民主化的生活、合理的社会分工,以及个人高度的责任感和创造性等。换句话说,要重构社会主义集体主义就应当承认个人利益的基础性、正当性、合理性以及差异性,尊重个人个性的发展,当个人利益与集体利益发生冲突时,个人利益要服从集体利益,提倡毫不利己、专门利人、无私奉献,提倡诚实劳动、合法经营、按劳取酬等行为宗旨,并以国家明文规定予以保障实施。1996年,党的十四届六中全会以及2001年中共中央颁布的《公民道德建设实施纲要》,都明确强调社会主义道德建设要以集体主义为原则,集体主义成为调节国家利益、集体利益和个人利益关系的重要原则,指出"要把集体主义精神渗入社会生产和生活的各个层面,引导人们正确认识和处理国家、集体、个人的利益关系,提倡个人利益服从集体利益、局部利益服从整体利益、当前利益服从长远利益,反对小团体主义、本位主义和损公肥私、损人利己,把个人的理想与奋斗融入广大人民的共同理想和奋斗之中"①。无产阶级道德领域的集体主义原则"从道德方面来调节无产阶级内部、外部的关系,从道德上保证无产阶级的经济、政治目标能够得以顺利的实现"②。这种社会主义集体主义凝聚成社会主义核心价值观予以体现出来。相对于改革开放以前,整个社会作为一个同质性的共同体,改革开放以来确立的社会主义核心价值观,它所依据的是在承认个人差别基础上的多样化统一,共生、共识、共存、共产、共享、共荣成为人们共同生存和发展的准则,未来的中国将走向一个全体人民互帮互助、和谐共生的异质性共同体。这种共同体从根本上体现了对共同理想和共同价值的精神诉求,必将促进中国特色社会主义社会这一文明体的发展。

四、通过维护国际公平正义建设和谐世界

十一届三中全会后,开展以经济建设为中心的社会主义现代化建设成为中国最重要的历史任务,这就需要一个和平稳定的国际环境,寻求有别于旧时代下的国际政治经济新秩序。而改革开放政策的实施,打破了中国社会的半封闭状态,使中国与世界的交往和交流不断增加,从而扩大了民族共同体的边界和人民的自主发展空间。

---

① 本社编. 公民道德建设实施纲要[M]. 北京:人民出版社,2001:7.
② 罗国杰. 伦理学[M]. 北京:人民出版社,1989:152.

第一,邓小平时期提出构建国际新秩序的倡议。二战后,以维护国际垄断资本为特征的国际旧秩序并没有随着殖民体系的解体而瓦解,它依然阻碍着人类社会的发展进步,成为制约发展中国家发展的最大症结。自从20世纪70年代联合国大会通过《各国经济权利和义务宪章》之后,国际社会掀起了就如何建立国际政治经济新秩序这一问题的热烈讨论,中国从发展中国家在资本主义世界体系中的困局出发,提出建立国际政治经济新秩序的主张。随着两极格局的结束和经济全球化趋势的不断增强,国际局势由对抗转向对话,国家间的交流与合作增多,邓小平提出:"我们要在和平共处五项原则的基础上,积极发展同世界各国的关系和经济文化往来"①,并在1979年召开的七届人大二次会议上提出建立国际新秩序的倡议。过去的世界秩序建立在资本主义国家对外扩张和对世界各国殖民统治的基础上,本身具有不平等性,致使国家间的发展极不平衡,南北矛盾突出,世界局势动荡不安。1987年,邓小平在会见联合国秘书长德奎利亚尔(Cuellar)时说:"中国的政策与阁下一样,是把战争与和平问题、南北的经济发展问题,以及建立国际经济新秩序的问题,作为主要任务。这就抓住了要害。"② 1988年12月,邓小平又在与印度总理会谈时指出:"现在世界上有两件事情要同时做,一个是建立国际政治新秩序,一个是建立国际经济新秩序。"③ 正是由于第三次科技革命浪潮的推进,跨国公司的出现和经济全球化的大发展使世界各国之间的联系比以往任何时期都更要紧密,这就必然要求世界各国在公平正义的基础上,以开放包容的态度展开合作,废除过去不公平的国际旧秩序,构建新的公平正义的国际政治经济新秩序。

第二,江泽民时期提出共同发展思想。东欧剧变和苏联解体导致两极格局崩溃,世界格局处于新旧转换之中,虽然新的世界格局尚未形成,但世界各国都在极力促进有利于自身国家利益的国际格局的形成。和平与发展虽然成为时代主题,但冷战思维仍然存在,和平没有得到完全实现,世界多极化和经济全球化也在曲折中发展,人类依旧面临许多严峻挑战。1991年3月,七届全国人大四次会议决议正式提出以建立公正、合理的国际新秩序作为中国外交政策的重要组成部分。如果说20世纪90年代中国对国际主义策略和外交战略的探索与创新还带有浓厚的防御性色彩和被动性特征,那么21世纪初中国的国际主义思想和外交战略的发展开始呈现出更多的融合性色彩与主动性特征。为了给中

---

① 邓小平. 邓小平文选:第3卷[M]. 北京:人民出版社,1993:57.
② 邓小平. 邓小平思想年谱[M]. 北京:中共中央文献出版社,1998:387.
③ 邓小平. 邓小平文选:第3卷[M]. 北京:人民出版社,1993:282.

国的经济建设营造一个良好的和平环境，江泽民根据世界多样性提出共同发展的思想。2001年，江泽民同志在"七一"讲话中全面和深刻地阐述了世界多样性的重要思想，强调"各国文明的多样性，是人类社会的基础特征，也是人类文明进步的动力。应尊重各国的历史文化、社会制度和发展模式，承认世界多样性的现实。世界各种文明和社会制度，应长期共存，在竞争比较中取长补短，在求同存异中共同发展。"[1] 故而在坚持和平共处五项原则的基础上，广泛开展同世界各国和各地区的贸易往来、经济技术合作和科学文化交流，积极扩大对外开放。故而这一时期既与发达国家关系进入全面发展的时期，也与周边国家建立起各种类型的伙伴关系，使周边环境处于新中国成立以来最好的时期。

第三，胡锦涛时期提出建设和谐世界的理念。随着世界局势的向好发展，和平、发展、合作成为时代主题，但是中国加入世贸组织，经济持续高速增长，促使西方大国大肆宣扬"中国威胁论"。与此同时，世界矛盾与世界冲突不断，例如，国际经济旧秩序的存在使发展中国家与发达国家贫富差距持续扩大，导致诸多发展中国家产生对抗意识；殖民主义遗留问题引发地区热点，给世界和平埋下隐患；全球化的深入发展带来国家间贸易争端和不同文明间的摩擦与冲突，这都要求一种公平、正义、宽容、共赢的新发展理念。2005年9月15日，胡锦涛在联合国成立六十周年首脑会议上首次提出"和谐世界"理念，即致力于建立一个持久和平、共同繁荣的世界，并在党的十七大报告中进一步阐释了"和谐世界"的新概念，指出："遵循联合国宪章宗旨和原则，恪守国际法和公认的国际关系准则，在国际关系中弘扬民主、和睦、协作、共赢精神。政治上相互尊重、平等协商，共同推进国际关系民主化；经济上相互合作、优势互补，共同推动经济全球化朝着均衡、普惠、共赢方向发展；文化上相互借鉴、求同存异，尊重世界多样性，共同促进人类文明繁荣进步；安全上相互信任、加强合作，坚持用和平方式而不是战争手段解决国际争端，共同维护世界和平稳定；环保上相互帮助、协力推进，共同呵护人类赖以生存的地球家园。"[2] 由此可见，这一新理念是以人类社会生活的共同性为基础，将中国人民的利益与世界各国人民的利益紧密结合，"是我国外交政策和国际战略的表达方式，是我国建

---

[1] 江泽民. 全面建设小康社会：在庆祝中国共产党成立八十周年大会上的讲话 [N]. 人民日报，2001-07-02.
[2] 中共中央文献研究室编. 十七大以来重要文献选编：上 [M]. 北京：中央文献出版社，2009：36.

设社会主义和谐社会的逻辑延伸"。① 由此，逐渐形成国家与国家之间的"利益共同体"，正如 2010 年 10 月，温家宝在第八届亚欧首脑会议开幕式上的致辞中提出："亚欧会议成员在地缘上东西贯通，真正成为一个紧密相连的利益共同体。"② 从而以利益共同体的构建开启和谐世界的进程。

从整体上来看，改革开放以后中国对共同体的摸索和建设进入一个崭新的时期。以自然经济为基础的、前现代农业文明共同体的逐步瓦解与以商品经济为基础的、现代工业文明共同体的逐步重构成为这一时期的核心特征。我们党通过对传统社会主义实践的反思，调整了过去那种不能充分发挥人民主体性的体制机制，人民获得了前所未有的自主权和独立性，但同时也割裂了人们生产和生活的高度合一，尤其是市场经济体制确立之后，原本附着于土地之上的农民大量涌入城市，这使得前现代共同体中人们的职业、身份、利益、观念等进一步多元化，随之而来的是所有人对原有共同体认同感和归属感的逐渐淡化。这就给共同体的发展和建设提出了新的挑战和新的机遇，从而重新实现人的主体地位成为这一时期的目标导向。

前现代农业文明共同体的逐步瓦解和现代工业文明共同体的逐步重构并列而行，以至于传统的用以维系人们之间亲密友好关系的纽带逐渐松弛，而新的社会纽带尚未建立，个人成为游离于共同体之外的孤立个体。由于人总是社会存在物，这就使得个体必定要借助一定的共同体来获得归属感和身份认同感，由此获得个人发展其潜能的手段。如此一来，现实的个体之间就必然也必须形成共同的关系，重构共同体也就成为大势所趋。众所周知，马克思指明了共同体的发展趋势是一个走向"真正的共同体"的过程，那么，市民社会就仅仅是人类社会发展过程中的一个必经阶段，不是人类社会发展的目标。当前中国亟须解决的问题主要是前现代共同体瓦解所带来的信任危机和认同缺失，以及个体的自主化与社会的公平公正化，故而如何构建属于中国的现代化共同体成为改革开放和社会主义现代化建设时期实现人的主体地位的重大课题，由此开始了以民主和法制来保障人民权益以及构建共同体的新征程，并找到了重新实现人民主体性的新路径，塑造了以维护人民主体的整体性、不断促进客体的协调发展、积极提升人们的主体意识和凝聚人们意识共识为主要内容的现代共同体。

---

① 胡锦涛. 合力应对挑战，推动持续发展. 在亚太经合组织第十七次领导人非正式会议上的讲话［N］. 人民日报，2009-11-16.
② 温家宝. 推动亚欧合作进程深入向前发展：在第八届亚欧首脑会议开幕式上的致辞［N］. 人民日报，2010-10-05.

更进一步来讲则是：首先，构建起各个阶级阶层的利益共同体以维护人民的整体性；其次，构建起以人为本的发展共同体来实现主体的全面发展；最后，构建起人们共有的精神共同体以凝聚人民的价值共识。从而基于民族国家的层面建构起属于中国的新型现代共同体。在这一过程中，我们要着力处理好"构建社会主义和谐社会"与"全面建设小康社会""建构社会主义核心价值体系"与"树立社会主义核心价值观""坚持科学发展观"等方面的关系。首先，"小康社会"和"和谐社会"都是站在中国特色社会主义现代化建设的实践中提出的，但"小康社会"侧重物质文明，"和谐社会"侧重精神文明，全面建设小康社会的目标是为了达到社会和谐，故而构建社会主义和谐社会是全面建设小康社会的重要目标之一，是对全面建设小康社会战略任务的进一步展开与深化。其次，社会主义核心价值体系是构建社会主义和谐社会的重要精神支柱，而社会主义核心价值观是社会主义核心价值体系的精髓要义，故而社会主义核心价值观也是构建社会主义和谐社会的精神支撑。最后，科学发展观是构建社会主义和谐社会的根本指导方针和灵魂，不坚持科学发展观就不可能建成社会主义和谐社会。与此同时，中国作为区域性共同体，它以中国文化为基础、以经济发展为纽带，同其他地区性共同体一样，都是全球共同体的一块基石和有机的组成部分。伴随着两极格局的结束和经济全球化趋势的不断增强，国际局势由对抗转向对话，国家间的交流与合作增多，和平与发展逐渐成为时代发展的主题。在实行改革开放决策的前提条件下，中国作为一个地区性共同体必然要与其他地区的共同体发生关联，伴随着改革开放新格局的形成和对外开放的不断发展，邓小平时期提出建立国际新秩序的倡议、江泽民时期提出共同发展的思想、胡锦涛时期提出建设和谐世界的理念，从而影响着全球共同体向和平、和谐的方向迈进，虽然这种影响力在这一时期不甚明显，但在潜移默化中不断推动全球共同体发生新变化。

由上可见，人的自由全面发展既与现实物质生活水平的提高和人的能力的多方面发展相关联，是社会发展的一种现实性目标，也凸显了共产主义的终极价值目标在现实社会主义价值取向中的彰显，故而也是社会发展的一种理想性目标。在这个意义上，作为人的存在形式的共同体，它凝聚着科学真理性与实践合理性的张力。虽然就具体的经济、文化、社会等建设任务来说，现实社会主义在每一个历史阶段只能做这一历史阶段能够做的事，超越历史阶段就会犯空想主义的错误，但是在完成每一阶段的具体任务之时，必须把这些任务指向共产主义的终极价值目标，否则就不能把这些具体任务与资本主义国家所做的事区别开来，就不能体现出中国共产党代表最广大人民的根本利益，带领人民为实现共产主义而奋斗这一宗旨。①

第四节　中国特色社会主义新时代共同体理论的创新

21世纪的人类社会步入大变革、大调整的新发展阶段，世界多极化、经济全球化、社会信息化不断发展，各国利益交融、兴衰相伴、安危与共。与此同时，中国经济快速发展，尤其是党的十八大的召开确立了我国的新历史方位，中国迈入了实现中华民族伟大复兴的关键阶段，进入了全面深化改革的社会主义建设新时期，这就需要一个和谐稳定的国内环境和一个和平安宁的国际环境。在这一过程中，我们党把国家、民族、社会、个人与全人类视作一个命运共同体，把国家利益、民族利益、社会利益、个人利益和全世界整体利益紧紧联系在一起，站在人类历史的新高度审视中国和世界的发展。在基于"中华民族共同体"和保护人与自然之间"生命共同体"的基础上提出构建"人类命运共同体"，从而推进人的解放由地区性解放迈向全人类范围解放的方向。

一、人与自然"生命共同体"的地位更加凸显

以习近平同志为代表的新时代中国共产党人在把握中国新历史方位和人类社会新发展阶段的基础上，以系统论的思想方法看问题，在继承马克思、恩格斯和历代中国共产党人对人与自然关系相关论述的基础上，不断对其进行发展和创新，以创造良好的生态环境为现实目标，以实现人的全面自由发展和世界的可持续发展为最终目标，从国家与环境、发展与环境、人与环境的直观层面转向生命与生命的深层高度看待生态文明建设，明确强调"人与自然是生命共同体"，充分印证了自然界的解放是人的解放的前提，形成了以社会生命体与自然生命体相结合的时空交错的有机体，成为构建整座共同体大厦的绿色屏障。

第一，保持自然存续与生命品质之间的历时性增进。"生命共同体"不是从来就有的客观事实，而是在人类发展过程中不断演化而成的历史产物。自然先于人而存在，人的肉体生活和精神生活都脱离不了自然界，"我们连同我们的肉、血和头脑都是属于自然界和存在于自然界之中的"②，自然界提供了人类生

---

① 参见：陈学明，等. 科学发展观与人类存在方式的改变 [J]. 中国社会科学，2000 (5)：30.
② 马克思，恩格斯. 马克思恩格斯全集：第26卷 [M]. 北京：人民出版社，1995：769.

活和生产的资料来源，是"生命之母"。不同于动植物依靠自身就可以完成自我存续，人必须通过长期劳动进行人与自然之间的物质交换来完成，这就必然产生人与自然之间的互动。为了保证人类的生命存续，维持人与自然之间的共存与发展，历届中国共产党人提出了绿化祖国、保护环境、可持续发展、科学发展观等各项战略举措。习近平在保障人类生命存续的基础上更加注重人类的道德诉求和高质量发展，既坚持生态与民生相结合的生态民生观，又不断推进人口经济与资源环境相融通的生态发展观，明确指出："保护环境就是保护生产力，改善生态环境就是发展生产力。良好生态环境是最公平的公共产品，是最普惠的民生福祉。"[①] 随着人们生活水平的不断提高，人们对生活品质的要求越来越高，故而如何提高人们的生活品质和个人的幸福感成为当今时代的新课题。习近平结合新的历史方位，回应新时代人们的新需求，指明"我们要建设的现代化是人与自然和谐共生的现代化，既要创造更多物质财富和精神财富以满足人民日益增长的美好生活需要，也要提供更多优质生态产品以满足人民日益增长的优美生态环境需要"[②]。进而以新发展理念为核心，从整体观、长远观出发，在保护环境的基础上开发资源，树立"绿水青山就是金山银山"的强烈意识，形成绿色发展方式和生活方式，以全民健康来推进全面小康。从而打破了"人类中心主义"与"生态中心主义"的争论，在全世界树立起生态文明建设的旗帜，与资本主义私有制下处于异化和对立状态的人与自然关系彻底划清界限，进一步深化了社会主义公有制下人与自然之间的和谐共生与协同共进。

第二，保持建设空间与绿色空间之间的共时性融通。新时代中国共产党人不仅提出人与自然生命共同体何以可能和如何实现发展的问题，更致力于如何保障人与自然生命共同体实现永续发展的问题。习近平立足于历史发展的宏观视野，以当下阶段性发展的现实问题为重点，在把握历时性发展大势的基础上，注重从共时性的统筹发展入手，"科学布局生产空间、生活空间、生态空间"[③]，提出了德法兼治、内外兼顾的生态治理观。由于自然资源是不可再生资源，要保护自然资源和生态环境就要以节约、保护和自然修复为主，从而人的主观行为成为制约自然界存续发展的一大变量，必须从根本上改造人类的现实活动，

---

① 中共中央文献研究室. 习近平关于社会主义生态文明建设论述摘编 [M]. 北京：中央文献出版社，2017：51.
② 习近平. 决胜全面建成小康社会 夺取新时代中国特色社会主义伟大胜利：在中国共产党第十九次全国代表大会上的报告 [M]. 北京：人民出版社，2017：50.
③ 中共中央文献研究室. 习近平关于社会主义生态文明建设论述摘编 [M]. 北京：中央文献出版社，2017：27.

在坚持发展与保护相统一的基础上，既采取一系列措施增强人的外在约束力，又以有效的方式增强人的内在自觉性。为了增强人的外在约束力，习近平提出要全方位、全地域、全过程的开展生态环境保护，确保人与自然之间的空间稳定与均衡发展。例如，各地区要依据主体功能定位发展，根据各区域承载能力的强弱从源头上保护生态环境；城市规模则要同资源环境承载能力相适应，形成相互协调的生态网络，促使城市和大自然相互融合，实现"重新自然化"；而针对欠发达地区要因地制宜，力争走出一条生态脱贫新路子。习近平不仅提出人与自然之间要保持空间均衡，更提出要维护空间载体的品质，以最严格的制度、最严密的法治保护生态环境，建立健全资源生态环境管理制度，针对资源的所有、管理、使用、开发和保护等问题进行明确规定。例如，改革自然资源资产产权制度，实现自然资源所有者与自然资源管理者既相互独立又相互配合与相互监督、建立资源有偿使用制度和生态补偿制度、形成国土空间开发保护的基础制度并健全空间规划体系，落实生态空间用途管制；实施生态绩效考评制度，将资源消耗、环境损害、生态效益等有关生态的指标纳入经济社会发展考核评价体系，树立起各地区的生态红线观念；建立领导干部生态责任终身追究制度，使生态保护不是流于形式，而是真抓并抓出成效，不让制度规定成为"没有牙齿的老虎"。这一系列的制度保障措施增强了人的外在约束力。与此同时，习近平也致力于增强公民对于环境意识的内在自觉性，不断加强生态文明宣传教育，深入人们的日常生活进行文化和道德的生态宣传和实践，以在全社会树立勤俭节约和循环发展的消费观，从而推动能源消费革命。不仅如此，更在全世界范围内同各国深入开展生态文明领域的交流合作，推动成果分享。基于发展中国家和发达国家对于生态环境的历史责任不同、发展需求和能力水平的差异，"坚持共同但有区别的责任原则、公平原则、各自能力原则"[①]，从而不断加强和完善全球治理体系。

由此可见，以习近平同志为代表的新时代中国共产党人在协调发展和绿色发展理念的指导下，不断推动自然资本的增值，以形成集约高效的生产空间、宜居舒适的生活空间和山清水秀的生态空间，并力争构建一个互助共享的全球空间，为当下实现人与自然的可持续发展找到现实路径。

---

① 中共中央文献研究室. 习近平关于社会主义生态文明建设论述摘编 [M]. 北京：中央文献出版社，2017：141.

二、族际与族际"民族共同体"的追求更加紧迫

国族一体化是事关国家发展、稳定的重大基础问题,"实现中华民族伟大复兴的中国梦,必须有赖于中华民族的国族一体化,把中华民族建设和巩固成为一个统一的凝聚力强大的国族。"① 中华民族作为中国的国族,暗含着各个不同的族群,习近平指出:"我国56个民族都是中华民族大家庭的平等一员,共同构成了你中有我、我中有你、谁也离不开谁的中华民族命运共同体。"② 如何处理各个民族与整个国家的关系成为中华民族大家庭与各民族家庭成员之间必须面对的问题,也成为新时代民族工作的使命。

第一,以巩固海内外的爱国统一战线作为构建中华民族共同体的现实基础和保障。国族一体化是事关国家发展和稳定的重大基础性问题,只有最大限度地团结海内外各种力量,形成最广泛的爱国统一战线,才能"找到最大公约数,画出最大同心圆"③。在当今全球化发展的新阶段和中国发展的新历史方位下,习近平以社会主义新型民族关系为基础,充分发挥统一战线大团结大联合的作用,既注重国内各民族的团结,也不断巩固和发展全国人民的大团结,并加强海内外中华儿女的大团结。一方面以发展促团结,国家不断加大对少数民族地区的扶贫开发,以打好新一轮的扶贫开发攻坚战为重心,因地制宜地发展民族经济,不断提升民族地区的自我发展能力,从而使民族地区从依靠外力扶持逐渐转向自身的独立,形成了社会主义时期处理民族关系的根本内容。另一方面,坚持统一和自治相结合,充分发挥各民主党派和党外知识分子的作用,不但将人民政协作为最广泛的爱国统一战线组织,不断推进人民政协的理论创新、制度创新和工作创新,而且在坚持团结、服务、引导、教育方针的基础上,团结党外知识分子和新的社会阶层积极投身于社会主义实践。与此同时,坚决维护国家主权的完整性,倡导统一,反对分裂,通过不断增强大陆和台湾之间的和谐统一来构建稳健的中华民族共同体的四梁八柱,并使统一战线的主题越出一国范围内的和谐与发展转向世界范围内的共享与包容,将致力于中华民族伟大复兴的所有爱国者皆纳入其中,从而将统一战线思想提高到世界范围的高度,扩大了中华民族作为一个民族共同体的内涵和功能。"两个范围"的爱国统一战

---

① 胡鞍钢,胡联合.中国梦的基石是中华民族的国族一体化[J].清华大学学报(哲学社会科学版),2013(4):111.
② 习近平.中华民族一家亲 同心共筑中国梦[N].人民日报,2015-10-01.
③ 习近平.决胜全面建成小康社会 夺取新时代中国特色社会主义伟大胜利:在中国共产党第十九次全国代表大会上的报告[M].北京:人民出版社,2017:39-40.

线确保了民族团结与国家稳定,成为构建中华民族共同体的现实动力和基础保障,是构建中华民族共同体的主要物质支撑。

第二,以培育民族与国家之间命运与共的共同体意识作为构建中华民族共同体的精神纽带和支撑。习近平始终认为要解决好民族问题,必须解决好物质方面和精神方面的问题。不仅要以发展促团结,还要以团结聚人心、以人心换团结,形成命运与共的思想共识。中华民族作为一个由历史上各个民族群体凝聚一起而形成的民族共同体,历经了由自在阶段不断走向自觉阶段的历史演变过程,其中既有过联结和融合,也经历过分裂和消亡,正是由于把握住了个人身份认同、民族认同和国家认同三者之间的内在关系才能形成构建中华民族共同体的精神支撑。"坚定不移走中国特色解决民族问题的正确道路,让各族人民增强对伟大祖国的认同、对中华民族的认同、对中华文化的认同、对中国特色社会主义道路的认同"[1] 构成中华民族共同体意识的核心内容,是政治共同体、经济共同体、文化共同体在思想理论上的集中体现,彰显了命运与共的精神实质。文化认同是中华民族共同体意识最核心的力量支撑,各民族共有精神家园是中华民族共同的精神归宿,为了应对现阶段民族工作面临的困境和民族意识的弱化,习近平尤其强调要在弘扬社会主义核心价值体系和践行社会主义核心价值观的基础上培育中华民族共同体意识。一方面保持文化价值的统一性,以社会主义核心价值观引领各族文化,弥合各族区域身份认同与国家认同之间的情感断裂,巩固国家统一、民族团结的思想基础;另一方面尊重、包容各民族的文化多样性,相互学习、共同协作,努力实现各民族传统文化的创造性转化和创新性发展,从而为中华民族伟大复兴奠定现实和理论基础。

第三,以实现中华民族伟大复兴的中国梦作为中华民族共同体的价值指向和目标。习近平明确指出:"民族工作关乎大局,关系实现'两个一百年'奋斗目标,关系实现中华民族伟大复兴的中国梦。"[2] 中华民族共同体的价值目标在于实现国家富强、民族振兴和人民幸福,亦即实现中华民族伟大复兴的中国梦,这与民族与国家关系最终要解决的问题和所要达到的目标具有内在一致性。民族大团结大联合的目标在于促进经济发展、维护国家的稳定和统一,而国家统一又会为民族团结提供保障,促进全面建设小康社会和建设社会主义现代化强国目标的实现,为最终实现中华民族的伟大复兴奠定基础。构建中华民同

---

[1] 习近平. 在中央民族工作会议上的重要讲话[N]. 人民日报,2014-09-29.
[2] 中共中央文献研究室. 十八大以来重要文献选编:中[M]. 北京:中央文献出版社,2016:105.

体以正确对待和处理民族与国家之间的政治关系为主旨，从民族工作入手来促进各族交流团结和国家全面发展，从国家工作入手来维护国家统一和各族根本利益，充分展现了二者之间的互通共融。长期以来，正是在中国共产党的领导下，我国的民族事业和国家事业才能够聚众凝力取得巨大成就。可见，中国共产党统领着中华民族共同体的构建，具有统合民族与国家的全局性作用，是实现中华民族伟大复兴的政治保障。中国共产党自成立起，就立足于中华民族这一民族实体，坚持以人民为中心，始终以实现共产主义作为最高理想和最终目标，始终牢记"中国共产党人的初心和使命，就是为中国人民谋幸福，为中华民族谋复兴"①。故而中国共产党始终坚持人民主体观，中华民族共同体的构架始终紧紧围绕着为人民谋幸福而展开，既从国家层面也从民族层面构建国家富强、民族复兴的图景。从这个意义上来看，民族与国家关系最终所要实现的目标与中华民族共同体的价值目标具有内在一致性，都力图在中国共产党的领导下实现中华民族的伟大复兴，实现为人民谋取幸福的最终旨归。

三、人与世界"命运共同体"的目标更加明确

新时代中国共产党人在人类面临前所未有的全球性危机之下提出构建"人类命运共同体"的应对之策。塞缪尔·亨廷顿（Samuel Huntington）说："在基本层面上，国家主义的范式所作的假设在整个历史上一直是有效的，但它因此无助于我们理解冷战后的全球政治如何不同于冷战时期和冷战之前的全球政治。然而它们之间显然存在着差别。在冷战后的世界中，国家日益根据文明来确定自己的利益。"② 按照亨廷顿所言，如果冷战后世界是由国家主义向文明体转变，那么新时代世界所面临的人类共同危机则需要破除"零和博弈"的旧国际关系，逐步由文明体向命运共同体转变。正如历史学家尤瓦尔·赫拉利（Yuval Noah Harari）所言："人类之所以不辞辛劳地打造出国家这种共同体，是因为遇到了任何部落都无法独自应对的挑战。"③ 因此，要以命运共同体的新视角，以同舟共济、合作共赢的新理念，寻求多元文明交流互鉴的新局面，寻求人类共同利益和共同价值的新内涵，寻求各国合作应对多样化挑战和实现包容性发展的新道路。

---

① 习近平. 决胜全面建成小康社会 夺取新时代中国特色社会主义伟大胜利：在中国共产党第十九次全国代表大会会上的报告 [M]. 北京：人民出版社，2017：1.
② 塞缪尔·亨廷顿. 文明的冲突 [M]. 周琪，译. 北京：新华出版社，2009：12.
③ 尤瓦尔·赫拉利. 今日简史 [M]. 林俊宏，译. 北京：中信出版社，2018：103.

1. "人类命运共同体"理念的形成过程

在全球化大时代背景下，当今小时代主题已经从"战争与革命"经由"和平与发展"而进入了"合作与共赢"。世界多极化、经济全球化、文化多样化与社会信息化的时代特征决定了传统的以暴力和资本作为权力的时代已经渐渐远去，以全人类的正义和知识作为权力的时代已经到来。当今世界各国面临着诸如和平赤字、发展赤字和治理赤字等一系列全人类共同的挑战，这就促使各国不仅要求和平与发展的国际环境，更要求塑造一个合作共赢、命运与共的国际社会。基于此，以习近平同志为核心的党中央在把握关键问题的基础上进行理论创新，有步骤、分阶段地提出了构建"人类命运共同体"的理念。

从 2012 年党的十八大报告提出倡导"人类命运共同体"意识到 2015 年第七十届联合国大会一般性辩论时提出打造"人类命运共同体"五位一体的总方略，是"人类命运共同体"理念的成型阶段。初步形成了构建"人类命运共同体"的理论框架和总体方案，即建立平等相待、互商互谅的伙伴关系，营造公道正义、共建共享的安全格局，谋求开放创新、包容互惠的发展前景，促进和而不同、兼收并蓄的文明交流以及构筑尊崇自然、绿色发展的生态体系。可见，"人类命运共同体"的构建是基于共同的利益、共同的责任、共同的命运和共同的义务。从 2015 年习近平主席出席巴黎气候变化大会到 2016 年出席秘鲁 APEK 大会，"人类命运共同体"理念在内涵和外延上有所拓展，这是其拓展阶段。通过一年多的出访，不仅加强了中非命运共同体、中阿命运共同体和中东欧命运共同体的构建，更在解决全球性问题上提出了具体举措，针对气候变化、网络安全、核安全等问题提出气候变化治理机制、构建网络空间命运共同体和核安全命运共同体，促使构建"人类命运共同体"的概念不断得以扩展、传播和深化。从 2017 年 1 月 18 日习近平主席在联合国日内瓦总部发表《共同构建人类命运共同体》的主旨演讲到 2017 年 10 月 18 日将"人类命运共同体"理念作为习近平新时代中国特色社会主义思想写入党的十九大报告，"人类命运共同体"理念由理论构想转向现实实践，进入落实阶段。在坚持对话协商、共建共享、合作共赢、交流互鉴和绿色低碳的基础上，建设一个持久和平、普遍安全、共同繁荣、开放包容、清洁美丽的世界，"一带一路"建设成为实践平台。从而"持久和平、普遍安全、共同繁荣、开放包容、清洁美丽"这二十字方针构成了人类命运共同体的确切内涵。从 2017 年 12 月习近平主席在人民大会堂出席中国共产党与世界政党高层对话会并发表主旨演讲直至今日，"人类命运共同体"理念不断得以深化和发展，步入了全面构建的新阶段。习近平主席坚持将每个民族和国家的前途命运紧密连接在一起，将世界人民对美好生活的向往变为现实，提出各国家政党需建立新型国际关系，为共同构建人类命运共同体展开全面行动，在时间上分阶段、分步骤，在空间上分地域，在内容上分领域，从而逐层推进人类命运共同体的构建。可见，"人类命运共同体"理念扎根于地球村的土壤，以全世界人民的共同发展为基础推动"人类命运共同体"的构建，以共存共在为行动前提，以共商共建为行动方式，以共享共赢为行动结果，所要达到的是理想的彼岸，着眼的是人类的未来。

2. "人类命运共同体"的内在逻辑

以习近平同志为代表的中国共产党人以高瞻远瞩的政治视野、实干兴邦的使命担当、不断创新的战略勇气和合作共赢的大国情怀，将马克思主义基本原理与中国的党情、国情和世情相结合，有步骤、分阶段地阐发了构建人类命运共同体的重要理念。从中可以窥探，作为一种理论发展成果和一种现实推进过程，人类命运共同体暗含着理论、历史与行动三大逻辑。

第一，人类命运共同体理念的理论逻辑。首先，以唯物史观为哲学基础。马克思从现实的人的物质生产活动出发来理解不同历史时期和历史阶段，并以此为基础解释各种观念形态，不仅构成了马克思共同体思想的理论基石，更是构建人类命运共同体的理论前提。人类命运共同体是马克思历史唯物主义的理论逻辑和现代人类文明发展的历史逻辑的辩证统一体。构建人类命运共同体正是以世界范围生产力与生产关系、经济基础与上层建筑的矛盾运动，依据经济全球化深入发展的客观趋势和人类社会相互依存、命运与共的客观事实为基础而得出的结论，这是不以人的意志为转移的世界发展大势，它植根于世界生产力的发展以及由此产生的世界范围下人类的普遍交往，彰显了唯物史观的内在意蕴。其次，以无产阶级国际主义思想为内在支撑。马克思、恩格斯基于唯物史观，根植于历史向世界历史转变的基本趋势，指导全世界无产者和被压迫民族通过国际阶级联合争取自身解放，使人类社会最终建立在世界范围内自由人的联合基础之上，形成了无产阶级国际主义思想的雏形，推动了国际工人运动和民族解放运动的发展，本质上是阶级解放的工具价值与人类共同体的理想价值的统一。中国所倡导的人类命运共同体意识本质上就是一种过渡形态的国际主义，它坚持对话协商、共建共享、合作共赢、交流互鉴和绿色低碳的行动理念，以建设一个持久和平、普遍安全、共同繁荣、开放包容、清洁美丽的世界为主要目标，从而承继了无产阶级国际主义的人类共同意识，成为构建人类命运共同体的理论支撑。最后，以马克思畅想的共产主义社会为理想追求。人类命运共同体理念根植于马克思"真正的共同体"思想。人是类存在物，人的类活动是实现人的生存与发展的纽带。前资本主义社会下人的依赖关系与资本主义社会下物的依赖关系都未能为人的发展提供真实的场域,只有在共产主义社会中,普遍的物质联系转变为联合起来的个人自觉的控制对象,每个人在联合的共同体中真正掌握了自己的命运、获得了自由发展的机会。人类命运共同体理念继承了马克思"真正的共同体"的人类情怀,以促进人的自由发展为根本指向,追求合作共赢的未来新社会。从这点出发,人类命运共同体理念在价值旨归上与马克思"真正共同体"思想高度契合,彰显了中国共产党人矢志不渝追求人类共同进步和发展的世界情怀。

第二,人类命运共同体理念的历史逻辑。首先,它是在总结中国社会发展规律的基础上对国家治理经验的新概括。人类命运共同体理念是在遵循社会主义社会发展一般规律的基础上,结合中国社会发展的特殊规律和中国共产党执政规律基础上的一种理论概括和实践总结。它从资本主义私有制下的剥削性生产关系和社会关系转向社会主义公有制下的公平化生产关系和社会关系,以中国传统的"王道"取代西方长期以来的"霸道",在以和合思想作为多民族国家、市民社会、自由个人三者之间关系共同体的价值导向的基础上,使国家这个政治共同体不断向社会化方向过渡,形成以国家政治共同体、市场利益共同体、民间社会共同体为中心的治理体系。并随着我国对外开放程度的不断加深,看到国家治理与全球治理的互动关系,进而在统筹国内国际两个大局的基础上,牢牢把握服务民族复兴、促进人类进步这条主线,推动构建人类命运共同体。这是有别于资本主义国家的社会主义国家治理。其次,它是在总结资本主义社会发展规律的基础上对国际秩序和国际体系的新发展。人类命运共同体理念是在对西方国际关系理论和西方"文明冲突论"进行批驳的前提下而提出的一种新型国际秩序观,其超越了旧国际秩序和国际体系。西方的现实主义国际关系理论与自由主义国际关系理论坚持丛林法则和无政府主义观,其从狭隘利益出发抽象地谈论人性。而西方的建构主义国际关系理论虽摒弃了个体主义性质,并注重整体主义理论下的社会共有观念,但无法解释清楚共有观念,强调的重点也仅仅是对外政策的行为选择,从而陷入了现实主义与理想主义的窠臼。美国对于霸权地位的诉求使之以文明的差异性来假想敌手,从而开辟冲突战场,继而借用公众舆论来制造其霸权的合理性,从而使西方的"文明冲突论"作为国际关系中的一种非主流理论,在冷战之后的国际关系中发挥着不可小觑的威力。有鉴于此,以习近平同志为核心的党中央坚持中国历来的外交策略,在继承和平共处五项原则、国际新秩序原则、和谐世界观的基础上,以联合国宪章的宗旨和原则为依据,强调国家之间构建的是对话而不对抗、结伴而不结盟的伙伴关系,以共商共建共享的全球治理理念来组建共赢共享的国际新秩序,使

"和平、发展、公平、正义、民主、自由"的共同价值观成为全人类共同的价值导向。由此塑造了全世界的人类命运共同体，为国际秩序描绘了总体蓝图，是中国特色社会主义大国外交思想在新时代的发展与创新。最后，它是在总结人类历史发展规律的基础上对全人类前途命运的现实思考。人类命运共同体思想既继承了中国传统文化和社会主义先进文化，又超越了西方文化中心主义，不仅在理论上丰富发展了科学社会主义，也在实践上助推了人类困境的化解，描绘了人类社会未来发展的新蓝图，成为世界社会主义运动蓬勃发展中的一大亮点。它不仅为中华民族的整体发展规划蓝图，更为人类世界的共同发展出谋划策；不仅注重社会主义国家的持续进步，同时也关注资本主义国家的共同发展，顺应了世界各国人民对共同利益、共同命运和共同愿景的期待，为资本主义与社会主义的和平共处和共谋发展开辟出一条新式的和解道路，成为解决当今时代难题的一剂良方。

第三，人类命运共同体理念的行动逻辑。首先，以"和合"文化引领行动方向。要构建人类命运共同体就要立足于中国自身，以中华民族共同体为基点，植根于中华优秀传统文化这一深厚的文化沃土。中华民族自古以来就有万国咸宁、天下一家的情怀与意识，从先秦时代的"百家争鸣"到汉代汲取各家思想而成的"独尊儒术"到魏晋时期的儒道相融的玄学到宋明时期儒释道融突和合的理学再到现代中西方思想相融的新儒学，融突与和合成为中国传统文化的精髓。和合文化蕴含的"天人合一的宇宙观、协和万邦的国际观、和而不同的社会观、人心和善的道德观、义为至上的价值观"①，构成了中国传统文化的核心内涵，成为古代中国应对生存发展危机的利器。"在现代意义上的所谓和合，是指自然、社会、人际、心灵、文明中诸多形相、无形相的互相冲突、融合，与在冲突融合的动态变易过程中诸多形相、无形相和合为新结构方式、新事物、新生命的总和"②，亦即通过和合思想可以化解当下人与自然、社会、人际、心灵、文明之间的冲突与危机，这与人类命运共同体理念所坚持的对话协商、共建共享、合作共赢、交流互鉴和绿色低碳的思想异曲同工，是中华传统的和合文化在当代的延伸与发展，故而必须以和合文化来引领人类命运共同体，树立人类命运共同体意识，进而在此基础上形成构建人类命运共同体的多重原则。其次，以"命运共同体"为中心展开行动部署。命运共同体是民族与民族、国

---

① 江学时. 人类命运共同体研究[M]. 北京：世界知识出版社，2018：80.
② 张立文. 中国传统文化与人类命运共同体[M]. 北京：中国人民大学出版社，2018：144.

家与国家之间结成的风雨同舟、休戚与共的关系共同体。它寻求共同利益与共同价值的结合，不仅涵盖经济层面，更包含社会、人文、安全、价值理念等多个层面，通过双向互动，加强彼此间对话协商、共享人类发展成果、共建人民之间的深厚友谊。在依赖中华民族共同体这一历史和现实共同体的基础上，要以全球视野的战略性眼光由点及面，逐层向外延伸，由双边、区域向全球逐层推进，坚持"大国是关键，周边是首要，发展中国家是基础，多边是舞台"的外交战略思维。以中华民族共同体为基点向外辐射，让命运共同体意识在周边国家落地生根，逐渐构建起中国和周边国家的命运共同体，从而迈向亚洲命运共同体，在此基础上继续构建中国和发展中国家命运共同体，从而展开发展中国家和发达国家之间的对话和合作，继而构建起中国和发达国家命运共同体，最终实现构建人类命运共同体的目标，将全人类纳入一个世界共同体。最后，以"一带一路"建设搭建行动平台。"一带一路"是构建人类命运共同体的重要桥梁和纽带，本质上是一种全球性的经济治理模式。它以我国古代丝绸之路为主线，用新的经济关系破除并取代不合理的经济旧秩序，以期实现中国与各沿途国家之间的和平合作、互利共赢，进而推进世界经济秩序的新发展，建设开放型的世界经济。可见，"'一带一路'倡议，就是要推动人类命运共同体"[①]。自2013年秋天习近平提出"一带一路"倡议至今，"一带一路"建设取得了丰硕的建设成果，建立起多方保障机制，深化了各国之间的政策沟通、设施联通、贸易畅通、资金融通和民心相通。例如，党中央专门成立"丝路基金"并呼吁成立亚洲基础设施投资银行以及金砖国家新开发银行作为"一带一路"建设的融资保障，亦是为加速构建人类命运共同体提供了新平台以及资金保障。为了应对"一带一路"建设过程中出现的各种矛盾、冲突和争端，引入和平式、多元化的争端解决机制，在坚持共商共建共享原则的前提下，结合沿线各国的实际情况和法律机制，实现诉讼、调节、仲裁的有效衔接。由此形成了多边合作机制，不仅发挥联合国这一国际组织在构建人类命运共同体中的多边平台作用，维护国际和平与安全，构建以合作共赢为核心的新型国际关系，而且发挥地区性合作组织的多边平台作用，将亚太经合组织、欧盟、上海合作组织和中阿、中非、中拉友好协会都纳入构建人类命运共同体的多边合作框架。由此可见，"一带一路"建设以国家高层引导为前提，以发展规划为指南，以项目建设为实施抓手，以制度和政策为强力保障，形成了构建人类命运共同体的全面而

---

① 习近平. 携手建设更加美好的世界：在中国共产党与世界政党高层对话会上的主旨讲话[N]. 人民日报，2017-12-01.

又具体的实施范本。

从整体上来看，自从党的十八大以来，中国共产党人对共同体思想的探索进入一个前所未有的深化与创新时期。它以生产力的高质量发展为前提，以实现"个人所有制"下个人全面而自由的发展为目的，从人与人、人与社会、人与自然、民族与国家、国家与国家的角度对"人与自然生命共同体""中华民族共同体""人类命运共同体"等不同层级的共同体进行了深入研究，内容涉及政治、经济、文化、社会各方面。以习近平同志为代表的中央领导人不但极力通过国家政权的力量确保社会成员拥有具有个人所有权的生产资料，而且通过制度设计来确保任何人都不能通过剥夺他人的生产资料去奴役他人的劳动，从而确保了共同体始终是以现实的人的发展为核心主旨。尤其在进入21世纪的第二个十年，全球似乎呈现出一个空前焦虑的状况，逆全球化和单边主义卷土重来，国家之间、族群之间、底层大众和统治集团之间的冲突此起彼伏，全球化出现的不平衡性、不均衡性、不平等性导致现实主义、自由主义倡导下的国际秩序陷入了空前的困境，故而以习近平同志为核心的党中央以时代变化为先导，立足于中国社会的深层次变革，着眼于人类未来的共同进步，在人类当前面临前所未有的全球性危机之下提出构建"人类命运共同体"。它超越了均势安全观与集体安全观、超越了零和发展观和自由发展观、超越了文明冲突论、超越了结盟和不结盟的关系，它以普遍安全观、共同发展观、文明交融性和伙伴关系成为解决21世纪全球性问题的新范式，引领了人类社会的新方向。

"人类命运共同体"以同舟共济、合作共赢的新理念破除"零和博弈"的旧国际关系，在寻求人类共同利益和共同价值的基础上开拓出各国合作应对多样化挑战和实现包容性发展的新道路。更加难能可贵的一点是，中国不仅有步骤、分阶段的提出人类命运与共的共同体理念，而且将这一理念由理论构想转化为现实实践。从理论层面来看，它以"天人合一的宇宙观、协和万邦的国际观、和而不同的社会观、人心和善的道德观、义为至上的价值观"[1]为核心内涵的"和合"文化来引领构建，以"命运共同体"为中心展开由内到外的逻辑建构。从实践层面来看，它以中华民族共同体为基点向外辐射，从构建中国和周边国家的命运共同体，迈向亚洲命运共同体，并在此基础上构建中国和发展中国家命运共同体，同时不断推进构建中国和发达国家命运共同体，最终走向构建人类命运共同体，尤其是依靠"一带一路"建设这样一种新的全球性经济治理模式作为实践平台，破除并取代了不合理的经济旧秩序，形成了新的、开

---

[1] 江学时.人类命运共同体研究[M].北京：世界知识出版社，2018：60.

放型的世界经济关系。从这个意义上来看，人类命运共同体成为实现中国人民和世界人民对美好生活向往的现实通道，是人类社会通向马克思"自由人联合体"的过渡形式，它不仅实现了有关马克思共同体思想的理论跨越，更推进了共同体理论范式的创造性重构，使马克思"真正的共同体"思想由理想蓝图变为一套集理想主义与现实主义于一体的改造世界的可操作方案，拓展了人类解放的理论空间和现实路径。

综上可见，直至近代，建立在血缘和宗法之上的中国传统的"家天下"的社会结构使个体受到群体的长期束缚。新中国成立后则开始对原有的共同体进行重塑，实现了对社会的整合和控制。在农村，人民公社化运动则将个体从传统的家庭共同体中抽离出来，嵌入人民公社形式为主的政府共同体之中。在城市，集体化以单位制为表现形式，个体依靠单位而生，单位内部的行政化管理和单位边界的封闭性将个体牢牢套在一个固定不变的位置上，形成"国家—单位—个体"的纵向一体化结构。由于它是以最广大人民群众的整体利益和根本利益为出发点和归宿，故而相对于具体的个人，其更加侧重于抽象社会。改革开放后，中国对共同体的摸索和建设进入一个崭新的时期，以自然经济为基础的前现代农业共同体逐步瓦解，以商品经济为基础的现代工业共同体开始形成。我们党对传统社会主义实践进行反思，调整了过去那种不能充分发挥人民主体性的体制机制，从而使人民获得了前所未有的自主权和独立性，但同时也割裂了人们生产和生活的高度合一，尤其是市场经济体制确立后，原本附着于土地之上的农民大量涌入城市，这使得前现代共同体中人们的职业、身份、利益、观念等进一步多元化，随之而来的是所有人对原有共同体的认同和归属感逐渐淡化，这就给共同体的发展和建设提出了新的挑战和新的机遇。因此，如何构建属于中国的现代化共同体成为改革开放和社会主义现代化建设时期实现人的主体地位的重大课题，由此开始了以民主和法制来保障人民权益以及构建共同体的新征程，并找到了重新实现人民主体性的新路径，塑造了以维护人民主体的整体性、不断促进客体的协调发展、积极提升人们的主体意识和凝聚人们共同意识为主要内容的现代共同体。从这个意义上来讲，改革开放后形成的"新集体主义"比较符合马克思主义经典作家所阐释的"真实集体"意义上的共同体（集体主义），而改革开放前的"革命的集体主义""建设的集体主义"等比较符合马克思主义经典作家所阐述的"虚假集体"意义上的共同体（集体主义）。新时代中国特色社会主义时期，以习近平同志为代表的中国共产党人统筹国内与国际两个大局，统筹发展与安全两件大事，牢牢把握和平发展、人民幸福的主旨要求，着眼当下提出"中华民族共同体"，并将其作为现实根基和逻辑起点，进而不断向外延伸，层层递进，以"人与自然生命共同体"为保障，架起从现实社会通向未来世界的绿色通道，并在面向未来的基础上提出构建"人类命运共同体"，将其作为未来发展的逻辑主线。从这个意义上来看，改革开放后，由于实行了社会主义市场经济的运行体制并采取了民主与法治的政治体制，不但个人利益得以彰显，而且由于追求共同富裕最大限度地促进了公平和正义。它以所有的具体个人为出发点和归宿点，强调的是具体意义上的所有个人利益及其共同利益，而不是抽象意义上的整体利益，所要达到的是保证全社会的每个人都能全面而自由的发展，即促使每个人的个性自由得以充分尊重和保障。尤其在当下仍然存在阶级和国家冲突的全球化语境下，人类命运共同体思想无疑朝着马克思、恩格斯所指示的人类未来"自由人联合体"的方向设定了一个务实的目标。从前瞻性的视角看，人类命运共同体思想的传播和当代实践，必将为"自由人联合体"的实现提供新路径和新动能，推动人类未来朝着"自由人联合体"的方向不断演进。

第五章

马克思主义共同体思想的科学体系

自马克思主义创始人提出共同体思想开始，经过整整三个世纪的丰富与发展，可以说，我们在共同体问题上已经形成了科学严密的理论体系与切实可行的实践路径。概括而言，马克思主义共同体思想立足于辩证唯物主义和历史唯物主义、系统论等科学方法论，根植于历史向世界历史转变的现实背景，着眼于现实的个人及其发展，依托于无产阶级的先进性及其革命性，落脚于整个人类解放与每个人自由发展的实现。它是马克思、恩格斯从资本主义生产所带来的物质条件中引出的现实发展形式，这种共同体理想在以列宁、斯大林为代表的布尔什维克党人的革命斗争和制度变革中、在21世纪的中国构建"人类命运共同体"这一国际关系新范式中得到了新的发展与突破。总体而言，马克思主义共同体思想的科学体系既有历史视野，又有时代精神；既着眼全球，又富于国家特色；既具有理想的高度，又注重现实的可操作性，为中国和世界的未来发展指明了方向，具有重大的理论指导意义和现实推进作用。

第一节 马克思主义共同体思想的方法论基础

马克思立足于实践，从现实的人出发去看待和研究共同体问题，对构成共同体的各要素及其相互关系和作用进行阐发，揭示出共同体的发展是一个合规律性与合目的性相统一的过程，实现了对历史上有关共同体思想的变革与超越，彰显了对辩证唯物主义和历史唯物主义、系统论思想以及阶级分析方法的灵活运用。

一、辩证唯物主义和历史唯物主义的世界观方法论

马克思主义共同体思想是理想性与现实性相统一的科学的思想体系，充分体现了辩证唯物主义和历史唯物主义哲学在这一思想体系中的指导与运用。虽然辩证唯物主义主要承担着意识形态批判的职能,历史唯物主义则主要承担着认识世界的职能,但以实践为基础的历史唯物主义哲学,将辩证法、唯物论和历史发展有机结合,使辩证法成为把握历史总体和改变现实的辩证法。

哲学的基本问题是思维与存在的关系问题,虽然二者具有同一性,但思维的理想性与存在的现实性不能混同。柏拉图的"理念论"、黑格尔的"绝对精神"的论断中就存在思维与存在混同的倾向。马克思立足于现实的人,批判了黑格尔哲学思维与存在绝对同一性的这一核心命题,否定思维与存在的唯心主义统一,从马克思主义唯物论出发主张两者的异质性与非绝对同一性。借助于此,马克思展开对社会现实的深入研究,提出了劳动异化论,从而奠定了马克思主义共同体思想的理想性与现实性区分的基础与前提。

第一,共同体的发展是连续性和阶段性相统一的过程。对于共同体的考察最早可追溯到希腊早期的自然哲学,尤以巴门尼德"存在物是一个共同体"[1]为最直观的开始,继而在古希腊政治哲学中的"城邦国家"下开启了哲学与城邦共同体之间关系的探索历程,构建了以共同善为目标的古希腊城邦共同体。古罗马更加强调使用法律手段调节人们之间的关系和管理共同体,但罗马帝国时期开始的对外扩张,使人们极度渴望在战乱中寻求一种安宁的生活。恰在此时,基督教传入罗马,由此,以信仰力量为基础的神学共同体逐步建立,与有着政治力量的尘世共同体相较量,开启了中世纪神性统照下神学共同体的发展阶段。而随着西欧封建社会生产关系逐渐解体与资本主义生产关系的开始形成,新兴的资产阶级为扫除其自身发展道路的障碍,在思想领域借"复归古代"之由掀起反对封建神学的文艺复兴运动,力求把人从宗教神学的桎梏中解放出来,从尘世快乐中寻求人的幸福。故而区别于中世纪以"君权神授"的教条和自然律的神学理论为基础的政治学,近代思想家从人的自然本性出发来探索国家的起源和本质,把"自然人"与"政治人"统一起来,认为社会由自然状态而来,国家是社会契约的产物,从而开启了人道主义转向。这使"共同体"从神学和伦理的双重束缚之中解放出来,开始凭借人的意志构建"契约共同体",继而在西方社会形成了以利益博弈为追求的共同体。而在东方国家的古中国同样经历了共同体的连续性发展过程,经历了以生存为道的原始社会的共同体、以专制统治为依托的奴隶社会和封建社会的共同体,直至近代新民主主义革命开始,通过革命斗争、社会改造和社会建设,中国构建起一个现代化的共同体。

---

[1] 北京大学哲学系外国哲学史教研室编.古希腊罗马哲学[M].北京:生活·读书·新知三联书店,1957:51.

每一代人形成的、赖以存在和发展的共同体都有其自身形成、发展和循序渐进的客观进程。而共同体的阶段性飞跃是人们物质生产能力在连续性增长的累积中实现了质的提高的结果。资本主义共同体正是在继承了封建社会共同体既有的物质与精神财富的基础上才实现了新的质的飞跃。可见，只有在持续的累积过程中才能实现阶段性飞跃，因此共同体思想史的连续性进步和阶段性飞跃并不矛盾，其构成了辩证的统一体。

第二，共同体的发展是整体性与局部性相统一的过程。自启蒙运动将人从宗教束缚中解放出来以后，人的物质生产与物质财富得到空前发展和增长。然而，资本主义这一虚假—抽象的共同体以偏概全地把科技、工业的发展作为资本主义共同体发展的标志，从而人们无限膨胀的物质占有欲成为人生价值的衡量尺度和人生意义的象征所在。马克思主义共同体思想反对资本主义共同体下这种重物质轻精神、重智力轻道德的观点，将人们从追求物质满足的感官欲望中解放出来，从资本主义共同体的物质条件中引出了未来社会"真正的共同体"的发展形式。它深刻认识到，一个物欲横流的资本主义共同体是不协调的，也是不可持续的，必须在劳动不断解放的新型共同体中寻找一种可持续性的发展，从而以社会主义公有制为基础创立并发展共同体，不断引向自由劳动下的共产主义理想社会。

第三，共同体的发展是人民群众的历史性创造活动。人是社会化的产物，共同体的生活方式是人类的必然选择，故而个体是共同体中的个体，个人的发展离不开共同体这一场域。个人的生存与发展在其现实性上就是对人所处的共同体中的生存境遇的探究，也可以说共同体的演进史充分展现了人类社会的发展史。从这个意义上来讲，共同体的发展表征了人的发展的主动性与创造性。随着生产工具的日渐发达，机械力逐步替代人力。进入劳动奴役制为基础的文明时代后，阶级斗争成为推动人类共同体发展的基本方式，人类控制自然能力的提高以大部分人民受剥削为代价。为了使绝大多数人从少数人的统治下解放出来，无产阶级必须以革命的暴力手段展开与资产阶级的斗争，为最广大的人民群众赢得生存与发展的新空间。于是改造生产关系，确立新的交往形式成为雇佣劳动制度下失去自主性活动的现代无产者适应个人活动的路径，只有他们才具有彻底推翻资本主义国家机器的勇气与动力，只有他们肩负着消灭国家，消灭阶级，将自己从统治关系中解脱出来的使命。由此"偶然的个人"变为"有个性的个人"，进而迎来人类的真正解放。

二、系统论的方法和原则

从一般意义上来看，系统论分为哲学的系统论和科学（指具体科学）的系统论，这里侧重探讨的是哲学的系统论，亦可称为唯物辩证的系统论，更进一步引申，它"是在马克思主义哲学基础上，结合现代科学的研究成果和新的理论成就，以客观系统物质世界作为研究对象的一门哲学的科学"①，是系统辩证论的运用，为马克思主义共同体思想的发展提供了科学的方法论支撑。

早在古希腊哲学中，德谟克利特就提出过"系统"的概念，他甚至用"世界大系统""世界小系统"来论述自己的哲学思想，表明客观的世界、事物本身就是一个整体，即系统。亚里士多德开启了从逻辑的角度来制定系统的范畴学说，将范畴看成是关于最一般和最基本的联系的规定，试图创立一种运动的哲学系统。在近代，康德则明确把一门科学的创立同系统、整体性的原则联系起来，他说："任何一种学说，如果它可以成为一个系统，即成为一个按照原则而整理好的知识整体，就叫作科学"②。但是，对哲学的系统论做出全面、深刻的研究和论述的首先是作为辩证法大师的黑格尔。在他看来，为了形成关于对象的概念，就必须对其各方面和发展进程有一个总体的、系统的把握，只有把一切思维形式纳入一个系统的整体，使它成为一个有生命的有机整体才能把握，而整体本身就是一个系统，真理只有作为系统才是现实的。由此可见，"哲学的每一部分都是一个哲学全体，一个自身完整的圆圈"③，都拥有自身的系统。而作为一种学说，重要的不是已经达到的结果，而是整个的运动，也就是掌握发展中的系统。所谓的辩证法，就是作为一个系统的整体展开。因此，黑格尔说："绝对……尚须努力向前进展以求达到全体，这种全体的开展，我们就称之为方法。"④ 即辩证的系统方法。系统和系统的发展在黑格尔那里是统一的，系统的形成以对象的内在发展规律为依据，遵循从抽象上升到具体的路径进行。基于此，恩格斯认为黑格尔的哲学系统论达到了近代德国哲学的顶峰，他第一次把整个自然的、历史的和精神的世界描写为一个不断运动、发展的系统。当然，黑格尔所设想的是一种绝对完备的系统，他的辩证方法是基于纯粹思维的形而上学传统的需要，他关于自己体系的展开只不过是绝对观念全部内容的展开，

---

① 乌杰. 系统辩证论 [M]. 北京：人民出版社，1997：1.
② 康德. 自然科学的形而上学基础 [M]. 北京：三联书店，1988：2.
③ 黑格尔. 小逻辑 [M]. 北京：商务印书馆，1982：54.
④ 黑格尔. 小逻辑 [M]. 北京：商务印书馆，1982：423-424.

故而既是不彻底的,具有闭锁的性质,又是不科学的。但在黑格尔之后,随着科学的发展和人们认识的进步,马克思主义者看到了世界是一个有机联系的统一体系,从而改写了系统辩证论的发展路向。

在马克思主义形成的伊始,马克思、恩格斯就十分注意在考察对象的时候阐明对象及其各方面之间总的联系,认为"世界不是一成不变的事物集合体,而是过程的集合体"①。这里的"集合体"就是系统,"过程"就是系统中各个组成部分的相互作用和整体的发展变化。恩格斯基于现代自然科学的发展已经"唯一地达到了科学的、系统的和全面的发展"② 而创立了自然的系统论,看到了自然科学运用经得起实践检验的科学形式来揭示整个世界及其发展的、普遍的联系,从而他以无机物到生物(植物、动物)再到人类的转化联系为立足点,科学地论证了人和自然、社会和自然界的统一,坚持从世界本身说明世界,构建了一幅关于自然界普遍联系的画卷。马克思则在人类思想史上第一次提供了科学、社会的系统论基础,尤以《政治经济学批判·序言》为代表,他对社会发展的内部结构、相互联系和相互作用做了原则规定,揭示出各个社会发展的形态及其发展的序列,把各国的制度概括为社会形态,以此形成了不同所有制下各具特色的社会共同体,并在《资本论》中通过对一个最发达的和最复杂的社会,即资本主义社会的剖析,提供了一个经过实践检验的关于社会的系统论的现实模型。从这个意义上可见,马克思主义创始人不只创立了关于自然的系统论,也创立了关于社会的系统论。也就是说,马克思主义创始人成功地创立了关于整个世界统一的唯物辩证的系统论,成为人类思想史上史无前例的创举。这种系统辩证法是对辩证唯物主义哲学的补充、完善和发展,是现代辩证唯物主义哲学的新形态。尤其是系统辩证论关于发展的原则,关于整体的原则,关于相互联系、相互作用的原则以及关于内在联系的思想,为马克思主义共同体思想的形成与发展提供了哲学根基与依据。

但不管怎样阐释系统论的重要价值,它只有通过实践验证,能够满足人民需要才算实现其真正的价值。故而将揭示本质与现象之间的系统辩证关系及规律作为实践的理论指导,透过对社会系统中资本主义社会的批判与剖析,看到资本主义这一虚假—抽象的共同体的本质,从而以苏中的革命、改造和建设实践来创立社会主义社会这一现实—具体的共同体,并以当下"人类命运共同体"

---

① 马克思,恩格斯. 马克思恩格斯选集:第4卷[M]. 北京:人民出版社,1995:239-240.
② 马克思,恩格斯. 马克思恩格斯全集:第20卷[M]. 北京:人民出版社,1971:360.

的构建来奔赴未来社会这一自由发展的"真正的共同体"。

三、阶级分析方法的运用

阶级分析方法是马克思主义的根本分析方法，是马克思列宁主义的创始者们运用辩证唯物主义的世界观对人类社会发展和生产发展进行深刻历史分析的伟大成果。它科学地揭示出资本主义社会中每一个阶级的地位和作用，科学地指明了无产阶级的历史作用，指出无产阶级的阶级斗争必然走向无产阶级专政，而无产阶级专政是建设社会主义必不可少的工具。换句话说，阶级和阶级斗争理论是工人阶级进行革命斗争，建立无产阶级专政，建设社会主义和共产主义的斗争武器和策略基础。它把唯物辩证法的分析矛盾的方法具体应用于阶级社会历史，为我们提供了分析马克思主义共同体思想发展史的科学方法。

"在阶级社会中，每一个人都在一定的阶级地位中生活，各种思想无不打上阶级的烙印。"[①] 人类社会的生产活动一步步地由低级向高级演进，因此，人们的认识也一步步地由低级向高级发展，在很长的历史时期内，大家对于社会的历史由于生产规模的狭小和剥削阶级的歪曲只限于片面的了解，直到大工业产生并伴随近代无产阶级出现的时候才得以全面的了解，正是在此历史条件下，马克思、恩格斯担负并完成了创立科学的阶级和阶级斗争学说的伟大历史任务，明确指出："（1）阶级的存在仅仅是跟生产发展的一定历史阶段相联系的；（2）阶级斗争必然要引导到无产阶级专政；（3）这个专政本身不过是进到消灭任何阶级和进到无阶级社会的过渡……"[②] 正是由于社会生产出现了对抗的生产方式和为这一生产方式所固有的生产资料私有制的这些阶段，包括奴隶制、封建制和资本主义制度，才加速了不同所有制条件下人们赖以存在和发展的共同体的不断变迁。正是由于阶级斗争，尤其是依靠革命这种阶级斗争最尖锐的形式才实现了从一种社会生产方式转变为另一种生产方式。以资本主义社会为代表，那些从封建市民社会中产生出来的资产阶级和从破产的手工业者中产生出来的无产阶级是两大基本对立的阶级，此外地主阶级、小资产阶级、农民、知识分子和游民无产者等阶层也依然存在，但最根本的是无产阶级和资产阶级之间极为尖锐的不可调和的阶级斗争，尤其是19世纪末资本主义由自由资本主义阶段向垄断资本主义阶段的发展，资本主义作为一个虚假、抽象的共同体的本质不断暴露，资产阶级同本国无产阶级的矛盾、资本主义国家相互间的矛盾、资本

---

① 毛泽东. 毛泽东选集：第1卷［M］. 北京：人民出版社，1991：283.
② 马克思，恩格斯. 马克思恩格斯全集：第8卷［M］. 北京：人民出版社，1961：719.

主义宗主国同殖民地半殖民地的矛盾都发展到空前的程度，工人阶级作为资本主义的掘墓人开始发挥作用。他们通过罢工、游行示威、参加议会、武装起义等方式将政治斗争、经济斗争、思想斗争相结合，彻底推翻资产阶级的国家机器，建立新的社会主义共同体组织，以新的生产关系组建新社会的政治、经济、文化、社会的发展来适应生产力的变革。马克思、恩格斯不仅将阶级视为国内政治的重要主体，而且界定为国际社会的主要行为主体。可见，只要阶级存在，对抗和斗争就与之伴随，新的人类社会，即"真正的共同体"，要建立在阶级和国家消亡的基础之上，但这一过程是漫长而曲折的，资本主义社会向共产主义社会的转变需要借助无产阶级专政下的革命斗争。这也就是说，无产阶级进行社会主义革命的第一步是打碎资产阶级的国家机器，组成一个独立的革命政党，建立自己的政权，即建立无产阶级专政，进而才能取得社会主义革命的胜利并建成社会主义共同体。以此作为必经的过渡阶段来达到消灭阶级差别，消灭适应这些差别的一切生产关系和社会关系及其产生出来的观念，最终实现共产主义共同体的目标。这就为社会主义共同体的形成与发展奠定了理论基础，为十月革命胜利后俄国无产阶级取得政权的过渡时期和中国工人阶级在中国共产党的领导下建立无产阶级专政的人民民主专政的过渡时期打下了坚实的理论支撑。正是借由过渡时期逐步改造的办法消灭了资本主义，改造了资产阶级，恢复了人民真正当家作主的地位，从而为建构一个自由个性、全面发展的真正共同体创造了条件。

第二节　马克思主义共同体思想的理论逻辑

在明确共同体思想所赖以存在的方法论基础之上，进一步构建马克思主义共同体思想体系的大厦，以探讨其基本问题、基本范畴、主要特征、基本功能、价值目标等，从而形成对于人类共同体发展历程的认识理路。

一、马克思主义共同体思想的基本问题

由于人是社会化的产物，共同体的生活方式是人类的必然选择，所以人类社会总是以共同体的形式出现。马克思主义共同体思想始终以人的历史发展的演进为基本线索来寻求人类社会的发展和人的自由解放，以个体与共同体之间的关系变化为依据，阐述了什么是共同体、如何创建真正的共同体、谁来推动共同体的发展、如何发挥共同体主体的历史创造作用、如何评价共同体等基本

问题。

　　自然的个人、社会的个人、全面而自由的个人构成了现实的个人的本质，也是马克思主义共同体思想的逻辑起点。"全部人类历史的第一个前提无疑是有生命的个人的存在"①，故而现实的个人首先是自然的、有生命的个人，为了能够生活而需要能够满足生活所需的吃喝住等物质资料。这实质是维护个人生存和发展需要的个人利益，也正是因为人们对自身个人利益的追求，才有了人类社会的起源和发展。现实的个人除了是自然的、有血有肉的、有生命的个人之外，还是社会的个人。人们为了更好地利用自然、改造自然，使自然界真正成为人与人的纽带，人首先就必须组成社会。作为社会的个人，它"是通过自己同对象的关系而对对象的占有"②，彰显出人的能动性和受动性。个人要想在社会中自由地生存和发展就必须和他人和睦相处，以不损害他人的利益为行为底线，以做有利于他人和社会的事情为高尚追求。人作为社会中的个人，必须正视他人利益、社会利益甚至民族利益、国家利益。虽然人作为现实的人既是自然的个人，也是社会的个人，但在事实上，统治阶级在现实生活中习惯于张扬人的社会性而轻视或否认人的自然性，反对个人对物质生活条件的追求，把个体追求个人利益的行为简单地等同于自私自利，并且通常把社会当作抽象的东西同个体相对立，这就对社会主义社会中现实的个体提出了更高的要求，不但要使得自然的个人和社会的个人重新统一于现实的个人，而且要以实现全面而自由发展的个人作为落脚点和归宿。过去的政治自由、理性自由都不是人的真正自由，只有彻底摆脱现实社会的异化劳动，实现劳动自由才是人的真正自由的发展。从结构上看，人的存在分为"个体""群体"和"人类"三个层次，决定了人的全面发展至少应包括"个体的全面发展""群体的全面发展""人类的全面发展"三个层次。根据马克思在《资本论》中的阐述，"群体的全面发展"主要是指工人阶级的全面发展。由于阶级终将消亡，作为特殊群体的工人阶级的全面发展也终将转变为"个人的全面发展"和"人类的全面发展"。从内容上看，"人的全面发展"既包括人的劳动活动和能力的全面发展，也包括人的社会关系的全面发展。只有人的劳动活动、能力和社会关系都得到了发展，整个人类才能得到自由发展，从而使未来共产主义社会成为"真正的共同体"。需要指出的是，达到未来的共产主义社会的前提是实现高度发达的生产力，具备这样的生产力发展条件的只有社会主义社会，因为只有无产阶级通过革命才

---

① 马克思，恩格斯．马克思恩格斯选集：第1卷［M］．北京：人民出版社，1995：67.
② 马克思，恩格斯．马克思恩格斯全集：第3卷［M］．北京：人民出版社，2002：303.

能从资产阶级手中夺取公共权力，才能通过这种公共权力把脱离了资产阶级掌握的社会生产资料变为公共财产，人才能成为社会和自然界的主人。① 因此社会主义社会共同体以保障和促进人的全面而自由的发展为宗旨、为原则、为使命。可见，社会是个人的手段和目的，人的发展由于历经了单个人到全人类的历史演进过程，也就伴随着众多层次的生存单位，如家庭、氏族、部落、民族、国家、人类社会等共同体样态。基于集体层级的内在差异，可划分为微观层面的团体、阶级、阶层、政党、单位等共同体组织，中观层面的民族、国家等共同体样态以及宏观层面的国家与国家之间联盟与合作的世界共同体。不管是在人类历史上第一个社会主义国家——苏联，还是在人类历史迄今社会主义发展最具活力的中国，都围绕着人的政治、经济、文化、社会等各方面的发展而展开现实的共同体的建构，以完备的共同体组织来承载和推进个人的生存、发展与解放。

在20世纪的人类社会，主客体二元对立范式的主流造就了社会与个人对立的局面，在社会生活中常以社会整体利益为名而否定个人利益，常强调集体成员对集体的义务履行而很少考虑到集体对集体成员的义务及其履行。虽然西方社会自20世纪70年代中后期出现了当代转向，人们对社会主义革命与阶级政治等宏大问题的热情日益消退，认为资本主义与社会主义的对抗以牺牲个体的需求与发展为代价，无产阶级革命的胜利不能满足人们所需，故而转向对人的生存与发展等微观问题的关注，亦即看到了个人利益的重要性，以个人主义之实取代了集体主义之实，从人性与社会尖锐对立的角度考察资本主义社会。他们不是立足于人的现实物质生活和依靠无产阶级的革命实践寻求彻底走出风险社会的路径，而是在资本主义经济体制下和资本主义社会结构的框架内调整与重塑个人与他人关系来增强抵御风险社会的能力，从而导致以对资本主义的文化精神批判取代以生产方式为前提的阶级批判。

进入21世纪后，人类社会呈现出主客体二元对立范式向主客体二元统一范式转变的迹象，并且随着中国人本位思想的不断发展，这种主客体二元统一范式在东方迎来了发展的新契机。中国在关注社会整体利益的同时兼顾个人利益，在保障大多数个人利益的同时，又不与个人的正当利益为敌，从而将集体不但不看作个人利益实现的桎梏，反而看作是个人利益实现的必要条件。经过40多年改革开放和社会经济的快速发展，中国开始意识到社会经济发展给人带来的

---

① 马克思，恩格斯. 马克思恩格斯选集：第3卷［M］. 北京：人民出版社，1995：759-760.

影响，看到生态环境问题和社会贫富分化问题对社会主义建设的重要性，故而党的十六届三中全会首次正式提出要"坚持以人为本"，党的十七大报告正式将"以人为本"作为科学发展观的核心内容，而党的十八大报告和党的十九大报告多次强调"以人民为中心"的思想。新时代，以习近平同志为核心的党中央在充分吸收前人关于"以人为本"相关经验的基础上，在国内提出"以人民为中心"的治国理政思想主线，在国际上倡导世界各国在求同存异中合作共赢，使世界人民在相互交流中共享时代进步所带来的人类文明成果，从而明确了在维护国内人民的切身利益的同时也为世界人民带来和平、幸福，这是在开展"个人的全面发展"的同时逐渐向"人类的全面发展"迈进。

总体来看，由于社会是个人的集合，社会联系构成了共同体的基本内涵。同时由于共同体成员自身的天赋能力的差异、经济地位的不同等原因，共同体的结构一直处于阶级斗争的变化之中。因此，共同体是随着阶级斗争中阶级力量的不断变化而变化，这也使得共同体结构在瓦解的同时又被重新建构起来。

二、马克思主义共同体思想的基本范畴

所谓范畴是人的思维对客观世界中一切事物的最一般和最本质的特性、方面和关系的概括和反映，是外延最宽、概括性最强的一些普遍概念，它"是区分过程中的梯级，即认识世界的过程中的梯级，是帮助我们认识和掌握自然现象之网的网上扭结"①。由于范畴概括和反映了人类认识和实践中最普遍的本质联系，是人类在实践基础上升华出来的思想成果，故而考察范畴要以人类的实践活动为基础。基本范畴是某一理论建立的逻辑基础，是概括和反映人类认识和实践中最普遍本质联系的思维形式。马克思主义共同体思想的基本范畴是其主体框架的具体展开，是马克思主义共同体思想中最本质、最重要的基本概念。作为一种认识马克思主义共同体演进历程的理论和实践的思维工具，马克思主义共同体思想的几对基本范畴在人类社会的现实实践中不断得到检验和发展。

（一）个体和共同体

个体和共同体这一对范畴构成了马克思主义共同体思想的根本范畴，人类社会形态的演进史充分体现了个体和共同体的关系演变。在古代社会，生产力水平低下，人们由于相互依存的需要选择了共同体的生活方式，这一"自然形成的共同体"是一个强共同体、弱个体的社会，共同体对个体具有极强的控制力，个体处于无力抗拒的弱势状态，因此个人不得不依附于共同体。这样的共

---

① 列宁. 列宁全集：第55卷 [M]. 北京：人民出版社，1990：78.

同体基于人生存的基本需要，为个人提供了相对安全的生存环境。随着生产力的发展和个人自我意识的觉醒，人们力图超越共同体对人的束缚，彰显个人主体的独立性，从而迎来了资本主义共同体的到来。市民社会代替自然形成的共同体成为"全部历史的真正发源地和舞台"①，成为资本主义共同体的象征。但资本主义共同体追求以货币—资本为核心的物质财富和个人私利，保障的只是少数人的利益，普遍利益对多数人而言是虚幻的存在，统治阶级获得的也只是虚幻的个人自由，因此资本主义共同体是一个"虚幻的共同体"。在这"虚幻的共同体"中，多数个体得不到发展，在这样一个笼罩着普遍竞争的、以自由追求私人利益为目的的社会中不可能形成真正意义上的共同体。但是"虚幻的共同体"并不是对共同体的完全否定，相反，它借助共同体的旗号行使特殊权力，是"真正的共同体"的虚假存在形式，并以国家形态呈现出来。在资本主义共同体中，资本主义国家是一种把特殊利益说成普遍利益的虚幻共同体，市民社会则是受货币或资本支配的抽象共同体，都在一定程度上导致了人的异化，阻碍了人的自由发展。随着生产力的发展，市民社会的充分发展最终通过自我扬弃走向"真正的共同体"。从这个意义上来看，人的共同体是满足人的真正的自我实现和自我发展的存在方式。

由此可见，马克思主义共同体思想始终围绕着个体和共同体这对范畴来概括人类社会历史发展进程，人类历史始终是在共同体的发展中展开，家庭、氏族、部落、市民社会、国家都是个体活动的场所，是真实、客观存在的共同体，并由此对未来社会发展方向进行展望，从而构建起以人的自由全面发展和人类解放为核心的致思逻辑。

（二）强制劳动与自主劳动

强制劳动与自主劳动反映了人在共同体中两种不同性质的实践活动，构成了共同体变化、发展的重要决定性力量。

阶级社会下的古代奴隶制、中世纪农奴制和近代雇佣劳动制是少数人对千百万工农劳动者的奴役制度。在这种制度下，占绝大多数的个人受到压迫，强制性的从事各种生产和生活活动。尤其在近代以来的资本主义共同体中，使用生产资料和生产文明成果的劳动者却不能占有和享用其自身创造的文明成果，资产阶级只是把劳苦大众被迫的劳动实践美化成为大众普遍利益的自主劳动，资本主义国家成为把特殊利益凌驾于普遍利益之上的虚幻共同体，市民社会则

---

① 马克思，恩格斯. 马克思恩格斯选集：第1卷[M]. 北京：人民出版社，1995：87-88.

成为受货币或资本支配的抽象共同体,它们都导致了人的异化,阻碍了人的自由发展。这样一种不断激化的矛盾必然促使社会共同占有生产资料的公有制文明的出现,借助于此,使人的劳动成为真正意义上的自主劳动以消灭人的异化状况。消灭共同体无法实现人的真正意义上的自主劳动,因为"只有在共同体中,个人才能获得全面发展其才能的手段"①。由此,市民社会作为对传统共同体的扬弃,共产主义社会作为对市民社会的扬弃终将代替那些存在着阶级和阶级对立的旧社会以实现自由主体的目的。从这个意义上来看,列宁、斯大林等苏俄共产党人开辟了社会主义公有制的现代文明之路,坚定了一国建成社会主义的信心;中国共产党人则明确认识到资本主义与社会主义同时并存,人们要尊重、维护人类发展模式的多样化和文明发展的多样性,"在竞争比较中取长补短,在求同存异中共同发展"②。

由此可见,寻求消除异化劳动、实现人的自主活动的社会共同体是对抗市民社会的权力与资本逻辑的动力,只有使"阶级差别已经消失而全部生产集中在联合起来的个人的手里"③,才能使劳动者个人自由支配自己的劳动、驾驭和享有现代共同体的文明成果。

(三)利益共同体与精神共同体

利益共同体与精神共同体从实体层面与虚体层面对共同体进行了界分,成为我们判断共同体属性的重要依据,构成了马克思主义共同体的基本范畴。

马克思、恩格斯将整个世界的生产划分为物质生产和精神生产两个层面④。资本主义第一次工业革命以物质利益取代了传统社会下人与人之间的道德关系,引发资本主义共同体对于现代社会未来走向的道德忧虑。在此基础上向前推进,列宁提出在纯粹文化层面与物质层面展开文化革命;毛泽东面对新成立的国家共同体的贫困与愚昧状况,强调要团结各族人民"发展我们的经济,发展我们的文化"⑤ 以改善人民的物质与文化生活;以邓小平为代表的中国共产党人最大限度调动人民群众的积极性参与改革开放和社会主义建设,明确提出"物质文明"与"精神文明"的概念,从而使中华民族共同体具有了丰富的内在意蕴。由此,那种在计划经济环境下个人利益湮没于集体利益的状况被社会主义市场

---

① 马克思,恩格斯.马克思恩格斯选集:第1卷[M].北京:人民出版社,1995:119.
② 中共中央文献研究室编.十六大以来重要文献选编:上[M].北京:中央文献出版社,2005:312.
③ 马克思,恩格斯.马克思恩格斯文集:第2卷[M].北京:人民出版社,2009:53.
④ 马克思,恩格斯.马克思恩格斯全集:第3卷[M].北京:人民出版社,1960:35.
⑤ 毛泽东.毛泽东选集:第5卷[M].北京:人民出版社,1977:97.

经济新环境中的竞争与合作的保障机制和价值理念所取代,逐渐实现了社会主义的价值取向与市场经济效益的结合。政治组织、文化设施、生产工具及物质产品等成为利益共同体的主要构成要素,思想、道德、教育、科学、文化、制度等则成为精神共同体的主要构成要素。换句话说,社会主义共同体进一步发展成为在道德和法律基础上的"以最小的投入赢得利益最大化"的自由、公平竞争的新式共同体。

利益共同体与精神共同体互为条件、互为目的、相互作用。一方面,利益共同体决定了精神共同体建设的成效,另一方面,精神共同体为利益共同体提供了价值指引和思想保证。江泽民视这种物质属性的利益共同体和精神属性的共同体为"社会生产和社会生活的两个密切相关的组成部分"[1]。

(四)民族共同体与人类共同体

随着历史向世界历史的转变,国家之间的联系日益增多,"共同体"建设逐渐从地域性的民族属性转向跨地域性的世界属性,从形式上来看,民族共同体与人类共同体成为马克思主义共同体思想的基本范畴。

民族共同体作为一种地域共同体,具有明显的国家边界,体现了各民族对于自身进步的特殊性要求。资本主义各国构建的以私有制为基础的民族共同体与社会主义各国构建的以公有制为基础的民族国家共同体虽然属于两种不同性质的共同体,却都是一种民族属性的共同体。与此同时,以美国为首的资产阶级组建的政治联盟为了管控国际无政府条件下的国际秩序而组建起一种"国际共同体",联合国成为这一"国际共同体"的典型代表。联合国作为一个对于美好世界的想象之所,它在制定国际法、组织国际机构之时彰显援助与维和这类无私的人道主义行动,改善了人类境况,从而赋予"国际共同体"普世主义的概念。但显然,基于资产阶级世界体系的"国际共同体"只会导致不平等的资本主义世界体系的生成。而以苏联与中国为代表的社会主义国家为了抵御资本主义殖民体系对本国人民的压迫与剥削,共同维护世界各国广大劳动者的普遍利益,不断加强国际无产阶级的团结。在这个意义上,列宁将联合的视野由区域性的欧洲转向全世界,提倡建立一种世界联邦共同体,认为它是一种"同社会主义相联系的、各民族实行联合并共享自由的国家形式"[2]。在继承马克思、恩格斯"全世界无产者,联合起来"的口号的基础上,又进一步将之发展为

---

[1] 江泽民.江泽民文选:第1卷[M].北京:人民出版社,2006:575.
[2] 列宁.列宁选集:第2卷[M].北京:人民出版社,2012:554.

"全世界无产者和被压迫民族联合起来"①，从而在全世界范围内不断扩大自己的斗争，推动全世界无产阶级建立起各种形式的国际联盟。尤其是共产国际七大提出的建立反法西斯统一战线的策略，推动了各国反法西斯统一战线的建立和反法西斯斗争的开展，为世界反法西斯斗争做出了重要贡献，从而为通向未来共产主义共同体的世界历史发展之路提供了包含世界各国无产阶级和民族联合力量的支撑。以毛泽东为代表的中国共产党人继承并创新了马克思主义有关"工人没有祖国"的国际主义，"将红色政权建立在特定的民族国家之内"，坚持爱国主义指导下的国际联合。新中国成立以后，为了反对帝国主义并维护世界和平与合作，更是提出和平共处五项原则作为处理国家之间政治和经济关系的基础。在此基础上形成了以维护和平和实行互利合作为中心的战略联盟，是共同体思想在国际视域下的进一步发展。改革开放政策的实施，打破了中国社会的半封闭状态，使中国与世界的交往和交流不断增加。以邓小平为代表的中国共产党人在坚持和平共处五项原则的基础上，提出构建国际新秩序的倡议，"积极发展同世界各国的关系和经济文化往来"②；为了给中国的经济建设营造一个良好的和平环境，以江泽民为代表的中国共产党人根据世界多样性提出共同发展的思想，强调"在竞争比较中取长补短，在求同存异中共同发展"③；以胡锦涛为代表的中国共产党人根据和平、发展、合作的时代主题提出建设和谐世界的理念，在国际关系中弘扬民主、和睦、协作、共赢精神；以习近平同志为代表的新时代中国共产党人在人类面临前所未有的全球性危机之下提出构建"人类命运共同体"的应对之策，以同舟共济、合作共赢的理念为支撑寻求各国合作应对多样化挑战和实现包容性发展的新道路。

由上可见，"人类命运共同体"超越了均势安全观与集体安全观、超越了零和发展观和自由发展观、超越了文明冲突论、超越了结盟和不结盟关系，它以普遍安全观、共同发展观、文明交融性和伙伴关系成为解决21世纪全球性问题的新范式，引领了人类社会的新方向。

三、马克思主义共同体思想的特征功能

作为人的群体生活方式，共同体的特征不同于其他动物群体的特征，所要

---

① 列宁. 列宁选集：第4卷[M]. 北京：人民出版社，2012：326.
② 邓小平. 邓小平文选：第3卷[M]. 北京：人民出版社，1993：57.
③ 江泽民. 全面建设小康社会：在庆祝中国共产党成立八十周年大会上的讲话[N]. 人民日报，2001-07-02.

保障的也是人的各种类型的活动，内容涉及政治、经济、文化等各层面，彰显了共同体的职责与功能。马克思主义共同体思想既具有一般共同体的特征，又具有自身独有的特色，由此形成了共同体的独有功能。

（一）马克思主义共同体思想的基本特征

马克思主义共同体延续了共同体诸如共同性、稳定性、公共性、共通性等一般性特征。在人类历史中，纯粹的、单个生活着的个人是从来就不存在的，共同性是人类存在的基础。稳定性是人们寻求共同体的首要基本特征之一。"如果持续面临着整个规范、价值和制度的新奇变异的威胁，任何一个共同体都无法生存下去"①，故而即使像美国这样一个尤其适宜创造和变革的社会，迄今为止也不得不保持大量传统的价值和制度。公共性既指多种主体或事物存在于同一时空条件下，同时也指人民共同参与公共事务，进行社会建设，它构成了共同体存在的基本要素。共通性是共同体结合的基础形式，只有形成共同的历史记忆，达成共同意志，才能更好地确立和维护人类共同体的存在。它是凝聚共同体的精神纽带，是共同体生命延续的精神基础。总而言之，共同体作为一种社会生活群体，它表现出某些共同的特征，彰显出社会关系的平等、非强制性、共同体成员彼此之间的强烈认同感和信任关系等。与此同时，马克思主义共同体也体现出了一些有别于其他共同体的独特性。

第一，体现出共同体的生产实践性。哲学的目的除了解释世界外，更重要的作用在于改变世界②。生产劳动是人类第一个历史活动，借助于此，个体之间相互团结和交流，形成一定的社会关系，一定的组织，一定的共同体。通过生产实践活动，共同体不断推进和发展，不但服务于实践，而且指导着实践，并最终以批判的革命性突显出来，正如马克思所说："在批判旧世界中发现新世界"③。马克思主义者不是耽于宽泛的设想未来"真正的共同体"，而是在批判异化的现实社会中借助最广泛的民众参与不断进行系统的理论发展和实践运动，以促进现实问题的解决，例如，邓小平正是基于这一理解将改革称为中国的第二次革命。当前，人类面临的矛盾越发具有公共性，不是借助于一个阶级或一个国家的革命就能够革除，只有通过各国主体力量的联合才能真正予以解决。

第二，蕴含着共同体的人类阶级性。马克思主义揭示的是整个人类社会发展的客观规律，它的研究对象从来不局限于某一个或某几个国家，因此无产阶

---

① 哈佛燕京学社（主编），雅克·布道（编著）.建构世界共同体：全球化与共同善[M].万俊人，姜玲，译.南京：江苏教育出版社，2006：83.
② 马克思，恩格斯.马克思恩格斯文集：第1卷[M].北京：人民出版社，2009：506.
③ 马克思，恩格斯.马克思恩格斯文集：第10卷[M].北京：人民出版社，2009：7.

级的联合通常表现为一种国际主义的运动实践。这种国际主义精神在苏联和中国得以继承并不断发展。马克思主义共同体所指向的是一个开放、包容的全球共同体，是由"多元的现代性"所构成的人类共同体，扬弃了西方社会那种以功利主义和自由主义为主导的资本主义共同体。不论是"西方文明观"还是"亚洲价值观""非洲进步观""拉丁美洲发展模式"，都被纳入全球共同体的范围内。它在尊重各种文化的基础上，努力寻找一种包容式的生活观方式和社会观方式，并且丝毫不忽视传统的生活方式、社会结构和社会制度与现代社会的整合。客观来讲，马克思主义经典作家始终立足于世界历史语境来追求无产阶级自身的解放，从而为自己保留了开放发展空间。在21世纪，中国共产党推动构建"人类命运共同体"，开启了推进未来理想共同体的新征途。总而言之，马克思主义共同体的阶级性质是为"整个人类"，而不是为"本阶级"，它以消灭阶级为目标，本质上是人民性的反映。

第三，彰显了共同体的多方超越性。马克思主义共同体以唯物史观为基础，根植于历史向世界历史转变的现实背景，着眼于现实的个人及其发展，依托于无产阶级的先进性及其革命性，落脚于每个人的发展和整个人类的解放，这些特质即决定其思想的独特性和超越性。马克思主义共同体思想的超越性，不仅体现在它对资本主义虚假—抽象共同体的摒弃，也体现在它对资产阶级自由国际联盟观的批判，更体现出对创立共产主义"真正的共同体"的追寻。马克思主义经典作家虽然批判资产阶级民族国家共同体，主张无产阶级国际联盟，但他们从来不主张反对民族共同体，甚至主张无产阶级必须把国际联盟与民族共同体辩证结合，并以承认各国享有独立自主和平等的权利为前提。可见，无产阶级国际联盟不是批判一般民族共同体，只是批判资产阶级民族共同体，在无产阶级国际联盟中包含着积极的民族共同体的意蕴。而民族共同体本身也只是国际联盟的特定发展阶段，当无产阶级完成使命，阶级和国家自动消亡之后，一切民族共同体都将成为狭隘的。可见，人类共同体意识相对于资产阶级自由国际联盟具有超越性，尤其是中国提出的"人类命运共同体"理念，更彰显了意识形态的超越性。

（二）马克思主义共同体思想的主要功能

前资本主义共同体主要在于满足共同体成员的自然需求，以促进成员生活的幸福，实现共同体主张的共同的善，资本主义社会的共同体的性质是由资本主义的本质所决定的，是以私有制为基础，剥削工人阶级以此获得更大的剩余价值。资本主义社会的诸共同体主要是如何在满足个人需求的过程中实现个人主张的权利，共同体变成实现个人权利的手段，它是从个人的权利角度规定共同体的功能和作用，而不是从共同体角度规范人的义务。这种对权利和义务的分离和颠倒，致使资产阶级共同体自身异化，将生活在共同体的成员异化为物，共同体原有的价值和尊严随之崩塌。原有共同体的丧失并不意味着共同体本身丧失，而是意味着共同体以另外一种方式出现，其功能和作用发生了极大改变。在资本主义制度下，政治共同体紧紧围绕着个人的权利而运作，经济共同体迅猛发展，由原有的小经济共同体发展为巨大的经济共同体，由原有国家共同体发展成为国家间的共同体，如欧盟经济共同体等。由于共同体是人之为人的存在方式，故而共同体是人的共同体。共同体的功能主要表现在生产和再生产、教化、政治、经济、文化等多方面。

第一，共同体担负着发展经济和解放劳动的功能。共同体的存在和发展以生产和再生产为前提条件。生产活动是人类历史活动的第一个前提。人为了活着而进行生产和创造人类赖以存在的物质财富。而为了保证物质生产活动的长久性，必须对改造客体的主体进行更新，这种更新的动力则来自人自身的再生产。随着经济全球化的发展，生产的形式发生重大变化，生产活动逐渐被消费活动所取代，但本质上消费仍以生产为前提。消费可以刺激生产，二者之间是互动的，不可割裂开来。为了维持人类的存在所进行的劳动是一种被迫的消极劳动，运用人的智力因素为自己和他人的生活创造更多的物质财富和精神财富则是一种主动的积极劳动，这构成了人类发展的前提。可见，人们共同的物质生产活动是共同体的本性，每个人最根本的利益体现是以物质生产表现出来的经济利益，故而共同体要健康发展必然要发挥其经济功能。由于现实的共同体仍是处于异化劳动下的不真实的共同体，不能满足人们对个体全面而自由的发展需求，需要借助人这一主体消除异化劳动，使人重新驾驭物，恢复人与人之间本真的社会关系，达到自由劳动的目的。

第二，共同体发挥着管理和治理国家、社会的政治功能。历史上的人的共同体都是少数人利用政治权力对大多数人的管理，马克思主义共同体也不例外，尤其在国家与社会分离之后，这种管理功能更加具体和细化。共同体通过政治制度和法律机制激发人们参与政治活动，平衡和调节人们的私人利益和公共利益，从而使共同体处在有序状态之中。进入21世纪以来，提高共同体的治理效率成为各国普遍的追求。共同体逐渐由过去国家一体本位的管理模式变为国家、社会、个人三位一体的治理模式。虽然共同体的政治结构和功能源于经济基础，是适应一定的经济结构和功能的要求而建立，但是它作为一种超经济的力量，又超越于一定的经济基础,是"社会本身经历的现实变化的政治表现"①,从而赋予政治共同体一定的独立性。

第三,共同体承载着人类创造力的文化载体功能。物质文化、制度文化和精神文化是人类改造自然、社会和自身活动和成果的总和,包含着人类所创造的物质与非物质文化。文化结构和功能作为对社会政治和经济现象的反映,是社会在思想、观念、意识形态等方面的表现方式,也被称为意识形态的上层建筑。共同体为了自身发展,为了社会秩序的稳定必须发展文化功能,培育与教化共同体成员。由于生产实践性是共同体的显著特征,共同体所具有的物质生产条件是前代人物质生产活动的产物,新的共同体会继承和接续旧的共同体遗留下来的物质与精神财富,而同一社会形态下存在的多种共同体形式本身就证明了共同的文化功能和文化模式。不同的文化传统和社会状况塑造着不同的文化共同体,特定的共同体文化体现了不同的风俗习惯、文化背景和宗教信仰等特点,因而这种文化对共同体成员具有传递文明、教化育人、规范行为、培育观念、塑造精神等作用。

由上可见,实现人的自由解放是马克思主义共同体思想的最终价值目标,彰显了以现实的人为价值主体的共同体性质。这种价值取向是现实价值和理想价值的结合,从而避免了思想理论的"乌托邦色彩"。它既是现实的、阶级性质的联合,是世界无产阶级为了人类解放的联合,表征着历史向世界历史转变进程中的政治结盟,又是理想的、共同体性质的联合,是通过人并为了人的联合,表征着真正的世界历史中自由个体的社会联合,尤以"人类命运共同体"理念的提出与发展为当前实践的最新理论成果,彰显了人类共同体意识作为价值延续的新符号。

第三节 马克思主义共同体思想的实践路径

社会主义共同体建设是马克思主义共同体思想在实践中的进一步运用。通过对社会主义社会共同体的实践主体、物质载体、实现方式和实施步骤的考察,从而形成了系统的马克思主义共同体思想的实践路径。

---

① 马克思,恩格斯. 马克思恩格斯全集:第17卷 [M]. 北京:人民出版社,1963:650.

一、马克思主义共同体思想的实践主体

由于马克思主义共同体思想的形成与发展是随着人的历史发展演进而不断生成的过程，故而要考察马克思主义共同体思想的实践主体首先就要考察历史演进过程中人的内涵的变化过程。从本源看，人的发展历经了单个人、群体到全人类的历史演进过程，伴随着众多层次的生存单位，如家庭、氏族、部落、阶级、政党、民族、国家、人类社会等，涵盖范围日益扩大。有鉴于此，我们可以从一国范围内共同发展的实践主体和世界范围内共同联合的实践主体入手破解这个问题。

第一，自由资本主义时期，马克思、恩格斯无论是在一国范围内还是世界范围内皆以无产阶级作为实践主体。从马克思、恩格斯所处国家的发展状况来看，法国革命像霹雳一样击中了德国的混乱世界。虽然德国社会中那些长期受虐待的人民无动于衷，但资产阶级和贵族为此欢呼雀跃，并且成千上万的德国诗人歌颂光荣的法国人民。然而，这种热情带有纯粹形而上学的性质，只对法国革命者的理论表示支持，一旦谈及真正的革命实践，这种热情就转变为对革命疯狂的憎恨，尤其是从报刊上得到有关法国巴黎革命的消息，他们"宁肯保持自己那古老的安宁的神圣罗马粪堆，而不要人民那种勇敢地摆脱奴隶制的锁链并向一切暴君、贵族和僧侣挑战的令人战栗的行动"①，但是法国军队的胜利进军使这个"基督教德意志"社会瓦解。拿破仑作为革命原理的传播者和旧封建社会的摧毁人，他将在法国的"恐怖统治"以战争的形式搬到其他国家，对德国资本主义的发展起到了极大的推进作用，但也正是由于他把农民从封建压迫下解放出来、替德国工厂工业打基础等服务公共利益的行为使得只为个人私利而活的德国人都起来反对他。与此同时，从西里西亚纺织工人起义开始，无产阶级运动就已经蔓延到整个德国，恩格斯断言实现德国革命的将是工人青年②。由此可见，要使处于一团散沙的德国重新恢复生机和活力，只有通过暴力革命，而这种力量不能从资产阶级中寻找，只能从无产阶级的工人斗争中寻找，德国的无产阶级成为组建德意志共和国的实践主体。而从自由资本主义大时代来看，工人运动主要发生在西欧资本主义国家，无产阶级国际联合的实践主体主要是西欧国家的广大无产阶级。而西欧，由于处于世界工业革命和世界文明发展的中心，且是科学社会主义的诞生地，这里的无产阶级力量最集中、最强

---

① 马克思，恩格斯. 马克思恩格斯全集：第2卷[M]. 北京：人民出版社，1957：635.
② 马克思，恩格斯. 马克思恩格斯全集：第2卷[M]. 北京：人民出版社，1957：629.

大，思想觉悟也最高。西欧各国无产阶级在反对资产阶级的过程中认识到互相团结的重要性，从而站在世界革命的角度展开了无产阶级的国际联合，并将联合的范围从欧洲不断扩大到欧洲以外的地区。总而言之马克思、恩格斯从世界无产阶级或整体人类的视野出发，把发达欧洲的阶级状况看成是世界的一种总体状况，欧洲无产阶级成为自由资本主义时期阶级联合的实践主体。

第二，垄断资本主义时期，列宁斯大林以工人阶级和农民作为苏联国家共同体的实践主体，以世界无产阶级、被压迫民族、世界反法西斯国家作为国际联合体的实践主体。在1894—1917年间俄国发生的两次资产阶级民主革命过程中，城市工人阶级和农村的广大农民始终与资本主义统治下的资产阶级和封建沙皇专制制度进行激烈对抗，并且在无产阶级的领导和动员下将统一的经济斗争提升到政治斗争的高度，通过阶级团结和政治解放来抗衡资本主义与专制制度混杂的沙皇传统共同体，组建起人民当家作主的新型国家共同体——苏维埃。自1917年建立起历史上第一个苏维埃国家起，为了彻底清除资本主义势力，无产阶级在布尔什维克党的带领下展开了彻底的社会主义革命，不光解决了无产阶级和农民之间的矛盾，也极力缓和了苏维埃俄国与其他资本主义国家之间的矛盾，从而以"全部国家政权归工人代表苏维埃"的口号将工人和农民联合起来，广泛吸收工农群众参加国家管理，高度重视发挥人民群众的监督作用。紧紧将个人自由与服从领导的统一意志相结合，开启了以工农联盟为实践主体的社会主义建设工作。虽然斯大林领导时期的苏联社会主义建设遭遇了重大挫折，但是从始至终的建设工作都是在无产阶级的领导下展开的工人、农民与知识分子相结合的实践过程。从苏联与外部国家的关系层面来看，自第一次世界大战爆发以后，面对交战国的社会主义各政党转而与本国资产阶级政府相结合，以"保卫祖国"为名抹杀帝国主义压迫落后民族、资本家镇压工人运动的基本事实，列宁提出以无产阶级专政下各民族的联合和共享自由的世界共和国联邦取代以"保卫祖国"为虚名的欧洲共和国联邦，从而将"全世界无产者和被压迫民族联合起来"[①] 建立各种形式的国际联盟。而伴随着20世纪40年代末50年代初开始的两大阵营的对峙和竞争，全世界无产者和被压迫民族的联盟扩展为全世界反法西斯国家和被压迫民族的联盟，这种以军事联合为首要目的组建的共同体，不仅在战争时发挥了巨大的凝聚力，而且为战后和平环境的塑造以及各国政治、经济、文化的合作奠定了基础。反法西斯战争的胜利为社会主义在世界范围内的扩大奠定了基础，同时也培养出"各族人民相互友爱和兄弟般合

---

① 列宁. 列宁选集：第4卷［M］. 北京：人民出版社，2012：326.

作的感情"①，促使各族人民在统一联盟国家体系中的合作关系进一步加强。由此可见，列宁斯大林所在的垄断资本主义时期相对于马克思、恩格斯所在的自由资本主义时期，阶级联合的实践主体范围进一步扩大，实践也更具广泛性。

第三，后冷战时期，中国将各阶级阶层的爱国人士作为现代化共同体的实践主体，将全世界一切爱好和平和追求共同发展的个人、团体、组织或国家，一切关心人类生存与安全，关注整个人类未来发展与共同命运的各国人民作为国际联合体的实践主体，从而开启了阶级联合向自由人的联合的过渡通道。在这一时期，尤其是自中国共产党第十八次全国代表大会的召开以来，无论是国内"中华民族共同体"的巩固，还是世界范围内"人类命运共同体"的构建，都使实践主体日趋扩大，利益受众日益超越一国界限。这些实践主体联合起来共同打造各种利益共同体、命运共同体、安全共同体和发展共同体等各种日臻完善的共同体。具体来说，中华人民共和国成立至今，中国主导或参与的国际联合的主体范畴发生了从无产阶级政党、社会主义国家与各被压迫民族殖民地国家之间的联合，到社会主义国家与各类社会制度的国家以及各类非国家行为体之间普遍建立"朋友圈""伙伴网"的嬗变。同时由于经济全球化的深入发展、政治多极化的既有格局、文明冲突的日益凸显、社会网络化的日渐流行以及日趋显著的生态文明问题，中国以全球的共融发展为视角，在苏联共同体实践主体的基础上进一步向前推进，主张各国人民携手努力，以人类社会生活的共同性为基础，依托于全球公民社会，"协力构建各种文明兼容并蓄的和谐世界"②，在面临逆全球化和单边主义卷土重来的态势下，以命运与共的方式化解国家之间、族群之间、底层大众和统治集团之间的冲突，从而将全世界一切爱好和平、追求共同发展、关注整个人类未来发展与命运的全世界广大民众作为世界共同体的实践主体。

二、马克思主义共同体思想的物质载体

马克思主义共同体思想在现实生活中的实践活动往往根据工人运动实际发展的需要而借助于具体的物质载体，例如，曾先后出现过的若干国际联合组织和现时代搭建的一些实践平台。这些不同时期形成的实践载体都呈现出自己的特征，反映了主、客观条件对马克思主义共同体思想实践活动的影响。

第一，自由资本主义时期，马克思恩格斯开创了国际联合组织作为实现

---

① 斯大林．斯大林文集：1934—1952［M］．北京：人民出版社，1985：476.
② 十六大以来重要文献选编：中［M］．北京：中央文献出版社，2006：997.

"真正的共同体"的物质载体。马克思、恩格斯提倡的"真正的共同体"理想是以现实的人作为出发点,力图通过自由自觉的劳动活动实现对全部生产力的占有,重新建立个人所有制,形成人的自由而全面的发展,它是满足人的真正的自我实现和自我发展的存在方式。而这种真正的自由人的联合体的实现要以人的普遍交往作为前提,在世界历史的大视野中得以实现。正是由于资本主义开创的世界历史,使过去那种各个地方和各个民族的分离状态被如今各个民族间的相互往来和相互依赖所代替,而且不仅"物质的生产如此,精神的生产也是如此"①。人只有成为世界的人,只有同整个世界的物质生产和精神生产发生实际联系,才能获得利用世界这种全面的、基于人们创造的生产能力,才能消灭资本主义社会所带来的异化与矛盾,从而实现真实集体下的人的自由而全面的发展。而这种世界史中不断发展的个人要以群体力量和群体性组织作为支撑和基础,否则个人难以直接依靠自身的微弱力量来达到未来理想社会的愿景,换句话说,个人必须依靠有形的群体性物质载体来展开世界历史中人类的大发展。"真正的共同体"是告别资本主义"虚幻的共同体"之后出现的新型共同体形态。由于全世界无产阶级面临的阶级敌人是国际性的,故而建立这样的共同体不是某一个国家可以单独实现的,"无产阶级的解放只能是国际的事业"②。也就是说,要实现"真正的共同体",无产阶级必须联合起来,建立起基于共同理想追求的国际共产主义事业共同体去对抗资产阶级的国际联合。正是这种国际主义意识,促成了1864年第一国际的建立。它作为一种平等的无产阶级跨国联合组织,主要任务就是以劳动的方式把各国工人运动组织起来。由此,它成为整个无产阶级国际主义运动的领导中心,推动了欧美各国工人运动的发展。马克思亲自为第一国际起草了《成立宣言》和《共同章程》,使第一国际的思想一开始就建立在科学社会主义理论基础之上,并诞生了巴黎公社这一"精神产儿"。虽然它首次尝试建立无产阶级专政的社会主义国家的努力以失败告终,但是实践共同体思想重要的物质载体,打造了人民群众寻求社会解放的政治形式,是"把人类从阶级社会中永远解放出来的社会主义革命的曙光"③,打开了人类历史发展新纪元的缺口。

第二,垄断资本主义时期,列宁、斯大林继续推进国际合作组织的构建以实现世界各社会主义国家间的国际联盟。首先,列宁推动建立社会主义国家的

---

① 马克思,恩格斯.马克思恩格斯选集:第1卷[M].北京:人民出版社,1995:276.
② 马克思,恩格斯.马克思恩格斯文集:第10卷[M].北京:人民出版社,2009:656.
③ 马克思,恩格斯.马克思恩格斯全集:第18卷[M].北京:人民出版社,1964:61.

国际合作组织——共产国际,亦即第三国际,作为无产阶级国际联合的实践舞台,指导全世界无产者和被压迫民族的解放运动,成为各国共产主义运动的新序幕。随着俄国十月革命的胜利,各帝国主义国家开始联手对付新生的苏维埃政权,社会沙文主义者和"中派"则主张恢复第二国际的统一,提出"保卫祖国"这一欺骗性口号,驱使各国工人在战时互相屠杀,在战后互相赦免。对此,列宁一针见血地指出,这样的统一是对工人的欺骗,恢复这样的国际对无产阶级极具危害性。由此,列宁为巩固苏维埃政权,以革命的联盟对抗反革命的联盟,致力于建立革命无产阶级的新国际,即共产国际。共产国际作为各国共产党联合组成的无产阶级政党联盟,是实现社会主义共同体的国际组织形式,它"承认每个党在本国健康发展所必需的范围内的自治"①,坚持民主集中制原则,以推翻国际资产阶级的统治、建立一个废除国家的过渡阶段的国际苏维埃共和国为目的,试图帮助各国共产党成为布尔什维克式的群众性政党。但由于欧洲各国的无产阶级革命高潮并没有像列宁等人预言的那样如期到来,故而以列宁为代表的无产阶级政党由推动世界革命转为保卫苏联的社会主义政权。尽管如此,共产国际的新策略仍然推进了工人统一战线的形成,促使无产阶级国际联盟进入一个新的发展阶段。其次,斯大林推动成立共产党情报局作为无产阶级国际联合的物质载体。列宁逝世以后,斯大林将共产国际的最高机构——世界共产党会议变成联结世界共产党各部分的纽带,突出共产国际作为世界共产党的性质,从而打造了无产阶级国际联合的中心—从属模式,强化了苏联这个唯一无产阶级专政的社会主义国家的领导地位。由于国际关系的复杂多变,外加苏德战争的爆发,客观要求改善与其他国家,尤其是同美英盟国的关系,建立反纳粹德国同盟,因此苏联放弃了孤立主义的外交思维,以与西方大国合作的意愿解散了共产国际。与此同时,建立了一个新的协商性国际组织——共产党情报局,成为共产国际的替代品。但二者的目标是明显不同的,共产国际在于领导各国共产党彻底消灭资本主义制度,而共产党情报局是在苏联领导下形成的欧洲范围内组织共产党抵制和防御西方进攻的区域联盟。但它存在着践踏各共产党之间、各社会主义国家之间独立自主、平等互助和互不干涉内政的行为,削弱了各国共产党的战斗力,对之后国际共产主义运动的发展造成了无法医治的后遗症。

第三,后冷战时期的中国一改过去国际主义的联合组织,以"一带一路"建设作为构建马克思主义共同体的实践载体。"一带一路"倡议是构建人类命运

---

① 列宁.列宁选集:第4卷[M].北京:人民出版社,2012:312.

共同体的重要桥梁和纽带，彰显了一种全球性的经济治理模式，它以我国古丝绸之路为主线，用新的和平合作、互利共赢的经济关系破除并取代不合理的经济旧秩序，以期建设开放型的世界经济。自2013年秋天习近平提出"一带一路"倡议至今，"一带一路"建设取得丰硕的建设成果，建立起了多方保障机制，深化了各国之间的政策沟通、加强了各国之间的设施联通、提升了各国之间的贸易畅通、扩大了各国之间的资金融通并促进了各国之间的民心相通。"丝路基金"、亚洲基础设施投资银行、金砖国家新开发银行都是"一带一路"建设的融资保障，为加速构建人类命运共同体提供了新平台以及资金保障。为了应对"一带一路"建设过程中出现的各种矛盾、冲突和争端，习近平引入和平式、多元化的争端解决机制，尤其是坚持以联合国宪章宗旨和原则为核心的国际秩序和国际体系，注重发挥联合国在构建人类命运共同体中的多边平台作用，联合国由过去那种专门为资本主义国家服务的霸权组织渐渐转向退去意识形态色彩与功利性色彩、用来维护世界不同属性国家民众共同利益的公利性组织。

由上可见，好的组织机制和实践平台可以极大地推进马克思主义共同体的实践活动；反之，一个不适应形势发展的组织机制或实践平台无论对该联合组织本身还是马克思主义共同体思想的实践活动都会产生阻碍作用。

三、马克思主义共同体思想的实现方式

马克思主义共同体思想以人类的普遍交往为前提，在世界历史中展开民族国家间的国际联合，为马克思主义共同体思想的联合提供了广阔的国际视野。

第一，自由资本主义时期，世界无产者主要以阶级联合的方式打破资本主义一统天下的局面和奴役各国人民的困境。马克思、恩格斯创建了以"全世界无产者，联合起来"为口号的共产主义者同盟来代替"人人皆兄弟"的正义者同盟，使工人阶级从自在的阶级向自为的阶级转变，逐渐走向国际联合。无产阶级在斗争中走向国际联合，不是由某一宗派或极为能干的政治活动家所决定，而是一种联合行动、共同对敌的自发行为。无产阶级要求国际联合，既受外部历史环境的影响，也是无产阶级本身革命斗争需求的结果。从无产阶级所处的外部环境看，在资本主义工业革命前后，由于资本主义商品交换的扩大，资本主义生产的国际性加强，资产阶级对无产阶级的剥削和压迫带有国际性。从无产阶级的内部因素看，面对联合起来的资产阶级的剥削和压迫，各国工人阶级纷纷认识到团结互助、走向联合的重要性。所以，马克思、恩格斯指出各国工人"应当以各族人民的工人兄弟联盟来对抗各民族的资产阶级联盟"①。正是由于无产阶级所处的历史地位和他们所肩负的历史使命，促使他们在革命斗争中选择了国际联合的方式。

第二，垄断资本主义时期，世界无产阶级、被压迫民族、世界反法西斯国家以建立国际统一战线的方式实现国际主义联合。在垄断资本主义阶段，帝国主义与殖民地、半殖民地民族和人民的矛盾空前尖锐化了。垄断资产阶级为了榨取高额利润，疯狂地对外扩张。到20世纪初期，世界已被瓜分完毕，殖民体系最终完成。世界被划分为压迫民族和被压迫民族。帝国主义通过向殖民地和半殖民地输出资本、抢夺资源和劳动力、倾销工业品，从而扼杀了其民族工业，造成国家贫穷落后，给殖民地、半殖民地的民族和人民带来深重灾难，但同时在客观上也形成了其对立物——民族工业和民族无产阶级以及破产农民和新式的知识分子。帝国主义国家的野蛮剥削与压迫，促进了被压迫民族的觉醒，推动了民族解放运动的发展。以列宁为首的马克思主义者继承并发展了马克思主义国际联合与无产阶级专政的学说，为建立新形式的无产阶级国际联合而展开英勇斗争。鉴于十月革命后欧洲各国的无产阶级革命在经历短暂的时间后很快消失，列宁等人预言的欧洲革命高潮并没有到来这一既定事实，列宁等无产阶级革命领袖调整策略和路线，由全面进攻转为防御，提出到群众中去，以统一战线的方式广泛团结群众，把广大劳动群众吸引到自己的旗帜之下。许多国家的共产党积极推进工人统一战线，东方国家的反帝统一战线取得了积极的效果。从20世纪20年代后期开始，法西斯势力在欧洲资本主义国家不断崛起，法西斯主义成为全人类面临的共同威胁。鉴于世界法西斯势力的猖獗破坏，1935年7月至8月，共产国际第七次代表大会确立了建立反法西斯统一战线的方针，由此开始了一个反对法西斯主义斗争的新时期。第二次世界大战期间，在共同的敌人面前，英、美、法等主要资本主义国家同苏联结成了反法西斯同盟。随着第二次世界大战的结束，双方结盟的基础不复存在，西方资本主义国家反共、反苏的本质再次凸显出来。以美国为首的西方资本主义国家在政治、经济、军事等诸多方面对以苏联为首的社会主义国家展开了全面围攻。由于世界反法西斯战争的胜利，社会主义力量日益壮大，形成了强大的社会主义阵营，本质上是社会主义国家共同组建的统一战线，对以美国为首的西方资本主义阵营产生了强大的震慑力。

---

① 马克思，恩格斯. 马克思恩格斯选集：第4卷 [M]. 北京：人民出版社，1995：411-412.

第三，后冷战时期的中国践行共同体的国际联合方式与合作性质发生了变化，历经了从国家间结盟到"真正的不结盟"，再到"不结盟而结伴"的发展之路。国际联合方式的嬗变见证了中国从被迫选边站到独立自主再到以结伴方式引领世界共同发展的进步之路。新中国成立初期，中国争取和平的方式主要是通过与世界无产阶级、其他社会主义国家以及民族殖民地国家的"革命团结"。新中国一经成立就坚定地倒向社会主义阵营，形成了新中国初期与苏联结盟，向社会主义阵营"一边倒"的联盟战略。到了20世纪60年代，美苏霸权主义野心日益膨胀，中国只能转向继续团结世界无产阶级进行共同革命和建立国际反霸统一战线来共同维护和平之势。20世纪70年代末，由于国内激进的"文化大革命"与向国外"输出革命"的过度化国际主义援助，中国的经济、政治陷入困境和停滞，中国的国际合作思想与战略开始发生改变，尤其随着20世纪80年代国际形势向和平与发展的转换，中国开始实行独立自主的不结盟政策。邓小平指出这种独立自主的对外政策是真正的不结盟[①]。基于此，自80年代起，中国不再把革命作为对外交往的基本任务，而是开始了超越意识形态和国家制度差别，通过逐步改革开放与他国进行互利合作的历史新时期。其中，在20世纪末以前，中国基本上以"引进来"的国际合作为主，中国的发展基本反映为国内进程；进入21世纪以后，中国开始强调"走出去"的国际合作，中国的发展开始反映为一种国际进程。从这个发展脉络来看，中华人民共和国成立至今，中国的国际联合的性质发生了多次嬗变，见证了新中国第一个30年从强调国际无产阶级和民族殖民地国家联合革命到国际社会联合反霸的嬗变，也见证了新中国第二个30年从强调通过改革开放"引进来"的和平发展到强调通过改革开放"走出去"的合作共赢的历史转变进程。

通过以上考察可知，不管是哪个时期的联合，不管采取怎样的联合方式，其国际联合的主要目标都是为了实现无产阶级的解放全人类的远大抱负。而为了实现这一远大抱负，各国无产阶级要在国际联合的基础上积极地开展无产阶级具体的斗争实践。如果没有各个国家的无产阶级组织起来积极斗争，那么任何一种形式的国际联合都是一种空洞的设想。

四、马克思主义共同体思想的实施步骤

马克思主义共同体思想秉持一贯的实践思维方式和辩证发展品质，始终以现实的物质生活为基础展开人的能动性活动，赋予了共同体以工具理性和价值

[①] 邓小平. 邓小平文选：第3卷 [M]. 北京：人民出版社，1993：57.

理性的色彩，考察马克思主义共同体思想的实施步骤以此为依据，按照时代发展的演进历程，以 19 世纪资本主义的现实发展、20 世纪前半叶苏联化马克思主义的时代变革、20 世纪后半叶当代西方马克思主义的语言学转向以及 21 世纪中国化马克思主义的理论创新为背景，不但从理想性的视角对现实的共同体进行批判性审视，也从现实性视角提出维持与发展共同体实际可操作的方案。

第一，马克思、恩格斯在现实批判中展开共同体理想的理论建构。马克思共同体思想是以人类不同历史环境下的现实问题为导向，探问和考察基于人的发展历史形态的共同体演变，得出共同体是自然形成于前资本主义社会这一"人的依赖性"之上，逐步消解于资本主义社会这一"以物的依赖性为基础的人的独立性"之下，真正成就于共产主义社会这一"自由人联合体"之中，从而基于批判和建构两个维度，推进"虚幻的共同体"和"真正的共同体"两种进路，由此使"真正的共同体"成为从资本主义生产所带来的物质条件中引出的现实发展形式，被赋予了理想性和现实性相统一的特点。具体而言，首先，马克思通过现实社会中市民社会与国家分离展开理论批判。近代政治革命在"摆脱政治桎梏同时也就是摆脱束缚住市民社会利己精神的枷锁"① 的过程中，完成了政治国家与市民社会的分离，人们由满足自身需求的生产转向了满足市场的生产，由此催生了人们的逐利欲望。但政治解放未能消除私有财产和作为市民社会利己主义原则的宗教，作为政治共同体的国家只是被人虚构的"类存在物的地方"，政治国家和市民社会的分裂、普遍利益和私人利益的冲突、"公人"和"私人"的排斥是持续存在的②。为了克服人的政治异化、变革市民社会，实现人的最终解放，就必须展开社会革命，通过消灭自发性和强制性社会分工下形成的人对物的依赖性而走向自觉的社会分工，使劳动成为自由自觉的人的活动，造就一个能够使个人与社会同生共存、使人能够真正掌控物的力量的真正的共同体。其次，马克思通过无产阶级革命寻找到理论批判向现实批判转变的决定性力量。马克思以唯物史观和剩余价值学说作为重要推手，从资本主义雇佣劳动制度切入，内在地形成了毁灭资本主义阶级共同体的机制，锻造出毁灭资本主义共同体和构建共产主义共同体的社会力量，即无产阶级。无产阶级由于自身的悲惨命运，它从产生之初就与资产阶级相对立，其根本利益就在于消灭资本主义私有制，实现特殊利益与共同利益的融合，形成一个真正兼顾二者利益而又适合人类生活与发展的新型共同体。只有通过无产阶级革命斗争这

---

① 马克思，恩格斯. 马克思恩格斯文集：第 1 卷 [M]. 北京：人民出版社，2009：45.
② 马克思，恩格斯. 马克思恩格斯文集：第 1 卷 [M]. 北京：人民出版社，2009：31.

一物质力量才能推翻资产阶级专政,胜利的无产阶级才能利用手握的国家政权来彻底消灭私有制,从而使共同体不再是一个合乎理性和伦理的精神存在,也不是一个维护所谓资产阶级人权的政治存在,而是一个亟须构建的、符合人的发展的社会存在。可见,无产阶级革命斗争对资本主义这一虚假—抽象共同体的批判既是近现代工业社会内在矛盾发展的必然要求,也是马克思共同体理想的实践基础和推动力量。再次,马克思根据交换价值对人的精神自由度的影响确立了关乎人类解放的价值革命。马克思考察了市民社会中的无产阶级,但无产阶级作为推翻旧势力的政治主体不能代替主体之外的分工和交换关系。要消灭资本主义社会强制分工下的异化劳动,必须以资本主义生产方式以及和它相适应的生产关系和交换关系为中心[①],从商品这一资本主义的经济细胞入手,通过交换实现其自身价值。交换使生产中的人的一切固定的依赖关系解体,又使生产者相互间的全面的依赖关系得以形成,从而把历史分为"人的依赖—人的独立性—人的自由个性"[②] 三个阶段,交换也从附带进行的活动经由普遍进行的私人活动变为在共同占有和共同控制生产资料的基础上联合起来的个人所进行的自由活动。从人的历史发展来看,虽然货币的出现使社会联系变得物化,但货币作为一种交换价值的体现,实质仍是人们之间生产活动的关系再现,是使个人全面发展和自由个性成为可能的前提。由于雇佣劳动的存在,货币不但不会使社会形式瓦解,反而是社会形式的发展条件和发展一切生产力的"主动轮"。为了扩大再生产,人们不断积累货币以转化成资本。而由于商品作为无差别的人类劳动的凝结,代表着从事交换价值的劳动在"质"上是相等的,故而货币的占有,即财富的积累,是通过占有他人劳动时间这一"量"的变化获得,这也就是说人的解放内在包含着劳动时间的解放。但对个体而言,时间是有限的,一个人在有限的时间内其工作时间越多,那么其自由的发展时间就越少。为了实现人的自由发展,就必须把必要劳动时间和剩余劳动时间转化为自由发展时间,从而提高人的精神自由程度。可见,交换价值的历史发展使个人劳动转变为社会劳动的一部分,为个人转变为直接的社会的个人和建立人的自由发展的"真正的共同体"提供了依据,成就了人的精神自由的扩大,从而蕴涵了深刻的人文价值关怀,成为马克思共同体理想的价值标杆。最后,马克思通过揭示人类发展进程中普遍交往的扩大化指明了真正共同体实现的历史必然性。

---

① 马克思,恩格斯.马克思恩格斯全集:第44卷[M].北京:人民出版社,2001:8.
② 马克思,恩格斯.马克思恩格斯全集:第30卷[M].北京:人民出版社,1995:107-108.

资本主义以超出历史上所有世代生产力的总和之速在发展,进而开创了"世界历史"的进程,按照自己的面貌为自己创造出一个世界。他们在使未开化和半开化的国家从属于文明的国家、使农民的民族从属于资产阶级的民族、使东方从属于西方的同时,也在为无产阶级和全人类的解放创造条件。正是由于资本主义开创的世界历史,使一切国家的生产和消费都超出地域性的限制成为世界性的,从而人们之间建立起普遍的世界交往。过去那种各个地方和各个民族的自给自足和闭关自守的状态,被如今各个民族多方面的相互往来和相互依赖所代替,而且不仅"物质的生产如此,精神的生产也是如此"[①]。人开始成为世界的人,世界开始成为所有人的世界。每个人都置身于世界各种因素的联系和交互作用中,受到世界市场力量的支配,从而单个人同整个世界的物质生产和精神生产发生实际联系,获得了利用世界这种全面的、基于人们创造的生产能力。唯有如此,才能消灭资本主义社会所带来的异化与矛盾,实现真正的团结。由此可见,所有国家最终都会在生产力高度发展和人的历史性的普遍交往中走向世界历史状态,原有的共同体不断冲破封闭自守的状态,地域性的特殊个人也逐渐被世界历史性的普遍个人所代替,而这一历史发展的最终结果便是代表"自由人联合体"的共产主义共同体。真正共同体的实现是由历史发展中不以人的意志为转移的客观规律所决定,具有历史发展的必然性。

第二,列宁、斯大林在制度变革中进行共同体理想的开创性实践。以列宁为代表的俄国布尔什维克党创造性地把马克思关于未来社会这一"真正的共同体"融入俄国的具体实践中,在人类历史上第一次建立起社会主义性质的国家共同体。为了维系这一新型共同体的发展,他们立足于社会力量与个人主体的双重视角,从政治解放、经济解放的客体向度和劳动解放、文化解放的主体向度来寻求新型共同体的建构路径,在这一过程中虽不免遭遇挫折,却把科学社会主义理论转化为世界范围内广大无产阶级和劳动群众的社会主义实践,打破了世界资本主义共同体一统天下的局面,开启了资本主义共同体和社会主义共同体同时并存、斗争与合作的人类历史发展新阶段和世界历史发展新道路。首先,以武装斗争的形式开启苏维埃国家共同体的制度建设。1917年爆发的十月革命以"全部国家政权归工人代表苏维埃"为口号将处于压迫与剥削中的工人和农民联合起来,建构起代表广大人民群众利益的苏维埃国家共同体,使人民真正成为苏维埃国家共同体的主人,并采取一系列措施来保障人民参与国家管理的积极性和主动性。不但吸收经过革命锻炼和考验的优秀工农群众参加国家

[①] 马克思,恩格斯. 马克思恩格斯选集:第1卷[M]. 北京:人民出版社,1995:276.

政府机关的管理工作，而且注重发挥人民群众的监督作用，建立起群众的监督机制，并制定健全的法律法规以保障人民监督职能的履行，例如，列宁亲自起草了《工人监督条例》，规定工人对于企业监督乃至对于政府的监督细则。与此同时，为了战胜小资产阶级自发势力和无政府主义对苏维埃国家的破坏，解决面临的经济和社会混乱状况，苏维埃政权规定给予个别领导人以独裁的权力，加强集中领导，将苏维埃民主制和个人独裁制相结合，对大多数人实行民主，对少数剥削者实行专政。这种专政，必须经过个别人和领袖把千百万人的意志严格地统一起来，毕竟无产阶级专政不仅是由被剥削劳动群众，也是通过个人来实现的①，由此把民主精神与铁的纪律、把个人自由与服从领导的统一意志结合了起来。其次，通过劳动实践建造起苏维埃共同体的物质基础。长期湮没于封建农奴制的俄国，个体丧失了属人的自我确证的能力，原本作为共同体主人的个人被当作劳动工具，所构成的也仅仅是以人的生存或动物本能为目的的工具性共同体。在这种共同体下，个人之间的分工成为一种强制化分工，所形成的也只是一种强制性劳动。要消灭农奴制、私有制和强制分工的状况，就要将革命热情与个人利益相结合，通过寻求人与人之间联合劳动的形式来摆脱异化劳动状况，形成属人的共同体。故而通过实行普遍劳动义务制使每个有劳动能力的人都积极参加社会主义革命和社会主义建设，尤其提倡"共产主义星期六义务劳动"这种无报酬的、没有定额的新的劳动形式。再次，通过文化斗争确立了苏维埃共同体的思想基础。要摆脱过去社会权力和金钱对人类生活的支配和控制，不仅要从异化的生产关系入手，也要注重克服精神文化活动领域的异化现象，从精神层面抗衡和反思权力和资本逻辑，为建构无产阶级的文化共同体奠定基础。具体而言，一方面为了解决人民内部矛盾展开了与极左文化思潮的斗争，另一方面，为了克服敌我矛盾展开了与资产阶级思想的斗争。因此有效地阻止了资产阶级意识的蔓延，巩固了无产阶级的阶级意识，成为团结共同体内部成员的精神纽带。最后，在反对大俄罗斯主义和推动共产国际的实践中不断塑造世界共同体意识。为了"把人类从各种各样的人压迫人和人剥削人的制度下解放出来"②，以列宁为代表的布尔什维克党人既继承马克思的"全世界无产者，联合起来"的口号，又进一步将之发展为"全世界无产者和被压迫民族联合起来"的口号，在各国人民普遍交往的世界范围内进行顽强斗争。列宁从巩固苏维埃政权和支援世界革命的双重使命出发，在战争结束、世界革命特

---

① 列宁. 列宁选集：第3卷[M]．北京：人民出版社，2012：500.
② 列宁. 列宁全集：第9卷[M]．北京：人民出版社，2017：111.

别是欧洲革命由高潮走入低谷以及统一的苏联国家建立的情况下,指出要坚决反对"'俄罗斯'共产党人的大俄罗斯帝国主义和沙文主义的(有时是不自觉的)残余"[①],并把这一思想从民族国家之间延伸到了苏联内部各民族之间。为了消除1914—1918年世界大战期间大国民族压迫没有充分权利的附属民族所导致的民族间憎恨、仇视及其相互间不信任,列宁提出通过共同斗争结成紧密的军事联盟和经济联盟,建立起自愿的民族联盟,从而防止资本家利用各民族对大俄罗斯民族的不信任心理而制造纠纷,破坏现有苏维埃共同体的内部团结。与此同时,列宁积极推动共产国际的建立来实现世界苏维埃共和国的理想。他认为社会主义民族和国家的国际主义合作和接近的总方向,是它们联邦式的统一,因而提倡建立愈来愈密切的联邦制联盟,认为"当这些联邦联合体在增长,把摆脱了帝国主义桎梏的殖民地也包括进来的时候,当这种共和国的联盟最终变成世界苏维埃社会主义共和国联盟的时候,新建立的无产阶级共和国将同已经存在的共和国建立联邦联系"[②]。虽然受客观世界革命形势和苏联本身物质生产力发展水平的束缚,列宁的"世界苏维埃共和国"设想最终夭折,但它是一种对美好世界的憧憬,包含着无产阶级性质和共同体性质的双重属性。

第三,在西方马克思主义的话语转向中拓展共同体理想发展的新范式。20世纪全球化和垄断资本主义的兴起与不断发展,使人类所属的各种共同体进入与古典自由主义模式不同的新场域。西方马克思主义理论家在继承马克思共同体思想分析框架的基础上,紧紧围绕资本主义物化束缚下个人如何实现本真意义上的自由发展与终极解放这一问题来探讨无产阶级革命低潮下各种新式共同体的涌现,并对共同体进行从人本主义视域向科学主义视域,进而在后现代思潮影响下的不断延展。经典西方马克思主义者将关注重点放在无产阶级共同体的阶级意识上,试图通过各种无产阶级革命策略达到马克思的"自由人联合体"的愿景,他们立足于人本主义视角,肯定个体在历史发展中的主体地位,从正面建构共产主义共同体。与此不同,以法兰克福学派为代表的后继者们多从否定意义上对资本主义共同体进行反思、批判与解构,重新制定社会规则与规范、开展应对危机的共同体行动以及建构新的共同体。尤其自20世纪70年代末80年代初西方共同体主义兴起并将共同体的善置于个人自由之先开始,个人主义与共同体主义就被放在对立面上进行争论,从而促使当代西方马克思主义以共同文化为基石,强调和关注共同体价值,由此开辟了关于共同体思想研究的新

---

① 列宁. 列宁全集:第38卷[M]. 北京:人民出版社,1986:20页。
② 珍妮·道格拉斯. 共产国际文件:第1卷[M]. 北京:世界出版社,1963:18.

范式。总的来看，西方马克思主义所进行的种种努力拓展了共同体理想之现实化的理论资源，不管是经典西方马克思主义视域下的现实批判的主体层面，还是当代西方马克思主义将非主体的话语、空间引入其中，都使马克思共同体理想切入了实践，尽可能地保持了理论发展与现实生活的不相脱节。然而，西方社会意识形态和价值观的转变造就了西方马克思主义多元变化的语境，使其理论缺乏确定性和实在性依据，表面看来与现实生活紧密相连，借助话语表达和空间建构展开对日常生活实践和文化实践等的批判并积极尝试构建各种新型共同体，实则这种历史与实在相互脱钩的建构正在愈益远离真正的实践，导致实践过程的愈益抽象化，从而使其成为一种虚无化的批判性表演。

第四，21世纪的中国在国际关系新范式中推进共同体理想的现实构建。西方马克思主义共同体思想的当代问题转向充分显现了其理论发展与现实实践的不相契合，使共同体成为一种实际上不可实现的"乌托邦"想象，也就不能指引西方社会未来的发展走向。随着21世纪马克思主义在中国的创新式发展，马克思共同体思想何以可能和如何可能的问题被再度提及。鉴于冷战结束后国际共产主义运动陷入低潮，彼时的中国开始探索国际政治经济新秩序下的社会主义发展之路，它以构建中国的现代化共同体为基础，将中国与世界紧密地联系起来。这促使中国未来发展走向，连同人类未来发展走向的命题在习近平新时代中国特色社会主义发展道路中得以凸显，开启了马克思共同体理想现实化的创新之路。首先，以构建中国的现代化共同体来保障国家间的利益共同体。马克思已然指明共同体的发展趋势即是一个走向"真正的共同体"的过程，那么，市民社会就仅仅是人类社会发展过程中的一个必经阶段，而并不是人类社会发展的目标。当前中国亟须解决的主要问题是前现代共同体瓦解所带来的信任危机和认同缺失，以及个体的自主化与社会的公平公正化，故而如何构建属于中国的现代化共同体成为社会主义现代化建设时期的重大课题，由此开启了以民主和法制来保障人民权益以及构建共同体的新征程，更进一步来讲则是：通过制度变革构建起各阶级阶层的利益共同体以维护人民的整体性；通过和谐劳动构建起以人为本的发展共同体来实现主体的全面发展；通过核心价值观的塑造构建起人们共有的精神共同体以凝聚人民的价值共识，从而基于民族国家的层面建构起了属于中国的新型现代共同体。这个现代化的共同体以中国文化为基础、以经济发展为纽带，同其他的地区性共同体一样，都是全球共同体的一块基石和有机组成部分。为了给中国的经济建设营造一个良好的和平环境并赢得与其他各种现代共同体同等发展的机会，江泽民根据世界各国文明多样性的现状提出了共同发展的思想，"在竞争比较中取长补短，在求同存异中共同发展"①。继而引导中国广泛开展同世界各国和各地区的贸易往来、经济技术合作和科学文化交流，既与发达国家关系进入全面发展的时期，也与周边国家建立起各种类型的伙伴关系，使周边环境处于新中国成立以来最好的时期。在此基础上为了建立一个持久和平、共同繁荣的世界，胡锦涛提出了"和谐世界"理念，认为在世界文明多样性中应坚持包容精神，在求同存异中共同发展，以便在经济全球化趋势深入发展的当口构建一个人人都享有发展的二十一世纪。这就将中国人民的利益与世界各国人民的利益紧密结合了起来，将"中国的前途命运日益紧密地同世界的前途命运联系在一起"②，凸显了当代中国同世界关系的历史性变化。由此中国持续以自己的发展促进地区范围内和世界范围下的共同发展，扩大同各方利益的汇合点，形成了国家与国家之间的"利益共同体"，使包含亚欧国家在内的、在地缘上纵横交织的各个国家真正成为一个紧密相连的利益共同体③。从而以利益共同体的构建不断推进和谐世界的历史进程，在潜移默化中推动全球共同体发生部分质的新变化。其次，在国际关系的新范式中构建"人类命运共同体"。进入21世纪的第二个十年，逆全球化和单边主义卷土重来，国家之间、族群之间、底层大众和统治集团之间的冲突此起彼伏，人类正处于一个充满不确定性的十字路口。全球化出现的不平衡性、不均衡性、不平等性导致现实主义、自由主义倡导下的国际秩序陷入了空前的困境，而超越了均势安全观与集体安全观、超越了零和发展观和自由发展观、超越了文明冲突论、超越了结盟和不结盟关系的"人类命运共同体"理念则以普遍安全观、共同发展观、文明交融性和伙伴关系成为解决21世纪全球性问题的新范式，从而引领了人类社会的新方向。如果冷战后世界是由国家主义向文明体的转变，那么新时代下则是由文明体向命运共同体的不断转变。"人类命运共同体"以巩固"中华民族共同体"作为现实根基和逻辑起点，以"人与自然生命共同体"作为行动保障和绿色发展通道，在此基础上，它以同舟共济、合作共赢的新理念破除"零和博弈"的旧国际关系，在寻求人类共同利益和共同价值的基础上开拓出各国合作应对多样化挑战和实现包容性发展的新道路。具体而言，它以

---

① 江泽民. 全面建设小康社会：在庆祝中国共产党成立八十周年大会上的讲话[N]. 人民日报，2001-07-02.
② 中共中央文献研究室编. 十七大以来重要文献选编：上[M]. 北京：中央文献出版社，2009：36.
③ 温家宝. 推动亚欧合作进程深入向前发展：在第八届亚欧首脑会议开幕式上的致辞[N]. 人民日报，2010-10-05.

中华民族共同体为基点向外辐射，从构建中国和周边国家的命运共同体，迈向亚洲命运共同体，在此基础上构建中国和发展中国家命运共同体，同时不断推进构建中国和发达国家命运共同体，最终走向构建人类命运共同体。从这个意义上来看，人类命运共同体成为实现中国人民和世界人民对美好生活向往的现实通道，是人类社会通向马克思"自由人联合体"的过渡形式，它不仅实现了有关马克思共同体思想的理论跨越，更推进了共同体理论范式的创造性重构，使马克思"真正的共同体"思想由理想蓝图变为一套集理想主义与现实主义于一体的改造世界的可操作方案，拓展了人类解放的理论空间和现实路径。

由上可见，马克思主义共同体思想的理论发展和现实实践历经了整整三个世纪的摸索，它是马克思、恩格斯从资本主义生产所带来的物质条件中引出的现实发展形式，这种共同体理想在以列宁、斯大林为代表的布尔什维克党人的革命斗争和制度变革中展开了人类历史上首个社会主义共同体的实践历程，虽然在西方马克思主义者那里遭遇了历史与实在相互脱钩的抽象化实践，但也不得不说这依然是从现实批判的主体层面拓展马克思共同体理想现实化的理论资源的一种尝试。而最值得关注的是马克思主义共同体思想在21世纪中国的实践与创新，通过构建中国的现代化共同体保障了国家间的利益共同体，在利益保障中构建了"人类命运共同体"这一国际关系新范式，从而勾连起现实社会和未来世界的空间桥梁，在中国发展和世界发展的交相辉映中确立马克思共同体理想现实化的构建路径与未来发展方向。故而我们不但要从理想性的视角对现实的共同体进行批判性审视，也要从现实性视角提出维持与发展共同体的实际可操作的方案，从而为世界各国人民指明并开创一条争取人的自由解放、实现人的全面发展的新道路。

第六章

马克思主义共同体思想的历史地位与发展前景

马克思主义共同体思想,尤其是作为其最新理论成果的"人类命运共同体"理念,勾勒了 21 世纪人类社会和国际秩序的发展新趋势和新图景,从而使其不但具有一国范围内的理论意义和现实意义,更具有全球性的世界历史意义。随着中国特色社会主义大国外交的不断推进,人类命运共同体的实践活动得以持续开展,而且发展势头很快,并在诸多领域取得积极成效。然而,马克思主义共同体理想的实现毕竟是一个长期的历史过程,在通往人类自由解放的"真正的共同体"的道路上不可能一帆风顺,难免遇到各种挑战,尤其伴随着信息技术的发展和新媒介的异军突起,更是增加了构建共同体的难度。这就要求我们在把握马克思主义共同体思想现实发展境遇的基础上对其未来发展趋势进行研判,将各国人民的"民族梦"与世界人民的"大同梦"有机连接,从而勾连起现实发展与未来走向的融通之路。

第一节 马克思主义共同体思想的重要意义

马克思主义共同体思想既汲取了西方政治理念和实践探索的经验,又极具东方文化智慧和实践特色,更深深植根于世界历史的大视野中探索走向未来共产主义理想社会的通道,必将对建设世界和改造世界产生重大影响。

一、马克思主义共同体思想的理论意义

马克思主义共同体思想不但将人类社会视作一个不断运动与变化发展的系统,加速了马克思主义的社会主义学说由空想变为科学进而不断印证科学真理的历史进程,而且塑造了全人类的命运共同体,为国际新秩序描绘了蓝图,成为当下马克思主义理论发展的重要成果。

第一,马克思主义共同体思想推进了现代辩证唯物主义哲学形态的新发展。

由于它立足于辩证唯物主义和历史唯物主义的哲学基础之上，将人类社会视作一个不断运动与变化发展的系统，构建了一幅关于自然界、人类社会普遍联系的画卷，从而提供了一个经过实践检验的关于资本主义共同体社会的系统论的现实典型，实现了唯物辩证法与现代科学的结合，构建了唯物辩证的系统论的模型，补充、完善和发展了辩证唯物主义哲学，彰显了哲学是"关于自然知识和社会知识的概括与总结"① 的深刻内涵。从哲学的性质、功能和发展历史来看，哲学大体可分为两类，即着重于哲学范畴和基本原理本身研究的理论哲学以及侧重于把哲学范畴、原理应用于各门具体科学和实际工作的应用哲学。就马克思主义哲学来说，亦可分为理论哲学和应用哲学两大类。如马克思的《费尔巴哈提纲》、恩格斯的《费尔巴哈与德国古典哲学的终结》、列宁的《哲学笔记》、毛泽东的《实践论》《矛盾论》等，虽然它们用了许多自然科学、社会科学和人类认识史方面的实际材料，但这些材料都是为了论证和阐述哲学范畴和哲学原理，所以将之视为理论哲学。另一类是应用哲学，如马克思的《资本论》、毛泽东的《中国社会各阶级的分析》《论持久战》《关于领导方法的若干问题》等论著都渗透着丰富的哲学思想，但不是纯粹的哲学著作，而是为了解决政治、军事、经济、领导工作等方面的实际问题，故而可称之为应用哲学。这种哲学形态既使自然科学通过运用经得起实践检验的科学形式来揭示整个世界及其发展的、普遍的联系，创立自然的系统论，又提供了科学的社会的系统论的基础，揭示各个社会发展的形态及其发展的序列，把各国的制度概括为社会形态，以此形成不同所有制下各具特色的社会共同体。在《资本论》中，通过对一个最发达的和最复杂的社会，即资本主义社会的剖析，提供了一个经过实践检验的关于社会的系统论的现实典型，构建了唯物辩证的系统论的模型。由此可见，正是在对资本主义共同体展开批判与揭露的过程中使系统辩证论得以进一步显现和发展，从而推动了现代辩证唯物主义哲学形态的新发展。

第二，马克思主义共同体思想丰富了科学社会主义理论体系。社会主义学说基于资本主义必然灭亡、社会主义必然胜利的理论精髓，从剩余价值和唯物史观入手，使空想性的社会主义具有了科学内涵。列宁主义提出一国可以首先取得胜利的社会主义观点。在以列宁、斯大林为代表的布尔什维克党的带领下，苏维埃俄国实现了社会主义国家的建立，通过社会主义革命、改造和建设构建起了苏俄社会主义共同体。毛泽东思想是东方殖民地半殖民地人民获得解放的学说，以毛泽东为代表的中国共产党人带领广大中国民众展开新民主主义革命

---

① 毛泽东. 毛泽东选集：第3卷 [M]. 北京：人民出版社，1991年：816.

和社会主义革命与建设工作，建立了人民民主共和国，为社会主义现代化共同体的塑造奠定了物质基础和文化精神保障。二战后，社会主义同时在多个国家获得胜利，社会主义实践由一国跃升到多国。在中国共产党的领导下，中国走出了一条独具特色的道路。邓小平、江泽民、胡锦涛始终坚信中国社会主义是世界社会主义的顶梁柱。改革开放四十年使中国特色社会主义的现代化共同体得以生成、巩固并不断扩大，构建起各阶级阶层的利益共同体、以人为本的发展共同体、人们共有的精神共同体，并为和谐世界共同体的构建提供了新的国际环境。自党的十八大以来，以习近平同志为核心的党中央提出的"人类命运共同体"理念是全球化时代条件下世界人民实现共赢共享的科学社会主义理论，它淡化了意识形态之争，加强了世界各国人民的大团结，为争取世界人民共同的美好生活提供了中国智慧。

第三，马克思主义共同体思想是国际关系理论创新的重要支点。长久以来，西方国家都占据着国际舞台的中心，不发达的东方国家和部分西方边缘国家扮演着看客的角色甚至沦为任人宰割的境地，马克思恩格斯时代提出"世界无产者，联合起来！"的口号以对抗资本主义的剥削和压榨。在垄断资本主义时期，以列宁为代表的苏维埃共产党将这一口号发展为"全世界无产者和被压迫民族联合起来"，推动了世界反法西斯国家的联盟。威斯特伐利亚体系建立以来，世界心脏地带多次转移，国家政治参与国不断增多，中国和一系列新兴市场经济国家随之崛起，"人类命运共同体"理念在总结资本主义社会发展规律的基础上，在对西方国际关系理论和西方"文明冲突论"进行批驳的前提下，提出了一种超越旧国际秩序和国际体系的新型国际秩序观。西方国家存在的两种截然不同的国际关系理论都无法将人类纳入真正的国际共同体之中，西方的现实主义国际关系理论与自由主义国际关系理论所坚持的丛林法则和无政府主义观都是从狭隘利益出发抽象地谈论人性，西方的建构主义国际关系理论虽摒弃了个体主义性质，注重整体主义理论下的社会共有观念，但无法解释清楚共有观念，强调的重点也仅仅是对外政策的行为选择，从而陷入了现实主义与理想主义的窠臼。尤其要指出的一点是，西方的"文明冲突论"作为国际关系中的一种非主流理论，在冷战后的国际关系中发挥着不可小觑的威力。美国对于霸权地位的诉求就是以文明的差异性来假想敌手，从而开辟冲突战场，继而借用公众舆论来制造其霸权的合理性。以习近平同志为核心的党中央坚持中国特色社会主义的历史外交思想，在继承和平共处五项原则、国际新秩序原则、和谐世界观的基础上，以联合国宪章的宗旨和原则为依据，强调国家之间构建的是对话而不对抗、结伴而不结盟的伙伴关系，以共商共建共享的全球治理理念来组建共赢共享的国家新秩序，塑造了全人类命运共同体，为国际秩序描绘了总体蓝图，成为国际关系理论创新的重要支点。

二、马克思主义共同体思想的现实意义

马克思主义共同体思想在实践中不断推进，从过去侧重各国的"国家向度"提升到21世纪全人类的"世界向度"，在引领各个单独的社会主义国家完成历史使命的同时不断推进马克思主义的世界化，并运用中国智慧来解决全人类面临的共同性问题，以构建"人类命运共同体"这一具有全球性色彩的实践活动来推进全人类共同理想的实现。

第一，马克思主义共同体思想有利于推进国家治理实践的新发展。当苏联和中国为实现民族复兴，都在积极致力于国家治理现代化的改革历程，其实质与核心乃是社会共同体收回被国家共同体管制权，从而实现国家政治共同体与社会共同体之间良性互动的合作关系。总的来看，当下中国将共同体建设作为社会主义共同体的当代实践路径以及社会主义共同体向共产主义共同体过渡的桥梁，所展开的是有别于资本主义国家的社会主义国家治理。它在以和合思想作为多民族国家、市民社会、自由个人三者之间关系共同体的价值导向的基础上，使国家这个政治共同体不断向社会化方向进行过渡，形成民族共同体、国家共同体与社会共同体之间的良性互动，从而以国家政治、市场利益、民间社会三大共同体为中心架构起多中心的治理体系，实现国家管理、社会管理和自我管理相结合，彰显人民集体管理生产生活的价值理念。

第二，马克思主义共同体思想有利于开创国家外交实践的新局面。所谓的国家外交关系，从实质上来讲，其重点处理的是资本主义国家与社会主义国家之间的关系问题。马克思恩格斯时期关注的是现实的资本主义社会制度与理想的社会主义社会之间的关系问题，坚信资本主义必然灭亡，社会主义必然胜利，提出联合全世界的无产阶级共同革命。列宁、斯大林直到毛泽东时代关注的是现实的资本主义社会制度与现实的社会主义社会之间的关系，坚信不仅理想的社会主义制度，就是现实的社会主义制度也比现实的资本主义制度更优越，故而联合世界无产阶级和被压迫民族共同抵抗资本主义国家的进攻与压榨。而冷战的结束和全球问题的升温逐渐使人们对资本主义制度的国家与社会主义制度的国家之间的关系再度审视，看到二者之间的共存时间与空间还很长、很广，从而为多边合作机制的创建创造了条件。正如马克思主义创始人所指出的那样，从资本主义社会走向共产主义社会的路还很长，要经历一个中间的过渡时期，这个时期是无产阶级专政下资本主义共同体与社会主义共同体长期并存、斗争与发展的时期。在这个时期下，为了保持并壮大社会主义的力量，各国不断找寻使两种制度和平共生的均衡机制。胡锦涛指出"多边是重要舞台"，温家宝提出中国"积极倡导多边主义"，以习近平同志为核心的党中央更在此基础上，超越西方现实主义和自由主义倡导下的国家旧秩序，提出以普遍安全、共同发展、文明交融和伙伴关系为核心要义的"人类命运共同体"这一习近平新时代中国特社会主义大国外交策略，从而开创了我国外交实践的新局面，为解决当今世界两种制度的矛盾提供了范本。

三、马克思主义共同体思想的历史意义

资本主义大工业的发展使每个文明国家内部的个人交往转向世界范围内的交往，尤其随着经济全球化这一世界历史深化发展产物的不断推进，人类社会日益成为一个无法分割的共同体，赋予马克思主义共同体思想的世界历史性。换句话说，马克思主义共同体理想的实现成为世界历史视域下的重大课题。

第一，马克思主义共同体思想是把握世界社会主义运动的思想基础。马克思主义共同体思想与世界社会主义、共产主义运动几乎是同根同源、同步发展的，它们分别从理论和实践层面反映了马克思主义。共同体思想，尤其是国际联盟思想是世界社会主义、共产主义运动的理论形态，而世界社会主义、共产主义运动则是未来共产主义社会这一"真正的共同体"的实践形式和现实进路。马克思主义共同体思想以资本—货币的"抽象共同体"对基于血缘和地缘的"自然共同体"的逐步瓦解为对象，在原则性的高度上对国家"虚幻共同体"形成的根本原因进行彻底性批判，最终将共同体思想落脚于社会共同体逐步收回国家权力并逐步社会化这一基点上。它基于人类的普遍交往和世界历史的逐渐形成，以生产力的高度发达为预设前提，致力于追逐未来人类社会，即共产主义社会这一"自由人联合体"，形成了我们把握世界社会主义运动过去、现实与未来的思想路线。对于过去，我们一方面重视具体的历史条件，重视从研究历史和现状中找出规律性的东西来指导革命[1]，从而使社会主义、共产主义运动成为马克思主义的事业，以此推翻资本主义共同体，构建起人民当家作主的社会主义共同体组织；另一方面，科学总结经验教训以更好地正视现实和启迪未来，正是因为如此，才能向着构建"真正的共同体"的方向前进。我们既要坚持马克思主义和社会主义的正确方向，又要与时俱进、实事求是对待马克思主义共同体的历史演进，不断推进人类解放事业的进程。

---

[1] 邓小平．邓小平文选：第2卷［M］．北京：人民出版社，1994：121．

第二，马克思主义共同体思想是引领人类社会未来发展方向的理论之基。马克思主义共同体思想不但为解决当今世界问题提供了可行方案，更致力于实现世界人民对未来幸福生活的期待，直指人类未来发展的方向和目标。经济全球化的深入发展使世界面临的不稳定性和不确定性前所未有的凸显，全球贫富分化、世界发展的不平衡、恐怖主义、气候变化等问题接续不断。面对这一不以人的意志为转移的经济全球化态势，中国提出构建人类命运共同体，极力超越不同国家之间的经济利益、意识形态、政治体制的分歧，在互利、共赢的基础上通过对话和协商解决彼此间矛盾与纷争的局面，由此开始了世界各国人民对美好生活的向往的奋进之路，强调绝不让任何一个人掉队的同时满足今世后代的需求。从这个意义上来看，经济发展是人类可持续发展的基础，要实现世界各国人民对美好生活的向往，首先必须推进世界经济的不断发展，并在此基础上注重世界民主、安全、生态等在内的全面协调发展，最终成就人类命运共同体的构建与发展。人类命运共同体思想超越了西方文化中心主义，不仅在理论上丰富发展了科学社会主义，也在实践上助推了人类困境的化解，描绘了人类社会未来发展的新蓝图。它坚持以德服人的"王道"又吸收西方文明的成果，超越了西方强势的"霸道"，在社会主义与资本主义的较量中占据了优势地位。人类命运共同体理念正是在考察了当今世界现状的基础上描绘了未来世界图景，为这个世界的未来前景规划了路线、制定了方略、准备了载体，成为解决难题的一剂良方，是通向未来健康、美好新世界的通道。

第二节 马克思主义共同体思想面临的挑战

马克思主义共同体理想的实现是一个长期的历史过程，既要以巩固国家共同体为基础，又要以达成人类命运共同体为当下目标，更要为实现人类自由而全面发展的"自由人联合体"这一终极解放目标而不断努力。在通往这一终极目标的道路上不可能一帆风顺，难免遇到各种阻挠和挑战，但也正是这些困难和险阻恰恰证明了马克思主义共同体思想本身的灼灼生机。

一、消费社会的兴起和信息技术的发展和挑战

由于人类社会的发展是一个自然历史过程，社会形态的依次变更决定了各不相同的社会共同体的形成与发展。马克思主义共同体的发展首先受制于不以人的意志为转移的客观现实条件。

第一，消费社会下个人自主性的凸显导致国家共同体行为的日益消解。马克思注重从商品的交换价值来谈论资本主义经济体系，这促使西方学者，尤其是阿多诺（Adorno）进一步对之发展，认为正是因为资本主义注重交换价值，以至于把社会关系也量化为金钱的形式，整个资本主义社会无论是从物质层面上还是精神层面上都成为一个消费主义至上的社会。换句话说，人们的消费过程关涉到的不仅是商品的物质性内容，而且延伸到诸如观念、关系、艺术活动等非物质性的内容。这种消费文化注重消费者的权利，增强了个人的自由选择权，促进了人与人之间的社会交往空间，由此带来了共同体生活的变化。以西方国家大型购物中心和超市不断移向都市的外围为例，由于经济的规模效应，这些大型商店的物价较为便宜，成为人们购物和休闲之所，从而形成了共同体生活的重要活动场所，尤其是当地居民在规律性的购物活动中彼此认识和相互沟通，形成了一种共同体的认同感。甚至有学者指出"实际上，大型购物中心已经成了共同体的活动中心"[1]，而且消费主义至上的观念激发了西方民众无止境的物质欲求，于是就迫使人们花费更多的时间用于个人工作，从而参与共同体活动的时间愈益减少。而后福特主义转型，使许多发达的工业化国家随着制造业从一些工业城镇撤离，原来从劳动阶层中成长起来的邻里关系遭到削弱与瓦解，人们很难通过职业和阶级的形式组织起来，原有的共同体生活不复存在。虽然当下西方的"后现代化"发展正在致力于重建城市共同体，但多数工业城市依托于服务业的发展重新复苏，服务业本身较强的流动性决定了人们相互凝聚的概率不会有所提高，共同体的生活越来越具有离散化的倾向。这种离散化的倾向不仅在西方国家早已存在，在当下的中国也愈益凸显。由于改革开放四十年来生产力水平的不断提高，人们的物质需求得到了较大满足，精神追求和环境需求等高层次的需求也日益增多，人们对美好生活的渴望成为当下最大的民生。这就促使人们对生活的质量提出高要求，尤其是关乎个人生活的消费需求层次。人们越来越借助于自己所拥有的各种产品来达到表现自己的目的，越来越把个人的自由与消费等同起来，渴望通过消费的形式自我实现和自我提升，从而使消费社会与共同体生活出现背道而驰的状况，虽然凸显了个人的自主性和自由度，但其代价却是民众共同体行为的日益消解。

第二，信息技术的发展使人们在虚拟的网络空间共同体里日渐疏离。技术的发展对共同体中人的工作与休闲方式带来影响。全球性的通信技术，为人们

---

[1] SHIELDS R. Lifestyle Shopping: the Subject of Consumption [M]. London: Routledge, 1992: 99-113.

提供了无须拘泥于周边环境就可以建立社会关系网络的新途径。在这个意义上，技术为人的发展，尤其是社会交往的发展带来了极大的便利。不过，技术所提供的只是一种有限的沟通方式，虚拟的网络关系并不能替代真实的人际交往和情谊，尤其新技术的发展为自助经济的形成铺平了道路，这一形式更进一步地减少了人们相互交往的机会。例如，现在大部分加油站都实行自助加油，越来越多的大型超市开始实行自助结账，无须与销售人员直接接触。这些技术的发展使人们现实的共同体生活日渐消弭，以个人为中心的行为方式和生活方式日渐凸显。更进一步来讲，信息技术的不断发展催生了20世纪60年代虚拟化网络世界的问世。网络世界的现实价值和历史意义就在于革命性地转化了人类生存和发展的社会图景，构建起虚拟的网络空间共同体。虽然网络世界有利于主体的个性张扬和各种本能与欲望的自由展现，但它却在原子式的社会生活中将共同体隐含的情感、安全感、信任感、依赖感进一步撕裂，加重了认同危机，更让共同体无处扎根。虚拟空间强烈的流动性加重了网民的不确定性，虽然我们已加快推行网络实名制，但是匿名的面纱在虚拟空间的交往中依旧挥之不去，"个体一方面因特定的兴趣爱好、身份特征、时事热点和利益诉求而迅速、简便地形成共同体，另一方面亦可轻易弃之"[1]。吉登斯将互联网视作是现代性"失控的引擎"，它使人们的活动在时空融通中显露无遗，传统意义上的共同体淡化为一种隐约的乡愁。在这里，法律的强制性常常对隐蔽的犯罪主体无能为力，虽然网络世界具有特殊性，但毕竟是以人为主体构建和参与的世界，因此维护网络世界的安全与秩序只能依靠网络技术自身的完善和网络主体的思想素质和道德心。虽然当下致力于提倡网络空间命运共同体，使人们团结起来，以命运与共的高度责任感来净化网络环境，增强网络安全，但虚拟的世界毕竟不能完全靠真实的世界中的共处之道来维持，如何更好地开发虚拟凝聚力以降低网络空间共同体的不确定性和不稳定性依然是当下面临的挑战。

二、国际社会思潮的渲染和西方国家霸权主义的影响

当今世界面临的不稳定性不确定性凸显，人们面临许多共同挑战。以美国为代表的西方国家抱着陈旧的意识形态观念不放，戴着有色眼镜看待社会主义国家的进步与发展，西方中心主义的钳制、新殖民主义的误解、人类中心主义的误区成为毒害马克思主义共同体思想的毒瘤，必须在国际社会种种思潮的渲染中和西方国家的挑战中寻找实现未来共同体理想的突破口。

---

[1] 胡百精，李由君. 互联网与共同体的进化[J]. 新闻大学，2016（1）：89.

<<< 第六章 马克思主义共同体思想的历史地位与发展前景

第一，国际社会思潮的肆意渲染不断破坏构建"人类命运共同体"的进程。当前"一带一路"合作发展倡议与建设工程的实施，是我们党和国家着力打造中外融通的创新之举，是构建人类命运共同体的桥梁。我们党摒弃传统的冷战思维，淡化共同合作中的意识形态障碍，主要从政治互信、经济融合和文化包容的视角倡导"一带一路"的统一性。虽然强调多国家、多民族和多文明间相互包容、对话协商的新世界秩序，极力打破西方中心主义的钳制，提倡以地球中心主义取代人类中心主义，但西方国家一直奉行二元对立的思维模式，西方"文明优越论"与"文明冲突论"的论调经久不衰，大肆宣扬中国在发展中国家，尤其是非洲，实行"新殖民主义"的论说。具体来看，全球化导致经济一体化、政治分裂化，中国的许多周边国家实行经济上依靠中国，政治和文化上仰仗西方的策略，跨国主义与民族主义成为一个硬币的两面。习近平明确指出，中国推进一带一路建设开创的是不同于地缘博弈的合作共赢的新模式，所致力于建设的是和谐共存的大家庭[①]，"一带一路"所搭建的是务实合作平台，所倡议的是联动发展的方案，所实现的是各国人民的共同福祉，是基于和而不同基础上所达成的平等互利、合作共赢的共识，而非基于经济优势基础上的不平等掠夺与占有。

第二，资本主义强国共同体打压社会主义新兴共同体。当前人类社会处于大发展大变革大调整时期，世界多极化、经济全球化、文化多样化与社会信息化的时代特征使国际力量对比发生历史性变化，以美国为主导的西方权力时代渐行渐远，以中国为代表的新兴国家日渐崛起，引发国际社会对于不同性质的国家共同体之间矛盾冲突的关注以及有关"修昔底德陷阱论"的争议，也引起来自守成大国美国的忌惮和直接挑战，造成新时期中美关系复杂多变。随着新时期中美实力差距的逐渐缩小，中方为了避免双方关系的恶化，主动提出构建中美之间的"新型大国关系"，即不冲突不对抗、相互尊重、合作共赢的大国关系。从根本上来看，中美两国是你中有我、我中有你的利益共同体，中美关系动荡的根源或美国对中国发起的挑战不是来自对方的发展变化，而是来自于身社会内部的斗争与竞争，应对中美关系变化的保障则是制度化的协作。通过建立对话协商式的双边互动机制，在国际制度框架下建立起全球伙伴关系，并将争端与分歧也涵盖入内，构筑风险与危机管控机制，以重回合作共赢的发展之路。中国从来坚持的都是以德服人的"王道"，而非靠武力制胜的"霸道"。故而始终重视相互尊重、合作共赢的国际关系准则。

---

① 习近平. 习近平谈治国理政：第2卷 [M]. 北京：外文出版社，2017：514.

第三节 马克思主义共同体思想的前景展望

实现马克思主义共同体的理想任重而道远，尤其在世界大发展大变革大调整时期，在全球化深化发展之时。虽然全球化作为一种不可阻挡的历史趋势，促使世界各国和各民族之间的空间距离缩短，各国家之间的依赖性提高，但以发达国家为主要力量而引领的全球化，则是有别于作为历史发展趋势的全球化，它是一种企图将世界经济引向某一特殊方向的政治谋划，主观性较强。可见，改革全球治理体系、保护人的生存环境以及巩固民族国家共同体是多么必要的任务。故而立足当下，根据时代变化和现实发展境况，有必要对马克思主义共同体思想进行预判和展望。

一、贯彻新发展理念保护人与自然生命共同体的生态环境

环境问题的本质是人类与自然之间应该是一种什么样的关系的问题。作为一种客观的关系，它自人类诞生之日起即已出现。随着资本主义大工业的发展所带来的狭隘的功利主义价值观，导致生态环境日趋恶化。为了从资本主义生产这种无休止的扩张对环境所造成的巨大压力下解放出来，也为了防止资本主义逐利性对社会主义建设的负面影响，我们必须贯彻新发展理念以保护人与自然生命共同体的生态环境。

作为关系中国发展全局的变革之举，新发展理念服务并服从于全面建设小康社会的宏伟目标，主要作用于生产要素和市场空间，致力于使政治、经济、文化、社会、环境等各个层面都得到同步保障。尤其绿色作为永续发展的必要条件和人民对美好生活追求的重要体现，它要求为人民提供更多更优质的生态产品，提倡绿色的发展方式和生活方式，这就对发展方式、生产效率、生产效果提出了新要求。为了坚持可持续发展，缓解乃至消除导致环境危机的社会经济根源就变得格外重要。首先，立足于市场经济体系内部，将促进发展的基点放在创新上，形成创新发展的体制架构。其次，要推动持续健康的发展，协调城乡、区域、物质文明和精神文明、经济建设和环境保护，协同推进人民富裕、国家富强和环境和美，改变市场取向的、狭隘功利主义的价值观。再次，要设法加大企业在环境成本上的支出以用于环境治理和保护，必要时要通过政府的强制性重建企业的环境成本。最后，要推动广大民众在环境治理上的积极作用，增强环境治理的民主力量，最终实现人与自然之间共生共荣的密切关系。由此

可见，只有坚持创新发展，致力于建立民主的环境治理体制，环境问题才有望得到好转。换句话说，秉持创新发展是维护生态环境的物质基础，建立民主的环境治理体制是走出环境危机的政治保障，转变广大普通民众的价值观念是解决环境问题的文化前提。

由此可见，要创造一个可行的未来世界共同体就需要一种崭新形式的民主、一种服务于平等需要的经济、一种富于同情的政治文化、一种追求普遍利益的社会力量以及承担保护责任的制度。而从最根本上来讲，未来世界共同体所面临的深层次问题是伦理问题和精神问题，经济的扩张、人们更高标准的生活水平尚不足以创造一个和谐的世界共同体，因为人类不仅有物质性需求，也同样有精神性和非物质性的需要，故而要在发展物质经济利益的同时确保人和自然之间共生、共融的机制。

二、借助新媒介的统战功能以筑牢民族共同体的思想基础

纵观人类共同体的发展，媒介技术为人类共同体提供了想象的技术手段。不同的媒介时代有不同的特征，对共同体的想象、建构方式也就不同。人类借助媒介追求共同体下的理想社会，在传统与现代、文明与冲突、情感与理智之间寻求平衡，以求在一个众声喧哗、价值多元的社会中建构认同。

新媒体是一种建立在计算机信息处理技术基础上的，通过互联网、无线通信网、有线网络、卫星等渠道以及手机、电脑等终端，以多媒体的形式向用户及时交互地传播信息的媒体形态，它既区别于过去大众媒介下单向传播的传统媒体，同时也是传统媒介的延伸，它将不同的传统媒介组合进一种新的设备，实现了媒介融合。互联网作为新媒介的一种传播方式，它使人人都成为传播者，一方面增加了现代共同体的内部危机，另一方面又潜隐着重建共同体的可能性。如是，共同体的演进大抵呈现出这样一个脉络：从家元共同体提供认同和"自然秩序"，到族群共同体许诺共识和"创制秩序"，再到互联网确立承认和"生态秩序"。美国政治学家弗朗西斯·福山（Francis Fukuyama）指出："并不是一群人在一起相互交往就可以形成共同体。"① 这说明共同体并不因人群的聚集交往而形成，而是依托于心理或精神层面。新媒体技术可以推动心理或精神层面的交往，从而为共同体带来更多可能的建构方式。媒介是人的延伸，而人的情

---

① 保罗·霍普. 个人主义时代之共同体重建[M]. 沈毅, 译. 杭州：浙江大学出版社, 2009：73.

感"是推动社会现实的关键力量"①。借助新媒介,人们的情感得以延伸。人们可以自由表达赞扬、抗议、惋惜等各种情绪,从而感知彼此、获得共鸣、共享记忆并传播价值。新媒介时代下,各种虚拟的公共空间不断涌现,它们奉行平等对话、多元协商的技术逻辑,为重振人际交往、生活世界、公共领域提供了渠道和平台。"尽管在虚拟现实之中,充满了离散的多元个体,但情感延伸、记忆共享和价值传播都为共同体构建提供了新方式。"② 总而言之,信息时代下要使马克思主义共同体理想得以顺利推进就要发挥新媒介的作用,以互联网思维方式将政治的"硬"灌输和文化"软"实力的传播相结合,在注重国家与国家之间传播活动的同时,更要关注存在于国家之中和跨越国家的传播行为和传播权利,通过从国际传播向全球传播的转型来塑造全球公民社会的新社会秩序和价值理念。

综上可见,人类历史向世界历史的不断演进是客观的自然历史过程,尤其伴随着资本主义大工业的发展,消灭了各国长期以来闭关自守的状态,文明国家的内部交往逐渐融入世界历史时代下的外部交往之中,马克思主义共同体理想的实现成为世界历史视域下的重大课题,"人类命运共同体"理念则成为经济全球化时代人类共同现实境遇的反映,是经济全球化时代人类的必然选择。伴随着20世纪70年代以来出现的信息技术成为社会变迁的核心推动力,我们必须以互联网思维方式展开对马克思主义共同体的构建。信息技术使得资本、商品、人群、技术等元素更加快捷、方便地全球流动、相互碰撞和自由重组,民族国家在试图继续控制和掌握这些资源的时候日益捉襟见肘。为了使跨越国家、机构、地理和人群的流动的社会力量成为为全球民主服务的积极力量以推动马克思主义共同体思想在未来实践中的顺利行进,我们必须满怀信心,在信息社会的多样变化中展开对马克思主义共同体思想未来发展路径的预测。尤其需要强调的一点是,在由信息技术所支撑的时代热潮中,要注重发挥以信息技术为基础的新媒介的价值功用,因为在信息社会中,文化服务逐步取代物质财富成为民族国家的主生产地位,它由推崇权威、精英、逐利和垄断转化为对个体创造、多元价值的尊重以及对权威、精英和利益集团的蔑视和反叛,从而有助于塑造各民族共同体和世界民族共同体中的个人身份认同,进而使未来世界共同

---

① 乔纳森·特纳,简·斯戴兹.情感社会学[M].孙俊才,文军,译.上海:上海人民出版社,2007:1.
② 张兵娟.新媒介时代:传播转型与共同体建构[M].北京:中国社会科学出版社,2018:19.

体成为公民存在之所,由此完成地域的人向普遍的世界人的过渡,推进自由人联合体的形成。

三、改革全球治理体系提供人类命运共同体的制度保障

现代社会充分论证了各种现代化力量正在驱动着人类社会的进步,故而人类历史的进程很大程度上与现代化紧密相连,而全世界之所以还有一大部分人未能享受到现代化变革所带来的成果,很大原因则是由于制度缺陷和制度错位。制度乃是源于阶级秩序的经济关系的上层建筑。现代性不是在真空中繁荣个体自由,组织化的社会需要结构和制度,由此就需改革全球治理体系以提供人类命运共同体的制度保障。

第一,弥补全球民主缺陷以夯实人类共同体的政治基础。虽然全球化在当下已经成为一种趋势和潮流,越来越多的国家加入这一进程,但纵观全球化的整个历程,仍可见少数几个富裕大国在塑造现行全球化进程和世界经济整合的过程中担任着领导地位,而其他众多的国家只是在边缘化的意义上介入世界经济的国际管理,话语权有限,创新程度不高。有鉴于此,一方面要增强非政府组织与政府之间的合作,组建起一种新型的共谋政治,即"新国际主义",另一方面要不断扩大联合国的民主范围,增加其民主内核,使之真正成为全世界人民平等互利与共赢发展的推动力,同时,要不断强化工会的作用。作为现代工业条件下雇佣工人自我保护的团体,世界各国的工会都是工人的组织、职工利益的代表。中国工会有着明显区别于世界其他国家和地区工会的典型特征,它是一种利益协调式,而非利益对抗式的中介性组织。它既具有作为国家工具的国家属性,又有作为工人组织的社团属性,故而其最主要的力量来源是它在党政系统中的合法地位和身份,"维稳"与"维权"是其核心职能。这也就是说,工会要在政治性和社会性之间游走并取得一定的平衡,而这种功能的获得与充分发挥如今面临着党委和民众的双重信任考验。可见,强化各国工会功能与效用并使工会的策略和工作网络全球化对于弥补全球民主缺陷和抵制全球资本主义的力量发挥着巨大作用。

第二,寻求共同善的公共制度作为人类共同体的制度保障。不可否认,西方世界在一定程度上塑造了现代社会的精神气质,但却忽视了众多国家进入人类共同体的通道往往是借助国际制度。现实的国际制度一贯以文化和政治的多样性为基础,其建构方式也力图与解决全球问题相适应,因而人性而高效的国家与日益增长的区域组织成为建构和平与合作的国际性和全球性共同体的必要方阵,代表所有国家和全世界各族人民共同决定的联合国大会和各种公共权威

组织成为引导和规范全球经济的必要抓手。《联合国宪章》和《联合国普世人权宣言》为精心构建并持续改进和调适的一个民主的世界共同体所必不可缺少的政治哲学和道德哲学提供了一个坚实的基础。除却联合国制度，还有市场经济制度。市场经济是不断发展着的制度、法规和行为模式体系，没有属性之分，作为一种为人类需要服务的手段，不管资本主义社会抑或社会主义社会都需要经济行为者所意识并实践的那些规范来加以塑造。"迄今为止，任何建立在以另一种分配体系来取代通过货币进行经济交易活动的乌托邦共同体，都无法获得任何政治成功。"① 市场经济体系为提高人们在一种尊重根本公民权利和个体政治权利的环境中的生活标准，提供了最佳的可能性②。但市场经济作为一种必要的制度，其作用可能趋向高效或增值，也可能导致低效或浪费，故而所站角度和经济行为的正当性程度成为衡量其效率的依据，故而要以全世界人民的共同福祉为基点，积极参与经济活动，实现经济适度和经济正义。

由上可见，聚焦于经济利润和短期目标的现代性使分离、孤独成为人们的生活常态，故而亟须创造一种可行的社会组织结构，使人们免于陌生化。公共制度和公民精神都是组织化的社会所必需的。和谐的社会需要建立起全体公民的普遍利益、安全和福利负责的制度。正如公共道德需要把严格的法律与个人的美德结合起来一样，公共制度也需要将硬性的法律制度与灵活的道德制度相结合。如何加强制度的专门化同时又能保护不同制度各自的完整性成为构建一个可行的未来世界共同体所面临的一大挑战，故而要构建一个和平合作的世界共同体就需要在各种不同的共同体层面建立起更加有效的制度。

---

① 哈佛燕京学社雅克·布道. 建构世界共同体：全球化与共同善 [M]. 万俊人，姜玲，译，南京：江苏教育出版社，2006：48.
② 哈佛燕京学社雅克·布道. 建构世界共同体：全球化与共同善 [M]. 万俊人，姜玲，译，南京：江苏教育出版社，2006：48.

结　语

在推动共同体发展的进程中建设更加美好的世界

马克思主义共同体思想以人类的实践为基础说明了社会的历史性生成和人的历史性发展过程，通过与资本主义共同体的分庭抗争及其对社会分裂关系的扬弃，使人摆脱了被奴役被剥削的地位，使之从强制的劳动向自主的劳动飞跃，为实现个人的自由发展以及人类的终极解放奠定了基础。

纵观马克思和恩格斯的一生，他们始终围绕着"人类解放何以可能"的主题而开展工作，以社会力量与个体主体的双重视角为着眼点来寻求未来社会"真正的共同体"的建构路径。自马克思主义创始人提出共同体思想开始，经过整整三个世纪的丰富与发展，可以说，我们在共同体问题上已经形成了科学严密的理论体系与切实可行的实践路径。概括而言，马克思主义共同体思想立足于辩证唯物主义和历史唯物主义、系统论等科学方法论的基础之上，根植于历史向世界历史转变的现实背景，着眼于现实的个人及其发展，依托于无产阶级的先进性及其革命性，落脚于整个人类解放与每个人自由发展的实现。它以无产阶级的阶级利益，即现实的人类利益为立足点，以自由人的联合体与无产阶级追求自身解放以至人类解放相统一的现实运动为最终归宿，通过无产阶级阶级解放推动下的社会解放，最终达到自由人的联合体。可见，马克思和恩格斯不但注重从人类解放的理论层面探索共同体思想的理想性与现实性，更注重从促进人类解放的实践层面探索共同体理想的现实化路径，由此指引了"苏联模式"和"中国方案"的社会主义共同体的建设之路，使之成为对马克思和恩格斯共同体理想的实践续写。但需注意的一点是，马克思、恩格斯生活的时代主要以资本主义虚假—抽象的共同体为现实批判的对象，在社会主义共同体建立之后，我们则应在把握资本主义共同体与社会主义共同体并立而存的这一事实基础上，着重对现实的社会主义共同体及其运动发展进行批判和反思。但反观历史，则不尽如我们所想。"苏联模式"的社会主义共同体建设之路最终并没有保持长盛不衰的境况，反而在曲折发展中走向衰败。与之相反，中国在把握历史发展的复杂性和现实生活的多元可能性的基础上，将理论发展和现实实践相结合来探索建设社会主义的方式和构建社会主义共同体的现实道路，通过国家与社会相互塑型的过程构建起中国的现代化共同体。它以实现中华民族伟大复兴的中国梦作为马克思主义共同体理想在现实性维度上的重要发展，把握住社会主义现代化的建设规律，并将这一规律由一国推向全世界，基于人类历史的发展规律和整个世界的宏大视野，以构建人类命运共同体的全球化实践活动推进从社会主义共同体向人类社会"真正的共同体"的过渡，构成了当代社会运动的重要力量。

通过对马克思主义共同体思想的研究，可见共同体问题实则是关乎全人类发展和解放的道路问题。能否将理想性的历史走向与现实性的人的发展相融通是决定这一道路成败的关键。通过运用"从后思索法"、历史比较法、系统论原则和阶级分析法等，马克思主义共同体思想为世界各国探索解放之路提供了科学的世界观和方法论。在该理论的指导下，当代中国倡议的构建人类命运共同体必将为推动人类自由联合的真正的共同体的实现做出巨大贡献。

正是由于马克思主义共同体思想是人类解放事业的彰显，不断领会和深入探究马克思主义共同体思想的丰富内涵和存在意义，是探索崇高的人类解放事业之路的迫切要求，必将引领我们奔向自由而全面发展的美好未来。

参考文献

一、中文文献

[1] 马克思恩格斯全集（第3卷）（中文第二版）[M]. 北京：人民出版社，2002.

[2] 马克思恩格斯全集（第16卷）（中文第二版）[M]. 北京：人民出版社，2007.

[3] 马克思恩格斯全集（第19卷）（中文第二版）[M]. 北京：人民出版社，2006.

[4] 马克思恩格斯全集（第21卷）（中文第二版）[M]. 北京：人民出版社，2003.

[5] 马克思恩格斯全集（第25卷）（中文第二版）[M]. 北京：人民出版社，2001.

[6] 马克思恩格斯全集（第30卷）（中文第二版）[M]. 北京：人民出版社，1995.

[7] 马克思恩格斯全集（第31卷）（中文第二版）[M]. 北京：人民出版社，1998.

[8] 马克思恩格斯全集（第32卷）（中文第二版）[M]. 北京：人民出版社，1998.

[9] 马克思恩格斯全集（第42卷）（中文第二版）[M]. 北京：人民出版社，2016.

[10] 马克思恩格斯全集（第47卷）（中文第二版）[M]. 北京：人民出版社，2004.

[11] 马克思恩格斯文集（第1卷、第2卷、第3卷、第4卷、第9卷、第10卷）[M]. 北京：人民出版社，2009.

[12] 马克思恩格斯选集（第1卷）[M]. 北京：人民出版社，1972.

[13] 马克思恩格斯选集（第1、4卷）[M]. 北京：人民出版社，1995.

[14] 马克思.亨利·萨姆纳·梅恩.马克思古代社会史笔记[M].北京：人民出版社，1996.

[15] 资本论（第1卷）[M].北京：人民出版社，2004年版.

[16] 列宁选集（第1、2、3、4卷）[M].北京：人民出版社，2012.

[17] 列宁全集（第9、28、31、54、59、60卷）[M].北京：人民出版社，2017.

[18] 列宁全集（第24卷）[M].北京：人民出版社，1990.

[19] 列宁全集（第39卷）[M].北京：人民出版社，1963.

[20] 斯大林文集（1934-1952年）[M].北京：人民出版社，1985.

[21] 斯大林选集（下卷）[M].北京：人民出版社，1979.

[22] 斯大林全集（第13卷）[M].北京：人民出版社，1956.

[23] 考茨基文选[M].北京：人民出版社，2008.

[24] 考茨基言论[M].北京：三联书店出版社，1966.

[25] 毛泽东选集（第1、2、4卷）[M].北京：人民出版社，1991.

[26] 周恩来外交文选[M].北京：中央文献出版社，1990.

[27] 李大钊文集（第4卷）[M].北京：人民出版社，1999.

[28] 邓小平文选（第二、三卷）[M].北京：人民出版社，1994.

[29] 邓小平思想年谱[M].北京：中共中央文献出版社，1998.

[30] 江泽民文选（第一、二、三卷）[M].北京：人民出版社，2006.

[31] 胡锦涛文选（第二、三卷）[M].北京：中央文献出版社，2016.

[32] 习近平谈治国理政[M].北京：外文出版社，2014.

[33] 习近平谈治国理政（第二卷）[M].北京：外文出版社，2017.

[34] 习近平.论坚持推动构建人类命运共同体[M].北京：中央文献出版社，2018.

[35] 中共中央文献研究室编.十二大以来重要文献选编（上）[M].北京：人民出版社，1986.

[36] 中共中央文献研究室编.十三大以来重要文献选编（上）[M].北京：人民出版社，1991.

[37] 中共中央文献研究室编.十三大以来重要文献选编（下）[M].北京：人民出版社，1993.

[38] 中共中央文献研究室编.十四大以来重要文献选编（上）[M].北京：人民出版社，1996.

[39] 中共中央文献研究室编.十四大以来重要文献选编（中）[M].北

京：人民出版社，1997.

[40] 中共中央文献研究室编．十四大以来重要文献选编（下）[M]．北京：人民出版社，1999.

[41] 中共中央文献研究室编．十六大以来重要文献选编（上）[M]．北京：中央文献出版社，2005.

[42] 中共中央文献研究室编．十六大以来重要文献选编（中）[M]．北京：中央文献出版社，2006.

[43] 中共中央文献研究室编．十六大以来重要文献选编（下）[M]．北京：中央文献出版社，2008.

[44] 中共中央文献研究室编．十七大以来重要文献选编（上）[M]．北京：中央文献出版社，2009.

[45] 中共中央文献研究室编．十八大以来重要文献选编（上）[M]．北京：中央文献出版社，2014.

[46] 中共中央文献研究室编．十八大以来重要文献选编（中）[M]．北京：中央文献出版社，2016.

[47] 中共中央文献研究室编．十九大以来重要文献选编（上）[M]．北京：中央文献出版社，2019.

[48] 马俊峰．马克思社会共同体与公民身份认同研究[M]．北京：中国社会科学出版社，2019.

[49] 王公龙．构建人类命运共同体思想研究[M]．北京：人民出版社，2019.

[50] 张站等．构建人类命运共同体思想研究[M]．北京：时事出版社，2019.

[51] 许利平、王俊生等．构建人类命运共同体视阈下的中国与世界[M]．北京：社会科学文献出版社，2018.

[52] 田鹏颖、武雯婧．天下为公：中国共产党与人类命运共同体[M]．北京：社会科学文献出版社，2018.

[53] 江学时．人类命运共同体研究[M]．北京：世界知识出版社，2018.

[54] 陈岳，蒲聘．构建人类命运共同体[M]．北京：中国人民大学出版社，2018.

[55] 邓纯东主编．人类命运共同体思想研究[M]．北京：人民日报出版社，2018.

[56] 刘建飞、罗建波、孙东方等．构建人类命运共同体：理论与实践

[M]．北京：新华出版社，2018．

[57] 刘建飞等．引领-推动构建人类命运共同体［M］．北京：中央党校出版社，2018．

[58] 张立文．中国传统文化与人类命运共同体［M］．北京：中国人民大学出版社，2018．

[59] 吴洞生、杨长溱等．在合作共赢中推动构建人类命运共同体［M］．北京：中国言实出版社，2018．

[60] 宋涛．携手构建人类命运共同体——中国共产党与世界政党高层对话会文集［M］．北京：当代世界出版社，2018．

[61] 王帆、凌胜利．人类命运共同体——全球治理的中国方案［M］．长沙：湖南人民出版社，2017．

[62] 于洪君．从参与全球化到打造共同体［M］．北京：中国经济出版社，2017．

[63] 向宏．大交通：从"一带一路"走向人类命运共同体［M］．成都：西南交大出版社，2017．

[64] 刘海江．马克思实践共同体思想研究［M］．北京：中国社会科学出版社，2016．

[65] 张领．流动的共同体：新生代农民工、村庄发展与变迁［M］．北京：中国社会科学出版社，2016．

[66] 胡寅寅．走向"真正的共同体"——马克思共同体思想的致思逻辑研究［M］．哈尔滨：哈尔滨工程大学出版社，2016．

[67] 薛俊强．走向自由之路——马克思"自由人的联合体"思想的当代阐释［M］．北京：知识产权出版社，2016．

[68] 邵发军．马克思的共同体思想研究［M］．北京：知识产权出版社，2014．

[69] 王小章．从"自由或共同体"到"自由的共同体"——马克思的现代性批判与重构［M］．北京：中国人民大学出版社，2014．

[70] 郑必坚．世界热议中国：寻求共同繁荣之路［M］．北京：中信出版社，2013．

[71] 唐踔．马克思世界交往理论及其当代价值研究［M］．北京：中国出版集团，2013．

[72] 张康之、张乾友．共同体的进化［M］．北京：中国社会科学出版社，2012．

[73] 李义天. 共同体与政治团结 [M]. 北京：社会科学文献出版社，2011.

[74] 马俊峰. 马克思社会共同体理论研究 [M]. 北京：中国社会科学出版社，2011.

[75] 赵汀阳. 天下体系 [M]. 北京：中国人民大学出版社，2011.

[76] 秦龙. 马克思"共同体"思想研究 [M]. 辽宁：辽海出版社，2007.

[77] 郭树勇. 从国际主义到新国际主义：马克思主义国际关系思想发展研究 [M]. 北京：时事出版社，2006.

[78] 魏小萍. 追寻马克思——时代境遇下马克思人类解放理论逻辑的分析和探讨 [M]. 北京：人民出版社，2005.

[79] 罗燕明. 马克思恩格斯思想研究：1833~1844 [M]. 北京：中央编译出版社，2002.

[80] 徐琳. 恩格斯哲学思想研究 [M]. 北京：北京出版社，1985.

[81] 辛华编译. 苏联共产党第二十七次代表大会主要文件汇编（1986年2月25日—3月6日）[M]. 北京：人民出版社，1987.

[82]《苏联东欧问题译丛》编辑部. 苏联东欧问题译丛 第二辑（增刊）[M]. 北京：三联书店，1983.

[83]《苏联东欧问题译丛》编辑部. 苏联东欧问题译丛 第三辑 [M]. 北京：三联书店，1983.

[84] 中共中央马克思恩格斯列宁斯大林著作编译局. 国际共运史研究资料第八辑 [M]. 北京：人民出版社，1983.

[85] 珍妮·道格拉斯. 共产国际文件（第1卷）[M]. 北京：世界知识出版社 1963.

[86] 王文修等编译. 苏修推行新殖民主义的工具——经互会 [M]. 北京：三联书店，1978.

[87] 尼迪克特·安德森. 想象的共同体 [M]. 吴教人译，上海：上海人民出版社，2016.

[88] 埃米尔·涂尔干. 社会分工论 [M]. 渠东译，北京：三联书店，2013.

[89] 谷川道雄. 中国中世社会与共同体 [M]. 马彪译，上海：上海古籍出版社，2013.

[90] 保罗·肯尼迪. 大国的兴衰 [M]. 陈景彪等译，北京：中信出版社，2013.

[91] 马克斯·韦伯. 社会学的基本概念 经济行动与社会团体 [M]. 顾忠华等译, 桂林: 广西师范大学出版社, 2011.

[92] 雅克, 德里达著. 马克思的幽灵——债务国家、哀悼活动和新国际 [M]. 何一译, 北京: 中国人民大学出版社, 2000.

[93] 吉尔德著. 马克思的社会本体论: 马克思社会实在理论中的个性和共同体 [M]. 王虎学译, 北京: 北京师范大学出版社. 2009.

[94] 入江昭. 全球共同体——国际组织在当代世界形成中的角色 [M]. 刘青、颜子龙、李静阁译, 北京: 社会科学文献出版社. 2009.

[95] 大卫·哈维. 新帝国主义 [M]. 初立忠、沈晓雷译, 北京: 社会科学文献出版社. 2009.

[96] 望月清司. 马克思历史理论的研究·序 [M]. 韩立新译, 北京: 北京师范大学出版社, 2009.

[97] 伯恩斯. 剑桥中世纪政治思想 (下) [M]. 北京: 三联书店, 2009.

[98] 乔恩·埃尔斯特. 理解马克思 [M]. 何怀远等译, 北京: 中国人民大学出版社, 2008.

[99] 让-吕克. 南希. 解构共通体 [M]. 夏可君、郭建玲等译, 上海: 上海人民出版社, 2007.

[100] 哈佛燕京学社 (主编), 雅克·布道 (编著). 建构世界共同体——全球化与共同善 [M]. 万俊人、姜玲译, 南京: 江苏教育出版社, 2006.

[101] 威尔·金里卡. 自由主义、社群与文化 [M]. 应奇、葛水林译, 上海: 译文出版社, 2005.

[102] 古郎士. 希腊罗马古代社会研究 [M]. 李玄伯译, 北京: 中国政法大学出版社, 2005.

[103] 根纳季·久加诺夫. 全球化与人类命运 [M]. 何宏江等译, 北京: 新华出版社, 2004.

[104] 齐格蒙特·鲍曼. 共同体 [M]. 欧阳景根译, 江苏: 江苏人民出版社, 2003.

[105] 丹尼尔·贝尔. 社群主义及其批评者 [M]. 李琨译, 北京: 生活·读书·新知三联书店, 2002.

[106] 戴维·赫尔德等著. 全球大变革: 全球化时代的政治、经济与文化 [M]. 杨雪冬译, 北京: 社会科学文献出版社, 2001.

[107] 查尔斯·泰勒. 自我的根源: 现代认同的形成 [M]. 韩震等译, 北京: 译林出版社, 2001.

[108] 桑德尔. 自由主义与正义的局限 [M]. 万俊人等译, 北京: 译林出版社, 2001.

[109] 雅克, 德里达. 马克思的幽灵——债务国家、哀悼活动和新国际 [M]. 何一译, 北京: 中国人民大学出版社, 2000.

[110] 恩斯特-奥托·岑皮尔. 变革中的世界政治——东西方冲突结束后的国际体系 [M]. 晏扬译, 上海: 华东师范大学出版社, 2000.

[111] 斐迪南·滕尼斯. 共同体与社会——纯粹社会学的基本概念 [M]. 林荣远译, 北京: 商务印书馆, 1999.

[112] 星野昭吉. 变动中的世界政治当代国际关系理论沉思录 [M]. 刘小林、王东理等译, 北京: 新华出版社, 1999.

[113] 大塚久雄. 共同体的基础理论 [M]. 于嘉云译, 台湾: 联经出版事业公司, 1999.

[114] 谷川道雄. 世界帝国的形成 [M]. 耿立群译, 上海: 上海古籍出版社, 1998.

[115] 马克斯·韦伯. 经济与社会 (上下) [M]. 林荣远译, 北京: 商务印书馆, 1997.

[116] 大卫·格里芬. 后现代精神 [M]. 北京: 中央编译出版社, 1998.

[117] A. 麦金泰尔. 德性之后 [M]. 龚群、戴扬毅等译, 北京: 中国社会科学出版社, 1995.

[118] 罗伯特·诺齐克. 无政府、国家与乌托邦 [M]. 北京: 中国社会科学出版社, 1991.

[119] 阿·帕·布坚科. 作为世界体系的社会主义 [M]. 苏艺等译, 北京: 东方出版社, 1987.

[120] Ю·B·勃罗姆列伊. 民族与民族学 [M]. 李振锡、刘宇端译, 内蒙古: 内蒙古人民出版社, 1985.

[121] 彼·费多谢耶夫. 卡尔·马克思 [M]. 北京: 生活·读书·新知三联书店. 1980.

二、英文文献

[1] Karen Christensen, David Levinson. Encyclopedia of Community: From the Village to the Virtual World [M]. California: SAGE Publications. Inc. 2003.

[2] Ernst Bloch. The Spirit of Utopia [M]. Stanford: Stanford University Press, 2000.

[3] Albrecht Wellmer, Revolution and Interpretation [M]. Van Gorcum, 1998.

[4] Carl Boggs, Social Movements and Political Power [M]. Philadelphia: Temple University Press, 1986.

[5] David Holloway, The Warsaw Pact: alliance in transition [M]. London, 1984.

[6] John E. Roemer. A General Theory of Exploitation and Class [M]. Cambridge: Harvard University Press, 1982.

[7] Carol C. Gould. Marx's Social Ontology: Individuality and Community in Marx's Theory of Social Reality [M]. The MIT Press, 1980.

[8] Nisbet. The Quest for Community [M]. New York: Free Press, 1976.

[9] Mazarr, Michael J, The once and Future Order [J], Foreign Affairs, Vol. 96, Issue 1, 2017.

[10] Rolland, Nadeg, China's Belt and Road Initiative: Underwhelming or Game-Changer? [J]. Washington Quarterly, Vol. 40, Issue 1, 2017.

[11] Vojtech Mastny, The Soviet Non-Invasion of Poland in 1980–1981 and the End of the Cold War [J]. Europe-Asia Studies, Vol. 51, Issue. 2, 1999.

[12] Immanuel Wallerstein, Sharon Zukin, 1968, Evolution in the World-System: Theses and Queries [J]. Theory and Society, Vol. 18, No. 4, 1989.